Franken

NÜRNBERG
Kupferstich um 1700

ALEXANDER FREIHERR VON REITZENSTEIN

𝕱𝖗𝖆𝖓𝖐𝖊𝖓

PRESTEL VERLAG MÜNCHEN

Die Sterne im Text verweisen auf die im Anmerkungsteil
am Ende des Buches vereinigten Ergänzungen
und Berichtigungen

Fünfte, durchgesehene und erweiterte Auflage
Druck von Dr. C. Wolf & Sohn, München 1971
ISBN 3 7913 0011 3

ÜBERSICHT

Kapitel 1 Geschichtliches

Der Name der Franken haftet nicht mehr, längst nicht mehr, an den rheinischen Sitzen ihres Ausgangs. Lassen wir Frankreich beiseite, so haftet der alte stolze Name der Franken, das ist, wenn auch nicht im ursprünglichsten Sinn, die Freien, an jenen mainischen oder mainverbundenen Landschaften, denen die Krone Bayern, die Erbin ihrer Reichsstandschaften, ihn duldsam beließ. ›Fränkisch‹ sind die drei nördlichen Kreise Bayerns. So gilts seit anderthalbhundert Jahren, seit dem Absterben des alten, aus dem *Regnum Francorum* erwachsenen, Heiligen Römischen Reiches.

Es bedurfte nun freilich nicht erst der durch die ›Neufranken‹ anberaumten Großflurbereinigung eines ja allerdings vexierenden Länder- und Ländlegemenges, um den Geltungsraum des Frankennamens auf den restlichen von heute einzuengen. Was sich zuvor, in und seit den Tagen Kaiser Maximilians, zu einem fränkischen Reichskreise verbunden hatte, griff zwar da und dort, insonderheit nördlich, gegen Thüringen, und südwestlich, gegen Württemberg und Baden, nicht so unerheblich über die Grenzen von Bayerisch Franken hinaus, blieb aber anderwärts, im Westen vornehmlich, aber auch im Osten, wieder dahinter zurück. Die Einengung auf das Mainland – Kernlandschaft dessen, was wir heute Fränkisch nennen – vollzog sich schon geraum früher, schon in karolingischer Zeit. Als der große Karl seine Bahn zu beschreiten begann, wohnten die Ostfranken, sagt der Verfasser der *Vita Caroli*, Eginhard, zwischen Sachsenland und Donau, Rhein und Saale. ›Wohnten‹ können wir freilich nicht so geradehin gelten lassen; setzen wir besser ›herrschten‹. Der fränkische Volksraum reicht nicht damals und nicht später so weit, und wenn sich der Name *Francia orientalis*, Ostfranken, zunächst jedenfalls durch die Marken der nördlich-östlich gerichteten staatlichen Expansion bestimmen ließ, so mußte er mit dem Zerfall des fränkischen Großreiches und dem Wiedererstarken der stammlichen Gewalten in den engeren Zirkel des fränkischen Volksraumes zurücktreten. So wich er von der Saale an die Völkerscheide des Thüringer Walds, an dessen Südrand genauer, zurück, von Sachsenland an die ebenfalls sperrend wirkende Rhön, von der Donau an den südlich-südöstlich abriegelnden Jura. Er trat aber auch, erstaunlicherweise, vom Strom, vom Rhein zurück, zurück hinter die Barre von Odenwald und Spessart, und gab damit den schon früh, schon im 5. Jahrhundert, fränkisch besiedelten Unterlauf des Maines preis, zu schweigen von der im Aufwärts allerdings bald Alemannen, im Abwärts aber ausschließlich Franken nährenden Talung des Rheins. Läßt sich diese Aussiedlung des Namens aus seinem uranfänglichen Geltungsbereich erklären, dann nur durch die politische Entwicklung des Rheinlands, durch die Bildung zwar kleiner, aber lebenskräftiger Territorien, die mit ihren Sonderbenennungen den alten Stammesnamen schwächten und schließlich abstießen.

Die territoriale Zersplitterung des den Frankennamen bewahrenden vorgesprengten Raumes jenseits der Waldmauer von Odenwald und Spessart ließ ja allerdings auch nichts zu wünschen übrig. Jedoch, hier konnte sich der Frankenname an eine verhältnismäßig großräumige kirchlich-weltliche Machtbildung klammern, das 741 errichtete Bistum Würzburg, das, bis zur Ausgliederung Bambergs, fast den gesamten heute noch fränkisch genannten Raum in seinen Sprengel fügte; nur das gleichzeitig, doch recht im Engen, begründete Bistum Eichstätt, das *auch* fränkisch ist wie es *auch* baierisch ist, schmälerte von Süden her diesen Großsprengel um ein Geringes.

Ohne Zweifel war es Würzburg, das den Frankennamen bei Kraft erhielt. Dank einem sich verschwendenden Königtum Grafschaften über Grafschaften und damit eine Fülle ›landesherrlicher‹ Rechte um sich versammelnd, konnte der *episcopus Herbipolensis* sich schließlich zum *dux Franconiae* erhöhen lassen. Freilich, der Herzog von Franken war nicht eben viel mehr als ein Herzog *in* Franken, der dem klangvollen Titel anhaftende Machtbesitz wog nicht so schwer, und die im Herzogtum doch auch noch und sogar sehr merklich vorhandenen Grafen und Herren, wie Henneberg, Wertheim, Rieneck, Hohenlohe, Castell, und noch die kleinen niederadeligen der Reichsritterschaft, wie die Thüngen oder Grumbach, ließen sich wenig oder nicht durch das herzogliche Schwert schrecken. Indessen gleichsam schwarz vor Alter und also sehr ehrwürdig war dieses Herzogsschwert, eine die Erinnerung an die Herkunft kräftigende sinnfällige Rückverbindung zu den Franken hin, des näheren zu jenen fränkisch-thüringischen Herzogen der Merowingerzeit, deren vorletzter, Gozbert, das Schicksal des Frankenapostels, Kilians, entschieden hatte.

Als sich der Name Ostfranken von den von Eginhard genannten Außenrändern zurückzog, geschah es aus tieferen als Zufallsgründen, daß er, bei Einhalt der rückläufigen Bewegung, sich an natürliche Grenzlinien oder besser Grenzsäume band. »Gar nahe mitten in Teutschland ligt das Franckenland und wird umbfangen mit dicken Wäldern und rauhen Bergen«, sagt der alte Münster in seiner Kosmographie, und im großen und ganzen trifft die Feststellung zu, nur daß südlich, zum Schwäbischen hin, eine Lücke klafft. Eben hier hat auch der alte Geltungsraum des Frankennamens, durch den Zugriff der Anrainer, Württemberg und Baden, Minderung erfahren. Erfuhr er sie auch, und einschneidender noch, auf der entgegengesetzten Seite, der doch die langhin so wirksame natürliche Grenze des Thüringer Waldes anlag, so waren es hier ausschließlich territorialpolitische Anlässe, die übrigens auch schon früh, im 14. Jahrhundert, einsetzenden Besitzverschiebungen zwischen den Häusern Henneberg diesseits, Wettin jenseits des Waldes, die im Laufe zweier Jahrhunderte die nordöstliche, hennebergische, Randzone des alten fränkischen Grabfeldes zwischen Coburg und Meiningen Stück um Stück von Franken absprengten.

Die dicken Wälder und rauhen Berge, die Franken auf drei Seiten einhegen, sind, von Westen nach Osten, Odenwald, Spessart, Rhön, Thüringerwald, Frankenwald, Fichtelgebirge und Jura, dieser allerdings nicht so scharf abtrennend, weil nie so ›furchtbar‹ wie etwa der Spessart.

Der nun wird vom heutigen ›Unterfranken‹, ins Untermainische hinüber, überschritten. Die östliche Scheide dieses hier angeschnittenen landschaftlichen Kulturraumes, des mittelrheinisch-mainzischen, lag, wenn wir sie mit der kirchlichen etwa zusammenlegen, bei Lohr und Prozelten, griff also schon durch den Spessart, und so erklärt sich auch der häufig breite ›Einfluß‹, der, begünstigt durch die offene, zwischen Spessart und Odenwald sich durchbahnende Wasserstraße des Mains, ins Würzburgische, dem allgemeinen Kulturgefälle folgend, vordrang. Schon der beiderseits der Waldschranke die farbige Erscheinung der Städte so eindrücklich bestimmende dunkelrote Buntsandstein schließt zusammen. Bamberg, Nürnberg, Bayreuth, Ansbach setzen sich durch den anderen Stein, den hellgraugelblichen oder hellgraurötlichen, das Material ihrer geologischen Fundamentierung, der Keuperstufe, augenfällig ab.

Die natürliche Scheide zwischen Würzburg und Mainz wirkte also, trotz ihrer Gleichlage mit der politischen und kirchlichen, nicht eigentlich Austausch-hemmend. Aber sie garantierte die Unverrückbarkeit der einmal so, uranfänglich ja eben durch sie so gesetzten Herrschaftsgrenzen. Die Festigkeit der durch natürliche Linien gezogenen ›künstlichen‹ (politischen) konnten übrigens die Folger des hl. Kilian am nordwestlich benachbarten Fulda, dessen Stiftsgebiet, teilweise wenigstens, nämlich bis zum rechten Ufer des Namen gebenden, bemerkenswerterweise weserstrebigen Flusses, in ihren Sprengel fiel, zu ihrer Unlust erproben. Die natürlichen Hindernisse waren nach dieser Seite weniger aufhaltend als nach der rheinischen; das Tal der bei Gemünden der Saale zufallenden Sinn öffnete bequem. Aber diese besitz- und ehrenreiche und schon fast bischöfliche Reichsabtei hatte ihrerseits leichten Zugang zum Rhein, offene Zugänge auch ins Hessische und Thüringische, und so lag sie im Brennpunkt zu vieler Strebungen, um sich über die so um so wirksamere Rhön-Schranke hinweg dem Machtbereich Würzburgs eingliedern zu lassen. Alle Überrumpelungsversuche scheiterten, und ganz am Ende noch, 1752, mußten die Nachbarn, Würzburg und Mainz, erfahren und erleiden, daß sich ihnen ein Pfahl ins Fleisch bohrte, ein eigenes Bistum, Fürstbistum, Fulda.

Fügt sich nun Ostfranken oder, kurz gesagt, Franken in den natürlichen Ring grenzender Wälder und Berge, so hinderte diese, wie man meinen sollte, die zentripetalen Kräfte fördernde geographische Situation doch nicht die zentrifugalen; es gibt ja auf der Karte des Heiligen Römischen Reiches, sieht man vom Getrümmer des alten Herzogtums Schwaben ab, nicht noch einmal eine so verwirrend buntscheckige Teilfläche wie die auf das ›Herzogtum‹ Franken treffende. Deckte sich der fränkische Raum kirchlich zunächst wenigstens im großen und ganzen mit dem bischöflichen von Würzburg, so brach, mit der Aussonderung Bambergs, auch diese Einheit auseinander. Sieht nun die gegen den Einspruch Würzburgs durchgekämpfte Errichtung des neuen Mainbistums auf den ersten Blick hin wie eine ganz persönliche, im Grunde nur ein ›Seelgerät‹, ein wahrlich königliches allerdings, bezweckende Unternehmung des heiligen Stifters aus, so zeigt sich bei näherem Zusehen doch auch hier, daß die Ursachen tiefer liegen. Da wo nun die beiden Bistümer, das alte und das neue, zusammenstießen, stellt sich hemmend, stauend dem östlich gerichteten Kulturgefälle eine innere Gebirgsschranke entgegen, die sich, das jedenfalls läßt sich sagen, den Selbständigkeitsbestrebungen der jenseits liegenden Landschaft förderlich erweisen mußte. Wir meinen den Zug der Haßberge, des Steigerwalds und der Frankenhöhe, der aufs entschiedenste Mittelmain und Obermain, geologisch Muschelkalk und Keuper, voneinander absetzt. Wir wagen die Behauptung: die Abtrennung dieser Teillandschaft wäre eines Tages auch dann erfolgt, wenn König Heinrich anno 1007 vor dem Veto des Würzburger Bischofs hätte kapitulieren müssen.

Als eines der Motive, die die auf Kosten Würzburgs gehende Stiftung gegen die Einwendungen Würzburgs rechtfertigen sollten, nannte König Heinrich das der Wendenmission. Von einer *terra Sclavorum* sprechen schon fuldische Traditionen des 8. Jahrhunderts, von der kirchlichen Erfassung dieser Heidenslaven handelt eine an Würzburg gerichtete Urkunde Karls des Großen, die auch das Wohngebiet dieser ›Main- und Rednitzwenden‹ anzeigt, nämlich den Winkel zwischen Main und Regnitz, nahe dessen Spitze Bamberg selber liegt.

Die von Heinrich den Widersachern seiner Planung entgegen gehaltene Dringlichkeit der Wendenmissionierung war aber nun nicht so, daß sie auf die im Spätherbst des Jahres 1007 in Frankfurt versammelten Reichskirchenhäupter Eindruck gemacht hätte; Eindruck, entscheidenden Eindruck, machte zuletzt doch nur der vor nichts zurückschreckende persönliche Einsatz des Königs. Es lag so nahe genug, das bewegende Motiv auf einer anderen Ebene zu suchen als der religiösen, auf der politischen. Wir wollen nun die religiöse Triebfeder des Königs keineswegs so gering achten, wie das im begreiflichen Einspruch gegen eine doch allzu gemütlich vereinfachende legendäre Überlieferung geschehen ist, wir wollen sie als die primäre anerkennen. Die fromme Absicht, hier, im Osten des Würzburger Sprengels, ein eigenes Bistum zu errichten, traf aber auch sicher mit praktischen, politischen Absichten zusammen. Der König hatte wenige Jahre voraus die Machtstellung, die sich die sogenannten Markgrafen von Schweinfurt am Obermain geschaffen hatten, gesprengt. Legte diese Entmächtigung des mit mehreren Grafschaften ausgestatteten Fürstengeschlechtes überhaupt erst den Raum frei, in den die neue Pflanzung eingesetzt werden konnte, so bot ja eben diese wieder eine gewisse Gewähr für die Dauer der Entmächtigung.

Nun wird man allerdings die Errichtung eines neuen Bistums auf Kosten eines älteren doch wohl nicht für möglich halten können, wenn dieses ältere den ihm zugewiesenen Raum schon nach allen Richtungen hin mit gleichmäßiger Energie durchdrungen hatte. Die kirchliche Organisation jenseits von Steigerwald und Hassbergen, insbesondere mainaufwärts, war offenbar um die Wende zum 11. Jahrhundert noch verhältnismäßig locker und so konnte, wenn schon die Dringlichkeit, doch nicht die Nützlichkeit der Einrichtung eines Sondersprengels geleugnet werden.

Daß der im frühen 6. Jahrhundert vom Untermain ausgehende Vorstoß der Franken mainentlang den Oberlauf des Flusses zuletzt erreichte, liegt auf der Hand. Daß die beiderseits an den Main herantretende Gebirgsschwelle der Keuperstufe den Vorstoß zunächst einmal staute, wird sich annehmen lassen. Es fehlt auch nicht an Indizien, die darauf hindeuten, daß das Hindernis, zwar kein Verkehrs-, aber ein Siedlungshindernis, südlich umgangen wurde, daß also der Kolonistenvorstoß früher die Regnitz als den Main erreichte, erst das Tal der Regnitz, abwärts Fürth etwa, und erst dann das des oberen Mains. Diesen Weg deutet ja auch der den Großteil des heutigen Oberfranken einschließende, von der Radanza (Rednitz, Regnitz) abgeleitete Gauname Radenzgau an. Daß dieser bis über Lichtenfels hinauf westlich durch den Main begrenzte östlichste (fränkische) Gau nicht auch das weiterhin anstoßende ›Regnitzland‹ (das fränkische Vogtland um Hof), das wohl ursprünglich zum baierischen Nordgau rechnete, in sich einbezog, sei hier nur rasch angemerkt.

In einem seiner Capitularien bestimmte Karl der Große eine vom fränkischen Handel, Waffenhandel vor allem, östlich nicht zu überschreitende Grenze, die, von der Elbe ausgehend, über Erfurt nach Hallstadt, am

Main nächst Bamberg und Forchheim, an der Regnitz südlich Bamberg, verlief und in Lorch an die Donau stieß. Daß diese Sperrlinie nicht im Sinne einer völkischen Grenzlinie, gegen den slavischen Osten, gedeutet werden darf, steht wohl fest. Aber die, wenn auch nur zeitweilige, Notwendigkeit ihrer Setzung bezeugt, daß jenseits ihrer doch schon Grenzraum lag.

Die Kulturschichtung ist am kaum vor Ausgang des 7. Jahrhunderts intensiver fränkisch besiedelten Obermain minder tief als am Mittelmain, sie verliert an Tiefe, je weiter wir den Mainquellen entgegen rücken, sie hat ihre geringste naturgemäß auf den Schwellen der großen Grenzwälder, gar nicht zu reden von diesen selbst, in die ja erst der späte Rodungssiedler vordrang. Ausdruck dieser Tiefenschichtung ist der Besitz des Landes an Denkmälern der es Bewohnenden und bewohnend Gestaltenden; er erreicht nicht die üppige Breite, wie sie den glückhaften Lößböden der mittelmainischen ›Muschelkalkplatte‹ zu eigen ist, er hat aber auch, bei geringerer Dichte, Aufragungen, die ihresgleichen suchen.

Die Begründung des Obermainbistums ging nun nicht nur, wenn schon vorzüglich, auf Kosten Würzburgs, sondern auch Eichstätts, das wohl nur eine nördliche Randbreite seines Sprengels abgeben mußte, bei seinem geringen Umfang indessen empfindlicher auf die Amputation antwortete als das sehr viel massivere Würzburg.

Man fragt sich, was den *Praeceptor Germaniae*, Bonifacius, bewogen haben kann, in den beengten Jura-Keuperraum nördlich der Donau dieses kleine Bistum zu setzen. Die materielle Grundlage bot hier nicht wie in Würzburg der Karolinger, sondern ein Grundherr des Nordgaus, der, bei allem guten frommen Willen, doch bei weitem nicht so aus dem Vollen schöpfen konnte. Eine bedeutende Wirkung konnte von so schmaler Basis, mochte sie sich auch mählich verbreitern, nie ausgehen, und so zögert man auch, der Meinung beizupflichten, die das Agens dieser Sprengelbildung, wieder einmal, in politischen Anlässen sucht, in den gegen das agilolfingische Baiern gerichteten Absichten der Franken, die in Gestalt dieses Bistums ein Vorwerk an die Donau vorzuschieben getrachtet. Es spricht nicht gerade für die Hypothese, daß der Brückenkopf, In-golstadt, wenig später durch Karl den Großen doch wieder an Baiern abgegeben wurde. Mag es sich aber nun so oder so mit den Anlässen verhalten, mittelbar war diese, wahrscheinlich zu Lasten der Bistümer Augs-burg und Regensburg gehende, Gründung doch jeden-falls eine Folge der fränkischen Politik, die einen Teil des baierischen Nordgaus ihrer ›Interessensphäre‹ zuge-schlagen und damit Bahn geschaffen hatte. Eichstätt selbst, der Bischofssitz, lag im Nordgau, sein Sprengel überdeckte dessen Westteil, dazu das westlich anrainen-de schwäbisch besiedelte Sualafeld, das in seiner nörd-lichen Erstreckung nahe an Nürnberg heran reichte, und letztens den, nun allerdings älter-fränkischen Rangau, der mit der in ihrem Oberlauf dem Sualafeld angehö-renden Regnitz* an den baierischen Nordgau grenzte.

Eichstätt erwuchs also nur zu Teilen auf fränkischem Volksboden, die im Raume seines Dreistämme-Sprengels heimischen Mundarten sind die baierische und die schwäbische und nur kleineren Sektors, und übrigens auch meist in Übergängen, die ostfränkische, und wenn es sich auch im Laufe des hohen und späten Mittelalters vom Baierischen ab und zum Fränkischen hin kehrte, so formte sich doch das Gesicht der bewohnten Landschaft nie so völlig ins Fränkische um, daß sich die Grundlage, die baierisch-schwäbische, übersehen ließe.

Je weiter nördlich, aus dem Altmühljura heraus und, nun der Rezat-Rednitz folgend, in den Keuper der ›Weissenburger Bucht‹ hinein, um so kräftiger wächst das Fränkische durch. Weissenburg baierisch zu nennen, wird schwerlich einem beifallen, gar nicht zu reden von Nürnberg, diesem *caput Franconiae,* wie wir es, im möglich gewordenen Widerspruch zu *caput Bavariae,* als welches es einmal, im 12. Jahrhundert, erscheint, nennen dürfen. Im erst möglich *gewordenen* Widerspruch: denn ursprünglich war dieser Boden eben doch baierischer, wenn auch wohl nur in extenso baierisch besiedelt; der in Pleinfeld und Eschenbach beheimatete Wolfram stellt sich noch, ausdrücklich, zu den Baiern. Hier, im Süden, Südosten konnte der Frankenname, nach so vielen Rückzügen, doch wieder ausgreifend ein sich bis ins 13. Jahrhundert den Baiern zuordnendes Gebiet einnehmen.

Der Grund für diesen Zuwachs wird sich nun doch auch wieder aus den geographischen Gegebenheiten ableiten lassen, aus der geräumigen Bahn, die die Regnitz

nordwärts legt: das ›mittelfränkische Becken‹ hängt am
fränkischen Main, nicht an der baierisch-schwäbischen
Donau, und die durch den Main-hörigen Fluß geforderte Beziehung mußte sich um so spürbarer auswirken, als die von Norden her Bamberg treffenden Straßen eben hier dem Südpfeil der Regnitz folgten, um
sich von ihr südlich weiter führen zu lassen. Der Bamberger Sprengel reichte Regnitz aufwärts bis zur Pegnitz, hinter die sich Eichstätt zugunsten Bambergs hatte
zurückziehen müssen, in den Nordgau hinein; Bamberg
leitete das fränkische Kulturgefälle, rheinischen Ausgangs, auch südlich ab, und von Westen, Nordwesten
her drückte auf das schwäbisch-baierische Eichstätt zudem auch das Frankenbistum schlechthin, das Würzburgische. Schließlich aber entschieden über die noch im
13. Jahrhundert schwebende Frage Baierisch oder Fränkisch? die gerade an der Scheide der Stammesgebiete
sich neu begründenden Jüngst-Gewalten, Nürnberg und
die Nürnberger Burggrafen, die, fränkischem Einfluß
am nächsten und von ihm zunächst erfaßt, für die Ausweitung dieses Einflusses Sorge trugen, wozu ihr wachsendes Dasein allein genügte.

Jede alte Karte des fränkischen Kreises breitet einen
Haufen verschiedenfarbiger Teile und Teilchen aus,
jeder Teil und noch jedes Teilchen bedeutet eine ›Herrschaft‹ und wenn auch nicht jede eine Rolle zu spielen
hatte, so barg sich doch noch die verzwergteste hinter
ihren reichsunmittelbaren Grenzpfählen.

Die Masse der einmal königseigenen öffentlichen

Rechte hatte früh begonnen, sich da und dorthin auf-
zuteilen, und da diese Aufteilung schon im Gange und
auch schon vielfach vollzogen war, als die größeren
Farbflecke unserer Kreiskarte in ihren Grundrissen angelegt wurden, waren ihnen gleich gewisse Grenzen
gesetzt, die wohl unter glücklichen Umständen aus-
buchten, unter unglücklichen aber auch einbuchten konnten. Es war, anders und gleich deutlich gesagt, nicht
der in den Königsboden gepflanzte Krummstab allein,
der dieses Ostfranken regierte.

Das Nebeneinander der beiden Gewalten, der bischöflichen, ›fürstbischöflichen‹, und der fürstlichen, laien-
fürstlichen, zeigt sich in seiner Bedingtheit durch die
geschichtlichen ›Ursachen‹ eindrücklich augenfällig wie
an keinem andern der fränkischen Teilräume am obermainischen, Bambergisch-Bayreuthischen, wie wir ihn,
die beiden Hauptteilhaber in die Adresse setzend, nennen können.

Als Heinrich II. den aufständischen Markgrafen von
Schweinfurt niedergezwungen hatte, konnte er ihm so
ziemlich alles wegnehmen, was ihn vom Reiche her zustand, vorab die Grafschaften, deren er drei innehatte,
Volkfeld, Radenzgau, Nordgau. Nicht entziehen konnte
er dem sich Unterwerfenden den Eigenbesitz seines
Hauses, und dieser Eigenbesitz war bedeutend. Hatte
nun der König die Absicht, die dem Schweinfurter,
kraft Besitzes, verbliebene Machtstellung durch die Errichtung des Bistums Bamberg noch einmal, mittelbar,
zu schwächen – und als zweite mag sich diese Absicht
durchaus der ersten (die wir nicht im Politischen* su-

chen) verbunden haben –, so war doch, bei aller Schwächung, diese auf dem allodialen Besitz beruhende rest-
liche Machtstellung nicht aus der Welt zu schaffen. Die
Lage änderte sich für das konkurrierende Bamberg
auch dann nicht wesentlich, als das Grafenhaus schon
in der nächsten Generation erlosch. Die Eigengüter fielen an die Schwiegersöhne des Letzten, die Bambergs
Tatendrang peinlich behindernden obermainischen an
das schon damals sehr ansehnliche, künftig noch stark
wachsende Geschlecht der Grafen von Diessen. Die nun,
die sich im 12. Jahrhundert, bis zu ihrer Erhöhung zu
Markgrafen von Istrien und Herzogen von Meranien,
meist nach ihrem Burgsitz über dem Ammersee, Andechs, oder auch nach ihrem besten fränkischen Burgsitz Plassenberg über Kulmbach nannten, lasteten, als
sie anfingen, sich um ihre fränkischen Güter zu kümmern, schwer auf dem Stift St. Heinrichs, dessen we-
sentlichste öffentliche Rechte, die grafschaftlichen, als
Lehen in ihre Hände kamen. Indes konnte der gefähr-
liche Gegenspieler dadurch gebändigt werden, daß man,
nolens oder volens, seine jüngeren Söhne in das Dom-
kapitel einließ und auch zu Bischöfen kürte. Von 1177
bis 1242 saßen, mit geringer Unterbrechung, drei Andechs-Meranier auf dem Bischofsstuhl. Aber wenig später, 1248, ging das erlauchte Geschlecht zu Ende,
Glücksfall ohne gleichen! Bamberg mußte sich zwar in
einen Krieg um das Erbe stürzen, von den meranischen
Hausgütern war auch kaum etwas abzubrechen, aber
die Kirchenlehen konnte man mit Fug und Recht zu-
rückfordern, und wenn man sich auch da über Gebühr

bescheiden mußte, so gelang es zum wenigsten doch, das wertvollste der an Andechs-Meranien ausgegebenen Lehen, die Grafschaft, das ›Landgericht‹ zurückzunehmen und sich damit die Landesherrschaft zu sichern. Eichstätt, dessen Gegenspieler seine Vögte, die Grafen von Hirschberg, waren, war nie so glücklich.

Das meranische Erbe, allodiales und feudales, drittelte sich. Die Erben, Schwäger des letzten Herzogs, waren die Burggrafen von Nürnberg (Bayreuth), die in der schwäbisch-fränkischen Grenzzone des alten Sualafelds heimischen Grafen von Truhendingen (Giech) und die thüringischen Grafen von Orlamünde (Plassenburg).

Einen dieser Erben, Truhendingen, der vom grünen Aste kam, auszukaufen, gelang den Bischöfen, anderthalb Jahrhunderte später. Sein Sitz, die starke Burg Giech auf dem Jura über Scheßlitz, wuchtet, noch als Ruine, am östlichen Horizont des Bamberger Dombergs. Einer seiner Söhne, Mitraträger Bambergs, steht steinern im Dom, unter den steinernen Bischöfen der edelsten einer – einziges Denkmal* des Namens im Lande zu Franken.

Der Besitz der beiden anderen meranischen Erben entzog sich nicht nur, er vereinigte sich schließlich auch noch in einer Hand, zudem in der hart zugreifenden der Burggrafen von Nürnberg aus dem Hause Zollern, denen es ihrerseits gelang, die Grafen von Orlamünde auszukaufen und so Einzug zu halten auf Plassenburg, begleitet von einem den Orlamünde zu dankenden Gespenst, der ›Weißen Frau‹. So schwand der Name Orlamünde dahin wie der Name Truhendingen. Nur daß noch ein kleines, freilich längst, schon zu Zeiten der Glaubensspaltung, säkularisiertes Frauenkloster, des Ordens von Zisterz, Himmelkron, ihren Namen kündet; dort stehen auch noch einige des Geschlechtes in ihren Grabbildern* an den Wänden, unter ihnen eine wahrhaft fürstliche Frau, die hier als Äbtissin gewaltet.

Der burggräfliche Machtbesitz hätte aber doch nicht an den der Bischöfe heran reichen können, wenn es bei den zwei Dritteln meranischen Erbes geblieben wäre. Indes hatten sich diese raffig-tüchtigen, seit rund 1200 auf der Nürnberger Veste burggräflich amtenden Schwaben auch in den Besitz des südlich Nürnberg liegenden Erbes der Grafen von Abenberg, Grafen des Rangaus, gesetzt, und diese beiden Herrschaftsgebiete zusammen, das ehedem meranische, ›ober Gebirgs‹, einschließlich des den Vögten von Weida abgedrungenen Vogtlandes, und das ehedem abenbergische, ›unter Gebirgs‹ – die späteren ›Markgrafschaften‹ Kulmbach-Bayreuth und Ansbach – ergaben, trotz der räumlichen Trennung durch das ebenso sehr hindernde als selbst behinderte Bamberg, einen Machtblock, der dem bischöflichen die Waage hielt.

Waren für Bamberg seit der Aufteilung der meranischen Herrschaften die weiteren Entfaltungsmöglichkeiten so ziemlich abgeschlossen, so lagen die Dinge für Eichstätt ähnlich. Es bedurfte allerdings nicht erst der Zollern, um den kirchlich an Eichstätt hängenden ›mittelfränkischen‹ Raum auf ein drittes Gravitationszentrum abzulenken. Das war der Reichsbesitz um Nürnberg. Diesen zunächst noch schmalen, von Bamberg her beengten Altbesitz auszubauen, hatten schon die salischen Kaiser begonnen, unter deren zweitem, Heinrich III., das *castrum Nuorenberc*, damals, 1050, noch eine ganz junge Gründung, erstmals ans Licht tritt. Der Plan, rund um diese, von noch nicht verstifteten oder, wenn verstiftet, dann jetzt wieder zurückgenommenen Bannforsten umgebene Burg ein ohne mindernde Zwischengewalt dem König dienstbares Reichsland zu schaffen, wurde von den staufischen Erben des salischen Hauses nahezu verwirklicht. Es gelang ihnen, von ihren schwäbischen Ausgangsstellungen herüber eine Brücke zu schlagen – einer der kräftigsten Pfeiler war Rothenburg –, es gelang ihnen der Ausgriff in das östlich angrenzende, damals wohl noch eng mit dem Vogtland verbundene Egerland, so daß sich in der hohen Zeit ihrer Herrschaftsjahre eine Kette königlichen Land- und Burgenbesitzes sperrend durch des Reiches Mitte legte.

Inmitten dieses von Reichsdienstmannen verwalteten Reichslandes begann sich das auf eine so dürftige, gerade noch die genügsame Föhre nährende Sandkrume gesetzte Nürnberg in raschem Anstieg zu entwickeln. Zu Zeiten des ersten Saliers noch ein Nichts, zu Zeiten des ersten Staufers nicht mehr zu übersehen und zu übergehen, zu Zeiten des letzten schon mächtig und in der Folge, bei allen noch verbliebenen Bindungen an das Reich, selbstherrlich, frei.

Die Entwicklung hätte, trotz aller kaiserlichen Be-

gnadigungen, gipfelnd im Privileg Kaiser Friedrichs II.
von 1219, nicht so verlaufen *müssen*. Es hätte sich, da
mit dem Ausgang des staufischen Hauses das Reich
zerbrach, auf den Trümmern die Stellung des mit dem
kaiserlichen Landgericht belehnten Burggrafen etwa so
stark ausbauen lassen, daß sich die Kraft der Stadt an
der Burg gebrochen hätte. Aber die Stadt meisterte die
Lage, es gelang ihr, die Burg zu blockieren, ja endlich
sogar den Burggrafen zum Abzug zu bewegen. Abge-
lenkt durch ihre Territorien, die eben jetzt, in der kai-
serlosen Zeit, behauptet werden mußten, hatten die
Burggrafen nicht den Willen oder nicht die Kraft, den
sich frei machenden Bürger mehr als nur störend auf-
zuhalten. Indessen blieb ihnen das peinigende Bewußtsein, eine Gelegenheit verpaßt zu haben. Ausbrüche
gestauten Grolls blieben nicht aus, der Burggraf lag
sozusagen in Permanenz *ante portas*. Wenn aber der
ewige Belagerer harte und härteste Zeit über die Stadt
brachte, so war es eben er, der dem nach außen ge-
wendeten, der Gefahr zugewendeten Antlitz der Stadt
diesen großartig wuchtigen Trotz auftrug, der bis zum
heutigen Tage schaubar geblieben ist.

Neben die älteren Gewalten waren also im nach der
Katastrophe des Stauferreiches auseinander fallenden
fränkischen Reichslande zwei jüngere getreten, die nun
allerdings neben sich auch noch andere Erben des Reiches dulden mußten, minder gewichtige zwar, die sich
aber auch zu behaupten wußten, die mehreren anderen
Reichsstädte, die sich in diesem von den Königen ver-

lassen Raum dank der ihnen von den Königen zu-
gekommenen Rechte entfalten konnten, Rothenburg
voran, das sich auch ein eigenes ›Land‹ *extra muros*
zulegte, dann Weissenburg ›am Sand‹ (wie es sich, seine
Grund-Beschaffenheit sinnfällig aussprechend, bis zu
uns her benannte), und, nicht viel kleiner, aber doch
an letzter Stelle, Windsheim.

Ihr Weg zur Reichsfreiheit war freilich ein mühsa-
mer, wechselvoller, die Freiheit hing bis zur endlichen
Durchsetzung an einem Faden, und wie leicht der reißen konnte, lehrt das Schicksal des nach verheißungs-
vollen Ansätzen schließlich doch zur Landesstadt ab-
sinkenden ›uffe frenkischer erde‹* liegenden, schwäbisch-fränkischen Feuchtwangen. Nicht so sehr von den
raffenden Nachbarfürsten als vom Reiche, vom Kaiser
selbst drohte die Gefahr der Rechtsminderung: »daz
wir sie fürbaz ewichlichen von vns vnd von dem riche
umb keinerlei not, die vns angen möcht, nimmermehr
versezzen, verchimmern, enpfrönen noch verpfenden
sullen noch wullen in kein weis«, versichert, ein Jahrhundert des Hangens und Bangens abschließend, 1342
Kaiser Ludwig der Bayer den Windsheimern.

Die Burggrafen – seit dem Anfall der Mark Brandenburg, 1415, nennen sie sich auch in Franken Markgrafen –, die Reichsstädte und etliche Reichsministe-
rialen, die, wie die Marschalke von Pappenheim, sich
die Reichsunmittelbarkeit erobert hatten, prägen nun,
ihre Machtmale setzend, diese südöstliche Randland-
schaft Frankens.

Im Innerfränkischen, Würzburgischen mag jetzt die

Abwesenheit der Reichsstädte auffallen, und das um so eindrücklicher, als ja gerade die Mainlandschaft zwischen Bamberg und Aschaffenburg eine so städtereiche ist. Hier gibts aber nur eine Reichsstadt, Schweinfurt. Sie erwuchs, an uralter, Straßen sammelnder Furt in günstigster Verkehrslage zwischen Nord und Süd, auf dem Boden des Königs, und wenn sie wurde, was sie kraft solcher Wurzel werden konnte, dann nicht dank Henneberg, und schon gar nicht dank Würzburg, zwischen welchen beiden hart anstehenden Klippen durchzukommen »vnser vnd des richs statt zu Schwinfurt« (1282 König Rudolf) gelang.

Unter den stärkeren Laiengewalten, mit denen der hl. Kilian zu rechten und zu raufen hatte, standen voran die Grabfeldgaugrafen, von Henneberg, vom 11. bis ins 13. Jahrhundert Würzburgs Vögte und Burggrafen, und so aufs engste in die Geschichte des Hochstifts verstrickt. Wuchsen sie sich, bei allem guten Willen dazu, nie zu einem so hinderlichen Machtblock aus wie die Burggrafen im Bambergischen, so lag es an den sich wiederholenden Teilungen, die mit der Besitzkraft die politische Stoßkraft schwächten. Viel ihrer Länderhabe war schon vor dem endlichen Ausgang des Geschlechtes, 1582, an Wettin gefallen. Dann trat Henneberg gänzlich ab, Sachsen und bescheidneren Teils auch Hessen succedierten. Das hennebergische Grabfeld wechselte die Orientierung, aus einem Grenzland Frankens, gegen Norden, wurde ein Grenzland Thüringens, gegen Süden. Der Frankenname war zwar so rasch nicht auszutreiben, aber er nahm mählich ab an Kraft, und als die den erbrechtlichen Klitterungen zu dankende Grenze eine konfessionelle wurde und sich tiefer einfurchte, wars um ihn geschehen. Wohl liest man in Merians *Topographia Franconiae* von Coburg, es gehöre zwar zum obersächsischen Kreis (wie alle an Sachsen gekommenen hennebergischen Territorien), sei aber in Franken gelegen, wie man denn auch die Bewohner noch heutigen Tags Franken nenne. Aber sogleich erschrickt unser Gewährsmann über die möglichen Konsequenzen seiner Behauptung und eilends versichert er, daß durch sie niemandem etwas vergeben, praejudiciert oder concediert werden solle!

Wie die Henneberg, traten im 16. Jahrhundert, bald nach der Mitte, auch die Grafen von Rieneck, Reichsvögte des Spessarts, und mit ihnen die von Wertheim ab. Auch hier waren die Haupterben Auswärtige – Kurmainz, die Grafen von Löwenstein. Diese Todesfälle trugen andere Namen in die zerklüftete Territorienkarte ein, sie änderten am beharrlichen *status quo* nicht viel. Die herrschaftlichen Gewalten stuften sich nun, allerdings, in aufkommender ›Neuzeit‹, stärker ab, die kleineren und kleinen fristeten, das Trägheitsgesetz nützend, ihre Existenz, aber sie hörten auf, Geschichte zu machen, und wenn es, im vorgerückten 16. Jahrhundert, ein Grumbach unternehmen konnte, das Fürstbistum Würzburg über den Haufen zu werfen, so war das nur eine bizarre Episode nachgeborenen Mittelalters. Unter den Herren des Würzburger Sprengels hatte jetzt der Würzburger doch das unbestreitbare und auch kaum mehr bestrittene Übergewicht, das ein volles wurde, als sich Würzburg und Bamberg in gleichen Bischöfen verbanden. Sechs Würzburger Bischöfe des 17. und 18. Jahrhunderts waren zugleich Bamberger, ein Würzburger und ein Bamberger zugleich auch Mainzer Erzbischöfe.

Vergessen wir aber auch jetzt nicht die Vielfältigkeit des politischen Körpers Franken als eines abbildlichen kleineren Reiches im größeren heiligen römischen, in dessen Mitte zwischen Nord und Süd, Ost und West es liegt. Doch eben aus dieser, von einer höheren politischen Warte betrachtet, so verderblichen Vielfältigkeit des territorialen Neben- und Ineinander erwuchs jene Vielfältigkeit, Vielzelligkeit des Kulturraumes, den eine größer begründete Staatsgewalt unmöglich gemacht hätte. Noch die kleinste Zelle heischte ihr Mal und Sinnbild.

So setzen wir denn auch ans Ende dieser den Gewaltträgern der fränkischen Geschichte gewidmeten Einführung die Liste der ›Verwandten‹ des Fränkischen Kreises, welche enthält: die gern kurz so genannten ›vier fränkischen Fürsten‹, das sind die drei Fürstbischöfe von Bamberg, Würzburg und Eichstätt und die Markgrafen von Ansbach-Bayreuth, die Grafschaften Henneberg, Hohenlohe, Limpurg, Schwarzenberg, Castell, Wertheim, Rieneck und Erbach, die Ballei Franken des in Mergentheim residierenden Deutschmeisters, die fünf Reichsstädte Nürnberg, Rothenburg, Schweinfurt, Weissenburg, Windsheim, und endlich die auf sechs ›Orte‹ aufgeteilte Reichsritterschaft.

Die ›Grafschaften‹ sind keine geschlossenen Gebiete

- auch die vier großen Fürstentümer sind es nicht; alle diese Herrschaften sind ›grenzenlos‹, greifen hundertfältig ineinander. Einige von ihnen sind nicht mehr, engen und strengen Sinnes, fränkisch. Fällt die Hohenlohesche (an Tauber, Kocher, Jagst) in den schwäbisch-fränkischen Grenzgürtel, der sich, trotz Eingliederung in das schwäbische Württemberg, als ›württembergisch Franken‹ dem Frankennamen auch noch nicht entzogen hat, was, *mutatis mutandis* – man setze nur Baden statt Württemberg – auch für die Wertheimsche (an Tauber und Main) gilt, so wird man die Limpurgsche (um Gaildorf am Kocher) doch schon gänzlich dem Schwäbischen, die Erbachsche (am Odenwald) dem Mittelrheinischen überlassen müssen.

Dieses Gemenge immediater Herrlichkeiten, vom Herzog zu Franken bis zum Reichsdorf Gochsheim, formte aus den Überschüssen seiner reichen Fruchtböden die monumentale Landschaft Franken.

Kapitel 2 Würzburg

SANT KILIAN

Namen sind Urkunden, viel ältere zumeist als die geschriebenen, die den Träger in die Geschichte einführen. Freilich nicht immer eindeutige, zuweilen mehrdeutige, mitunter auch undeutige. Würzburg ist eindeutig im Grundwort – ›burg‹ kommentiert sich selbst –, undeutig im Bestimmungswort. Die unerschrockenen Etymologen des Mittelalters übersetzten ›Würz‹ mit ›herba‹, was wir mit ›Wurz‹ zurückübersetzen können. Ihre Nachfahren sind nicht mehr so tapfer.

Einer ihrer ersten Grundsätze fordert, daß man jeglichen Namen in seinem noch wenig versinterten Frühzustande aufsuche. Und das führt auch oft zum Ziel, zur Erhellung des dunklen, dunkel gewordenen Wortes. Aber auch nicht immer, vorab bei sehr alten Namen. Und ein solcher ist Würzburg, der ältesten einer in Franken, wenn wir die örtlich bestimmbaren ansehen und nicht die unbestimmbaren wie etwa das schon beim Ptolemäus aufklingende ›Menosgada‹, das den Main im Namen führt und also auch am Main zu suchen ist.

Würzburg in der Form ›Uburziburg‹ reicht uns erstmals der gegen Ende des 7. Jahrhunderts schreibende ›Geograph von Ravenna‹ zu, der sich aber auf einen, wieder um nahezu zwei Jahrhunderte älteren Mittelsmann bezieht. So ist ›Wurziburg‹ also schon um das Jahr 500 da, und nicht erst neuestens. Denn schon die Kelten saßen auf dem bewallten Berg. Alemannen läßt hier der Mittelsmann des Ravennaten wohnen. Besser informiert, hätte er statt Alemannen wohl schon Franken setzen müssen, die eben jetzt, nach dem Aleman-

34

nensieg Chlodwigs, über die Waldberge, Spessart-Odenwald, östlich vorbrachen oder schon vorgebrochen waren. Alemannisch, was es sicher nicht mehr war, ist ihm auch das Untermainland, westlich des Gebirgs; sein ›Ascapha‹ ist, höchstwahrscheinlich, Aschaffenburg.

Das Bestimmungswort ›burg‹, sagten wir, kommentiere sich selbst. Immerhin möchte es einer kurzen Erläuterung bedürftig sein. Es sind älteste Städte, Römerstädte, die auf ›burg‹ enden – Augsburg, Salzburg, Regensburg, auch Weissenburg, das fränkische, das zwar nicht in, aber neben den *castra* erstand. Würzburg lag schon nördlich des Limes, der bei Miltenberg den Main anlief und ihn etwas unterhalb querte, römisch war es nie. ›Burg‹ meint hier eine jener spätkeltischen Wallburgen, deren eine das vorhin berührte Menosgada gewesen. Denke man also nicht an ›Burg‹ in dem uns geläufigeren Sinne des Mittelalters. Uralte vorgermanische und, sie nützend, germanische Volksburgen lebten fort in Namen wie Würzburg. Lebten aber auch leibhaftig fort, doch nun in dem geläufigeren mittelalterlichen Sinne.

In *castello Virteburch* urkundet 704 einer jener von den Merowingern gesetzten fränkisch-thüringischen Grenzherzöge, deren rundes Jahrhundert sich mit ihm – Hetan II. – beschließt. Diesen Hetan aber läßt eine, freilich etwas späte Überlieferung die Rotunde im Burghof gründen, deren Weihetitel dann mählich den alten Bergnamen zugunsten von Unser Frauenberg, zuletzt Marienberg, verdrängte.

Verdrängte von Berg und Burg, aber nicht von der Siedlung, die sich in ihrem Schutze, zunächst wohl dicht unter ihr, zwischen Berg und Fluß, dann aber auch drüben, auf dem Boden der ihr entkeimenden Stadt, angesetzt hatte.

Als Herzog Hetan die Rundkirche auf der Burg errichtete, angeblich 706, war noch kein Menschenalter vergangen seit einem für die Geschichte des Frankenlands folgenreichen Geschehnis, der Tötung des irischen Gottesmannes Kilian, angeblich 689 und veranlaßt durch eine in ihren Rechten bedrohte Fürstin, Gattin des Herzogs Gozbert, Geila. Übermittler dieser Vorgänge ist die Kilianslegende, und einzig glaubwürdig ist wohl nur der gewaltsame Tod des fremden Wanderers unter einem oder auch durch einen der letzten über Ostfranken-Thüringen gesetzten Herzöge.

Über dem, nach der Legende, in einem Pferdestall drüben überm Main, beim Salhof des Herzogs, verscharrten Leib des Gemordeten ging eine reiche Saat auf. Der geschichtlich nicht zu greifende Heilige tritt wirkend in die Geschichte ein, und wenn wir auch nicht sagen können, es sei der Boden dieses Märtyrerblutes bedürftig gewesen, um, Weihe spendend, eine so lange währende und noch während Reihe von Bischöfen zu tragen, so floß diesen Bischöfen, guten und bösen, doch aus dem Tumulus ein hoher Glanz zu. Was sie taten, tat der Heilige, und so gaben sie ihm auch ihr Schwert, *sein* Schwert, in die Rechte. Die Jahre seines Wirkens waren, laut Legende, drei.

Bei seinem Einzug war noch ein heidnisches Raunen auf dem Berg. Stets hausten Götter auf solchen Bergen, eine ›Diana‹, eine germanische Huldin, war noch nicht gänzlich entmächtigt, und es mag sein, daß der Herzog die runde Bergkirche baute, den geisternden Abgott zu bannen.

Des Herzogs ›Saal‹ aber stand, wie der Franken Höfe und Pfalzen alle, drunten, drüben in der geräumigen Talung bei Neumünster, das sich des Kiliansgrabes rühmte. Der Heilige wurde, als man allenthalben daran ging, die Thaumaturgen auf die Altäre zu heben, aus seiner Grube genommen und in die Burgkirche gebracht. Das war 752 und geschah im Beisein des hl. Bonifacius und des Bischofs Burkard, den er zehn Jahre zuvor über Ostfranken gesetzt hatte. Doch nicht lange blieb er auf der nun bischöflichen Burg. 788 kehrte er in die Talsiedlung zurück und ein inzwischen neben der Grabkapelle erstandener Dom nahm ihn auf. Um diese heilige Mitte begannn sich ›Würzburg‹, die Stadt, zu runden.

Burg und Stadt, ein Einerseits und ein Anderseits, ein Oben und ein Unten: es mangelt nicht an Burg-Städten, deren Wuchs durch diese Gegensätzlichkeit bestimmt ist.

Immer war die Burg zuerst da, immer war es die Stadt, die, ihrer Kindschaft entwachsend, die Gegensätzlichkeit schuf. Immer war diese Polarität eine politische. Aber wie sie nicht eine anfänglich gegebene war, so löste sie sich auch wieder auf, dann, wenn es einem der Pole gelang, den andern abzustoßen und sich in die Mitte zu setzen.

Um die Wende des 12. Jahrhunderts zogen die Bischöfe auf die Burg. Sie schufen sich auf dem so trefflich dazu angelegten dreiseitig steil abfallenden Berg, im Umfang der längst ›historisch‹ gewordenen alten Burgwälle, ihre zeitgemäße Höhenburg. Was sie dazu bewog, war ein in diesem Jahrhundert des wildesten Faustrechts sehr begreifliches Sicherheitsbedürfnis. Sicherheit vor wem? Vor den nachbarlichen Herren, den burgengewaltigen, kampfesgeübten und nur allzu besitzsfrohen Henneberg, Wertheim, Rieneck, Hohenlohe und vielen, ja wirklich vielen anderen mehr, es zählten nicht nur die großen. Aber auch schon vor der eigenen Stadt, die anfing, an ihren Ketten zu rütteln.

An die fünfhundert Jahre sahen die Bischöfe auf ihre Stadt herab, etwas länger als nötig. Der Arm der Stadt war auf dem Schlachtfeld von Bergtheim, anno 1400, lahm geworden, und als er es noch einmal versuchte, sich aufzurecken, im Jahre des Bauernzorns, anno 1525, wurde er vollends herabgeschlagen. Die Zwingburg, des Zwanges ledig, wurde Landesveste, sogar Reichsveste, und panzerte sich zeitgemäß mit Bastionen – der einst so enge Horizont der Gefahren hatte sich geweitet.

Sehen wir jetzt von allen geschichtlichen Begründungen des Gegenüber von Burg und Stadt ab, nehmen wir dieses Gegenüber einfach als ein Geformtes hin. Was die Spannung von einem zum andern so wirksam macht, ist der sie stärker straffende Widerstand, den

sie überwinden muß, der Fluß; Nürnberg steigt unge-
hemmt zu seiner Burg, die Burg sitzt ihm auf wie der
Kopf dem Körper. Der Fluß läßt das nicht zu, er son-
dert. Daß aber das so auseinander Gehaltene nicht auseinander falle, dafür sorgt die Brücke, diese aus dem
Begriff Würzburg so gar nicht wegzunehmende, auf
der sich die Kräfte der beiden Uferseiten begegnen.
Läßt sich diese, übrigens schon früh, im 12. Jahrhundert, begründete Steinbrücke mit einer andern vergleichen, dann mit der Prager Moldaubrücke, dem großartigsten Beispiel städtebaulicher Brückenlandschaft. Es
gibt ja nun, da und dort, nicht minder alte, nicht minder prächtig-mächtige Brücken, die sich aber wesentlich
unterscheiden. Wir denken an die Regensburger, die,
als Corpus, wuchtiger ist, aber nicht der Grad der Körperlichkeit, die Dimension, ist das Unterscheidende, sondern das Verhältnis zum Hüben und Drüben; die Regensburger stößt zwar auch nicht ohne Prellung ins
Offene, aber das, was sie, am jenseitigen Ufer auf-
setzend, vorfindet, die kleine, wenn schon städtische

Siedlung Stadtamhof, ist doch nur Stauung, Brückenkopf, keine Entgegensetzung von eigener Schwere, und
der auf ihr Verweilende wird sich zuerst und zuletzt
doch immer der einen Seite, als der fraglos überlege-
nen, zuwenden. Anders der auf der Mainbrücke: er wird
sich immer wieder wenden und seine Eindrücke zu
gleichem Recht auf beiden Seiten sammeln.

Nehmen wir diesen Brückenstandpunkt ein, zunächst
mit dem Rücken zur Stadt. Die Brücke trifft nicht geradezu auf den Fuß des Marienberges; sie ist ja zuvor
einmal da, um eine Straße überzusetzen; die Straße
weicht dem Hindernis aus. Die Burg ragt also wenig
seitlich zurück, linker Hand, ist aber doch, trotz der
Verschiebung, als ein mächtiges Gegenüber da.

Bei aller Mittelalterlichkeit, die ihr noch anhaftet,
ihr Wuchs hat sich in jüngerer Zeit, vorzüglich unter
Bischof Julius Echter, doch sehr merklich gewandelt,
und wenn sie auch schon in spätgotischer Zeit, unter
dem viel um sie bemühten Bischof Rudolf von Scherenberg, durch eine über das Kleinteilige hinweggrei-
fende Blockigkeit bestimmt war, so setzte sich die einfach wuchtige Ballung der in langen Umfassungstrak-
ten gesammelten Baumassen doch erst jetzt, im 16.–17.
Jahrhundert, entscheidend durch, in der gedehnten La-
gerung nur wenig durch die eckbetonenden Türme
überkreuzt. Dieses sich in breiter Front darbietende,
stark in die Tiefe gehende Burggeviert ruht nun auf
dem Stufensockel der neuzeitlichen Bastionen, die reine
Zweckbauten und also ohne ästhetischen Anspruch sind
und doch unbestreitbar großartig in der nackten Stereo-

metrie ihrer Fügungen, gleichsam kristallisierter Fels.

Drunten in der sicher früh besiedelten Enge zwischen Strom und Berg, heben sich hervor, ohne Ehrgeiz, die Doppeltürme von St. Burkard, Gründung des ersten Bischofs, des Angelsachsen, der hier und schon nicht mehr auf der Burg waltete. Weiter dann zurück, auf dem sich der Veste von Süden her zuneigenden Nikolausberg, das ›Käppele‹, mit seiner heiter blickenden Fassade zur Stadt gekehrt, winkend und werbend, seine köstliche Kreuzwegtreppe ins Tal herab entgegensendend, ganzen Maßes ›barock‹ in der Häufung seiner prall gefüllten Zwiebelkuppeln. Wendet sich nun wieder der Blick von diesem anmutigen Kirchenkrönchen über die Veste hin zurück, folgt er dem Zug der in einer Rechtsbiegung von der Brücke abstoßenden Straße, so wird er, das ›Mainviertel‹ abstreifend, die dieser linksmainischen Stadt zugeteilten beiden Kirchen einbegreifen, die Deutschhauskirche, an der hier gemach hügelan steigenden Straße, und weiter zur Rechten, die der Schotten, betürmt beide, die zweite, ältere, romanische, wieder doppelt. Diese freilich (wir haben uns an Gewesenes erinnert, wie wir uns so oft in dieser Stadt an Gewesenes erinnern müssen) hat der Krieg bis auf die Türme vernichtet.

Drehen wir uns jetzt der Stadt, der rechtsmainischen, zu. Da stellt sich der Weiträumigkeit der Stromlandschaft eine ganz erstaunliche, man möchte gleich sagen ›gotische‹ Engräumigkeit entgegen, ein wahrhaftes Gedränge von gespitzten oder doch gespitzt auslaufenden Türmen, und wenn es ihrer, abgezählt, nur sechs sind, so scheinen es, zunächst wenigstens, viel mehr zu sein. Der Anschein entsteht, weil sie sich alle auf die eine Achse sammeln, die, in geradem Durchstoß, die Front des Domes trifft. Diese schmalhüftige und eben deshalb um so steilwüchsiger wirkende Domfassade fängt den Blick des auf der Brücke Stehenden, und das Eintreten der vier Domtürme in die Straßenschlucht, der beiden nah zusammenstehenden vorn, der beiden weiter gestellten hinten, ist auch der hauptsächliche Erreger jenes Eindrucks einer Wirrnis von Türmen.

Ist diese Wirrnis von Baukörpern ungeplant, einfach aus den örtlichen Bedingungen heraus entstanden, so wäre sie es doch wieder nicht, jedenfalls nicht so, ohne die Möglichkeit, das sozusagen wild Gewachsene nachträglich als ein schön Gewachsenes anzunehmen. Ein ganz bestimmter, individuell landschaftlicher Formtrieb war hier, nicht willkürlich, sondern unwillkürlich planend, am Werk – wir stehen nicht an, ihn fränkisch zu nennen.

Es gibt in unseren alten Städten Straßen wie diese Würzburger, Brücke und Dom, weiter: Burg und Dom an eine Achse schließende, wenig vergleichbare. Eine ist die Speyerer, vom Tor zum Dom. Aber der eine ihrer beiden Pole ist schwächer, die Achse hängt nur an einem, in ihrer Umkehr findet sie kein gleichgewichtiges Ziel, und wenn auch der herrschende Pol (noch von einem solchen zu reden), der Dom, gewaltiger ist: der Würzburger ergänzt seine geringere Mächtigkeit im Zusammenschluß mit einer zweiten großen Kirche,

Neumünster, die sich, geringen Abstand nehmend, an seine nördliche Länge legt und deren Kuppel noch einen dröhnenden Akzent auf die Tempelmitte setzt.

Diese Ballung großartiger Architekturen (sprechen wir nicht von den Störungen und Zerstörungen durch das schlimme Neunzehnte, da uns das Zwanzigste Schlimmeres gebracht hat) fordert nun doch auch den an sich gar nichts geltenden Zugang von Osten her, um eine Fülle aus der Fülle ihrer Zugehörungen ausbieten zu können. Hier erst wird man der doch riesigen Abmessungen des, bis auf die Obergeschosse der Türme, einheitlich hochromanischen Domes gewahr, dieses kahl hochragenden, streng und knapp gegliederten Chorhauptes mit dem ungewöhnlich weit ausladenden Querschiff und den vom Viereck ins Achteck wachsenden Türmen; hier rundet sich die Apside von Neumünster, wuchtet auch die Kuppel herüber, reckt sich ihr Trabant, der rotsteinerne Achteckturm, Sprößling der reichen romanischen Endzeit, die auch die Aufstockungen der Chortürme des Domes geformt hat, hier stellt sich

43

auch die dem nördlichen Domquerarm anliegende Schönbornkapelle in den Blick, die die große Neumünsterkuppel ins Kleine überträgt, etwas fremd in dieser romanischen und, seltsamerweise, auch in dieser barocken Umgebung.

Der Weg von der Brücke zum Dom führt am ›Grafen Eckart‹, am Rathaus vorbei, und das ist uns Anlaß, von der geistlichen Stadt in die bürgerliche zu wechseln – wenn das nur möglich ist, wenn sich aus der einen die andere herausnehmen läßt. Selbstverständlich, diese ganze Stadt, wie sie die Mauer begrenzte (und heute das ›Glacis‹ begrenzt), war ja, von Bürgern bewohnt, notwendig eine bürgerliche, mochten sie noch so viele geistliche Zellen durchsetzen. Die Frage ist aber die, ob es den Bürgern gelungen ist, mehr als Häuser zu bauen schlecht und recht, größere, höhere, und das im Sinne des Worts, zwecklose am nächsten Bedarf gemessen, zu bauen über sich hinaus, denkmalwillig Denkmalhaftes.

Es hieße an so manchem bürgerlichen Monument, am Bürgerspital, an der Marienkapelle (die eine große bedeutende Kirche ist) oder auch an Wohnhäusern, die, bei einigem Aufwand, ›der Stadt zur Zier‹ errichtet wurden, wie das berühmte zum Falken – es hieße an dergleichen sichtbarlichst vorhandenen Malsetzungen nichtachtend vorbeigehen, wollte man sagen, es sei ihnen nicht gelungen. Indessen kann man auch nicht sagen, es sei ihnen in einem mehr als doch recht begrenzten Maße gelungen. Die bürgerliche Stadt erscheint der

44

geistlichen eingeordnet. Man erfährt es aufs unmittel-
barste auf dem Weg von der Brücke zum Dom, man
erfährt es an vielen Stellen in dieser Stadt, da man in
so kurzen Abständen immer wieder auf geistliche Inseln trifft, so viele, daß man schon versucht sein könnte, das, was zwischen ihnen liegt, Inseln zu nennen. Mit
welcher Macht präsentiert sich eine Stiftskirche wie die
Hauger!

Nennen wir dergleichen überschattende Monumente
der geistlichen Potenz, so setzen wir allerdings schon
das Zeitalter ihrer Omnipotenz, das 17., 18. Jahrhundert, voraus. Aber die Frage des Stadtregiments – Bischof oder Rat – hatte sich ja längst entschieden. Im
17. und 18. Jahrhundert war der Bischof Stadtherr, und
das absolut, im 13., 14., 15. Jahrhundert war er es
zwar auch, aber doch mit erheblichen Einschränkungen
zu Gunsten der bürgerlichen Selbstverwaltung. Auf der
mählich sich verbreiternden Grundlage solcher Einschränkungen erstritten sich andere Städte, bischöfliche,
die Reichsfreiheit. Das Schlachtenglück, das im Falle
Straßburg für die Stadt entschied, entschied im Falle
Würzburg für den Bischof. Das hoch strebende und
schließlich nur durch ein widriges Geschick scheiternde
Würzburg des späten Mittelalters ist eine von Kräften
strotzende Stadt, und man wird sie, bei allen verfas-
sungsrechtlichen Unterschieden, doch nicht allzuweit
von den ›freien‹ Städten abrücken dürfen.

Aber von der Breite bürgerlichen Kraftbesitzes ging
nun, wie gesagt, nicht eben viel in die Baugestalt der
bürgerlichen Stadt hinüber. Doch steht an der Wende

des 15. und 16. Jahrhunderts, auf der Scheide der Zeitalter, eine so außerordentliche Erscheinung wie Riemenschneider, die wir nur aus den Nährkräften dieses bürgerlichen Gemeinwesens Würzburg ableiten können, das eben jetzt noch einmal, ein letztes Mal, und mit Anteilnahme, leidenschaftlicher wahrscheinlich, des Ratsherrn Riemenschneider, gegen den Fronherrn aufflammte.

Riemenschneider war ja nun allerdings kein geborener Würzburger. Er kam von Osterode, am südlichen Harz, 1483, nach der üblichen Wanderschaft in die Stadt, ein Jüngling von zwanzig und etlichen Jahren.

Er war kein Würzburger. Aber wurde er nicht ein Würzburger? Ist nicht eines der frühen Werke seiner Hand, der Münnerstädter Altar, so fränkisch wie nur etwas fränkisch sein kann? In der Landschaft seines Herkommens gibt es Vergleichliches nicht, und wenn es in Schwaben Vergleichbares gibt, so trifft das nur eine äußere Schicht und nicht die innere. Riemenschneider steht den großen Nürnberger Meistern seiner Zeit doch wesentlich näher als etwa den Ulmern, die er, lernend wandernd, berührt haben muß.

Wer wohl wäre, ohne den enthüllenden Aktenvermerk, auf des Fremdlings Spur geraten? Es wäre das dem scharfsichtigsten, empfindlichsten Beobachter nicht möglich gewesen. Denn Riemenschneider spricht nicht die Sprache des Bodens, der ihn hervorbrachte, sondern dessen, der ihn nährte.

Wie konnte es geschehen, daß die Kunst Riemenschneiders, ihr erlernbarer Teil, die Kunst des Würz-

burger Umlandes wurde? Gebrach es so ganz an eigen-
wüchsigen Kräften? Man muß es annehmen. Man
braucht sich nur an einen starken Schüler Riemenschneiders zu halten, der sich, Meister werdend, vom
Meister löste (ohne ihn zu verleugnen), den von Köln
kommenden, später nach Sachsen gehenden Meister
›HW‹, Hans Witten.

Unterwarf sich der Fremde, Niedersachse oder doch
wohl richtiger Thüringer, die mainfränkische Landschaft deshalb, weil er ihr bot, was sie haben wollte?
Er sei, meinten wir, einem Nürnberger wesentlich näher als einem Ulmer (oder auch Mainzer oder Straß-
burger). Man könnte dagegen halten jene Ablehnung,
die ein von Riemenschneider vorgelegtes Modell bei
einem Nürnberger Goldschmied, als zu ›kindisch‹,
fand. Hier hat ja nun allerdings nur *ein* Nürnberger,
und noch nicht Nürnberg, gesprochen und abgespro-
chen. Jedoch, von Nürnberg her gesehen mochte dieser Würzburger ja wirklich als etwas zu weich gekörnt
erscheinen. Haftet den mainfränkischen Verlautbarun-
gen des Fränkischen eine weichere, lindere Wesensart
an, konnte Riemenschneider, so ersichtlich veranlagt
für das, was der Nürnberger ›kindisch‹ nannte, in
dieser mainfränkischen Erde einwurzeln, als sei er ihrer Söhne einer?

Wir wollen die Bereitwilligkeit Würzburg-Frankens
für die Riemenschneidersche Kunst nicht *nur* auf den
Notstand zurückführen, daß der nahe und nächste
fränkische Raum keinen Meister von hohen Graden
anzubieten hatte. Diese Bereitwilligkeit gründete of-

fenbar *auch* in der Zeit, dieser gebrochenen, in der Gefühlshaltung das Beschattete, schön Schmerzliche, in der formalen das überspitzt Elegante, zierlich Manierierte schätzenden Endzeit des Mittelalters. Und den Hängen dieser kurz vor ihrer Auflösung stehenden Letztzeit, die sentimentalisch das Naive suchte, antwortete eine Dominante im persönlichen Wesen Riemenschneiders, das ja wohl auch von seiner Stamm- und Stammeslandschaft mitgeprägt war, deren Anteil triftig zu begründen aber schwer sein dürfte.

Die Zuwanderung Riemenschneiders gemahnt an eine zeitlich kaum weit entfernte Abwanderung: Grünewalds. Dokumentarische Aussagen lassen keinen Zweifel mehr an der Herkunft des großen Malers. Auf die Frage nach den Wurzeln seiner Kunst, dem ihr von der Umwelt Zugegebenen, versagt aber Würzburg die Antwort, und sicher nicht nur deshalb, weil das ihr ursprünglich Mitgegebene so stark ist, daß es den Lehrgang verdeckt, sondern auch deshalb, weil der Vorrat erhaltener Würzburger Malerwerke ein so dürftiger ist. So sind die Ansprüche Würzburgs auf den Zuwanderer fremden Gebluts, Riemenschneider, begründeter als die auf den Abwanderer eigenen Gebluts.

Grünewald, rechten Namens Mathis Gotthart Nithart, wandert ins Mittelrheinisch-Mainzische ab, vielleicht früh schon, denn eher westlich als östlich des Spessarts wird er das Erlernbare gelernt haben.

Seine Werke gehören größeren Teils dem rheinnahen Mainlande an. ›Fränkischen‹ Standorts ist nur der Altar in Lindenhardt, ursprünglich (bis ins 17. Jahrhundert) in Bindlach. Wir wissen nicht, wer die Beziehung des Meisters zu Bindlach herstellte. Sie ist um so seltsamer, als der Auftraggeber des in der Festtagsseite ausschließlich dem Bildschnitzer überlassenen Flügelaltars dem so entfernt, 1503 in Seligenstadt, sitzenden Maler nur die geringe Fläche der Rückseite anzubieten hatte. War der frühere Standort, die Pfarrkirche in Bindlach nahe Bayreuth, der ursprüngliche? Ja oder nein – das Programm ist ein so ausdrücklich bambergisches, daß der ursprüngliche jedenfalls in der Reichweite der Bamberger Patrone gesucht werden muß. Zudem weist auch die Art des Bildschnitzers ins Bambergisch-Ostfränkische – sicher nicht ins ›Rheinfränkische‹. So könnte ein Zweifel aufsteigen über die Richtigkeit dieser Grünewald-Entdeckung. Steht man aber vor diesen verblichenen schmalen Tafeln mit den Vierzehn Nothelfern, dann hört man rasch zu zweifeln auf, zu ungewöhnlich, zu einmalig ist diese noch in ihrer Ruinenblässe starke Malerei, um der Beitrag eines Beliebigen zu sein. Wie dieser junge St. Georg aus seiner heiligen Kameradschaft hervor tritt, so hell, so strahlend, das konnte nur dieser eine machen.

Grünewald ging fort von Würzburg und konnte nichts mitnehmen, Riemenschneider kam nach Würzburg und mußte alles mitbringen – was war es mit diesem Würzburg? Konnte es selber nichts geben, mußte es nur immer nehmen? Sicher, es hat sehr oft, es hat sehr viel genommen. Daß es aber über einen vollwertigen Besitz verfügt haben muß, um das zu erfahren, braucht man nur in den Dom zu gehen. Da stehen, unvergleichliche Reihung, an den Pfeilern des Schiffes die Bischöfe, und wenn auch Gefahr im Verzug ist, es möchte der die Reihe Abschreitende der Bannung durch den Scherenberg Riemenschneiders – von dem nur in den Superlativen der Rühmung zu reden ist – erliegen, so wird doch die strengere mittelalterliche Monumentalität der älteren endlich gleiches Recht behaupten. Unter diesen älteren ragt, als Gipfel, der Wolfskeel (1345), dessen Meister einer der großen deutschen Bildhauer gewesen ist. Der ihm auch zu dankende Friedrich von Hohenlohe im Bamberger Dom (1352) ist letzte und reinste Körperwerdung – immer noch Körperwerdung! – einer den Körper zur Leidrune abwürdigenden Zielsetzung. Wenn aber beide Bischöfe den Körper nur mehr als notwendiges Übel, die dürftige Hülle einer fortbegehrenden Seele gelten lassen wollen, so stellt sich, ganz widersprüchlich, der Armut des Körpers ein so herrenhafter Stolz des Körpers – noch in der altersmüden Beugung des Hohenlohe – entgegen, daß das dem Leben hingeschleuderte Nein in den Verdacht eines nicht vollends erkämpften geraten möchte.

Man wird den raschen Wandel der stilistischen, und das heißt ja auch stets der menschlichen Haltung, selten so eindrücklich belehrend erfahren wie im Abschreiten dieser Bischofsgestalten. Wie anders schon der zeitlich nächste in der Reihe, Albrecht von Hohenlohe, Bruder des Bamberger Friedrich, Nachfolger des Otto Wolfskeel, anders trotz eines engen Anschlusses an Wolfskeel und Friedrich: da hat der Leib, der verleugnete, sein Recht zurückerobert; füllig, drängend plastisch, etwas sehr Konvexes, setzt er sich gegen das zur nachgiebigen Hülle seiner Rundung gewordene Gewand, und diese kräftige Natürlichkeit bestimmt auch den Kopf, der, eine geschlossene massige Bildung, das Typische schon verläßt, um das Individuelle einzunehmen, noch nicht Porträt, aber schon gleichsam Porträt. Nicht daß das Erreichte als ein absoluter Fortschritt zu bewerten wäre – Fortschritt nur im Zeigersinne der Entwicklung: denn unbestreitbar größer war das Aufgegebene.

Dicht an der Jahrhundertwende dann der nächste, Gerhard von Schwarzburg; Zeugnis jener Entwicklungsphase, die man die des ›weichen Stiles‹ zu nennen gewöhnt ist. Ein empfindliches Gefühl, Tast- und Augengefühl für das Stoffliche, für das ›weiche‹ Gleiten fließender Stoffbahnen, die mit verschwenderischer Lust gehäuft werden, verbindet sich mit einer das Sanfte, Stille, Verträumt-Sinnige suchenden, mehr weiblich als männlich bestimmten Psyche. Lässig, nachgiebig, gelöst, legt dieser Bischof seine Hand so leichthin an das Schwert wie an den Hirtenstab, und sein Antlitz enthält nichts Strenges, nur die Nachsicht eines Vielerfahrenen.

Und wie anders wieder, wenden wir uns seinen beiden Nachfolgern, dem zweiten insbesondere, Johann von Brunn, zu, der 40 Jahre später starb. ›Weich‹ ist nichts mehr. Eine eherne Frontalität beherrscht die mächtige, steil gerade aufgerichtete Gestalt, nur der Kopf neigt sich, nein senkt sich etwas, niederblickend, denn es ist keine Gebärde der Lässigkeit; senkrecht, unbarmherzig senkrecht, sind Stab und Schwert, ein gewaltiges Schwert, und mit hartem Griff greifen die Hände. Drohung spricht aus jeder Falte dieser starren Fügung.

Es folgen die Steingestalten der Bischöfe Gottfried Schenk von Limpurg und Wolfgang von Grumbach, beide von einer stilistisch unsicheren Hand geschaffen, Hand eines namentlich bekannten Steinmetzen übrigens, Lienhard Stromaiers, tüchtig, ohne Größe, und es folgen, letzte Höhen der Reihe – ihre Fortführung schwingt nicht mehr zu gleichen auf – die beiden Bischöfe Riemenschneiders, Scherenberg und Bibra.

Die Frage nun (die ja eben Riemenschneider eingeben könnte), ob denn die Urheber dieser Bildwerke Würzburger und nicht etwa Zugewanderte gewesen, wird angesichts einer so langen Reihe, ist man überhaupt versucht sie zu stellen, sicher mit Ja beantwortet werden können. Der Meister des Gerhard schuf auch einen der Mainzer Erzbischöfe, Konrad von Weinsberg, und es wäre ja möglich, daß er in Mainz saß und nicht in Würzburg. Aus dem Rhein-Mainlande jenseits des Spessart empfing Würzburg viel, mehr als es gab, wenn man auch das Soll und Haben nicht immer so klärlich feststellen kann wie etwa bei der 1377 errichteten Marienkapelle, deren mittelrheinische Prägung nicht der Beglaubigung durch den Namen eines Frankfurter Baumeisters bedürfte, wie sie die sehr liebliche Muttergottes wahrhaft weichen Stils ehemals am Mittelpfosten des Nordportals nicht bedarf. Springt nun hier das Anderswüchsige so unmittelbar in die Augen, so gibt die Plastik der Grabmäler kaum je Anlaß, das Eigenwüchsig-Würzburgische in Zweifel zu ziehen. Auch der Schwarzburg ordnet sich natürlicher in die Würzburger als in die Mainzer Reihe ein, von der sich die Würzburger durch eine viel stärkere, weniger durch die in Mainz so beliebte Rahmung gehemmte, eigentlich plastische Körperlichkeit absetzt.

Man wird dieser Veranlagung für das elementar Plastische wohl noch eindrücklicher gewahr angesichts der monumentalen Rittergestalten, wie sie über den Grablegen des fränkischen Adels, in besonderer Dichte über denen des würzburgisch-fränkischen, stehen, immer noch stehen, bei aller Minderung. Sucht man sie auf, so wird man auf die Namen stoßen, die auch die Bischöfe trugen oder die Dignitäre des Kapitels, deren einer ja in der Regel auch Stab und Schwert ergriff. Das ist *ein* Sippenkreis, eine große Ganerbenschaft, vergleichbar einer jener so genannten Burggemeinschaften, deren Teilhaber sich, wie beispielsweise die Streitberger (Bamberger Bistums), zu gegenseitiger Duldung innerhalb des auf einen Pfeilschuß festgesetzten Burgfriedens verpflichteten – in Horstnähe sind auch die Raubvögel friedfertig.

Der Habitus dieser Kaste, die den Bischof stellte und den Bischof bekriegte, das Trutzig-Eisenklirrende, zuweilen auch etwas finster Ungeschlachte und Reckenhafte mag beispielhaft erkannt werden etwa an den Denkbildern der Rieneck in Lohr, der Hohenburg und Bickenbach, ehemals auf der Homburg, jetzt im Münchner Museum, der Wertheim in Wertheim und vieler anderer, in Pfarrkirchen und Klosterkirchen oder Klosterkreuzgängen, etwa dem der Zisterzienser von Schöntal an der Jagst oder dem der Zisterzienserinnen von Himmelspforten in Würzburg. Das Wesen eines adeligen Kriegerstandes, jener auf ihre sonderrechtlichen Freiheiten so stolzen fränkischen Reichsritterschaft, kommt in diesen Denksteinen (aus den Jahrzehnten vor und nach der Wende des 14. zum 15. Jahrhundert) zu einem so rechten, so entsprechenden Ausdruck wie nie zuvor und wie nicht später mehr. Wie nie zuvor: wir zielen auf Denkmäler wie den Berthold von Henneberg (1333), Komtur des Deutschen Ordens, früher in der Würzburger Johanniterkirche, heute in München, der sein selbstverständliches Kriegertum noch nicht mit dieser rauhen, sagen wir auch ruhig brutalen Trotzgebärde nach außen wirft; er verbirgt den Panzer unter dem Mantel. Wir zielen auf das Grabmal des Otto von Botenlauben, auch eines Henneberg, in der kleinen Klosterkirche Frauenroth bei Kissingen, das wieder um runde 100 Jahre früher liegt: man empfindet, daß man einem ›Weltmann‹ gegenüber steht, dem befahrenen Ritter eines imperialen Reiches, des staufischen, der es für unschicklich gehalten hätte, in Waffen zu starren, wo keine vonnöten. Der Urenkel Horizont war aber eng geworden und im engen Gedränge von Freund und Feind (häufigen und schnellen Wechsels) mochte es ja gut sein, in Waffen zu starren und eisenklirrend zu schrecken. Mag auch aus manchem dieser gepanzerten Edelinge der Eisenfresser hervorbrechen: das harte bedrohte und bedrohende Kriegerwesen fand in diesen Denkbildern einen sinnfälligen Ausdruck. Fand ihn so überzeugend echt, wie es ihn auch später nicht mehr finden sollte. Franken, das ritterreiche, ist reich an den Denkbildern des Ritters. Sie drängen sich um die Wende des 15. zum 16. Jahrhundert, und gute und beste Leistungen sind darunter. Aber die Rüstung, jetzt der Plattenharnisch, diese vollkommene Schöpfung deutscher, nicht zuletzt Nürnberger, Handwerkerkunst, wird nun doch häufig etwas zu elegant (bis zum Stutzerhaften) getragen, als daß der Ausdruck des Kämpferisch-Ritterlichen über dem nun vordringlichen des Modisch-Ritterlichen nicht eine Minderung erfahren sollte. Ein vollendeter Repräsentant dieses modisch-höfischen Rittertums ist des hl. Reiches Erbschenk von Limpurg, Georg II. (1475), der allerdings auch kein Ritter-Edelmann gewöhnlichen Schlags, sondern ein Dynast war, wenn auch nicht *de sanguine ducum Francorum et Suevorum,* wie die Inschrift nach dem Amen noch bekannt gibt, und sich also das Beste und Neueste leisten konnte. Er wartet seiner Urständ in der Schenkenkapelle der Stiftskirche von Großkomburg. Will man den einfacher gerüsteten, in seinen ›Krebs‹ eingeschalten Ritter der Aera des ›letzten Ritters‹ kennen lernen, so trete man ein in die Kapelle des Schwanenritterordens bei St. Gumbert in Ansbach. Diesen Schwanenrittern haftet aber auch etwas Junkerhaft-Rauhbeiniges, martialisch Herausforderndes an.

Zum Denkmal des fränkischen Ritters, der Wunschgestalt, in der er sich überliefert wissen wollte, hat auch Riemenschneider Beiträge geleistet. Da ist in der Pfarrkirche von Rimpar nahe Würzburg der Eberhard von Grumbach. Spricht nun das persönlich Riemenschneidersche wenig vernehmlich aus diesem etwa um 1490 gemachten, bis auf das Gesicht gänzlich eingeschalten Reisigen, so darf man dafür nicht die Starrheit der Plattenrüstung verantwortlich machen; der spätgotische Harnisch in seiner labilen Konstruktion, in seiner Bestimmtheit durch Spitzungen, Brechungen, Kehlungen hatte sich so folgerichtig, bis zur Zweckwidrigkeit, aus dem Formgefühl der Zeit heraus entwickelt, daß er eher ein Zuviel als ein Zuwenig an Geformtheit antrug, er war an sich schon fertige Plastik. Riemenschneider hat nun an einem etwas jüngeren Werk, dem Denkstein für Konrad von Schaumberg, der 1499 »auf der Widerfahrt von dem hl. Grab auf dem Meer« sein Ende gefunden, diese gegebene Stahlplastik so persönlich um- und neugestaltet, daß die dem Grumbach anhaftende Neutralität des persönlichen Ausdrucks doch keineswegs als die Zwangsfolge des Eisenkörpers angesprochen werden kann. Denn hier, im Schaumberg der Würzburger Marienkapelle, hat er ganz die gleiche, im S schwingende Körpergebärde schaubar werden lassen wie, ein knappes Jahrzehnt zuvor, in seinem Adam außen, an der Marktpforte der Marienkapelle. Dem reich umlockten Kopf hat er aber den Helm fortgenommen, und es ist auch nicht zu leugnen, daß erst das freie Antlitz die Psyche des Bildes (und des Bildners) zu offener Aussprache bringt. Daß aber dieser zarte jünglingshafte Ritter nicht den Beifall eines härter gebackenen Nürnbergers hätte finden können, liegt auf der Hand. Der Grumbach in Rimpar hätte ihn, dank des geringeren Einflusses Riemenschneiderschen Wesens, finden können. Er steht, ein verfeinerter Enkel freilich auch schon, am Ausgang der im 14. Jahrhundert anhebenden Reihe der Trotzig-Ungeschlachten, immer noch glaubhafter Bewohner der Rimparer Burg, dieses wuchtenden Trutzgemäuers, das auch der den Grumbach im Besitze folgende Würzburger Bischof, Julius Echter, nicht zum Schlosse zähmte.

Daß nun Riemenschneider, der diesen Grumbach eher nolens als volens so Grumbachisch machte, von dieser ihn aufnehmenden mainfränkischen Landschaft etwa aus Gründen einer Gleichstimmigkeit, einer Wahlverwandtschaft so erfreut aufgenommen worden wäre, glauben wir, nach dem, was wir von der älteren würzburgischen Plastik ablesen konnten, als wenig wahrscheinlich bezeichnen zu dürfen. Was für Riemenschneider ausschlug, war zum ersten doch sein weit über dem Durchschnitt liegendes Können und war zum zweiten seine – nehmen wir das Wort in Kauf – Modernität; nehmen wir es deshalb in Kauf, weil es mit Neuheit im weiteren, guten Sinne auch Neuheit im engeren, weniger guten, des Modischen, verbindet. Der Franke ist neugierig und neuerungssüchtig, er erliegt fremden Einflüssen rasch – jeder große Könner, gleich welcher Landschaft, hätte im Würzburg des ausgehenden 15. Jahrhunderts offene Tür gefunden.

Doch, bei aller Bereitwilligkeit dem Fremden gegenüber, der *genius loci* setzt sich unvermerkt im Fremden fest, und wenn er ihn nicht umprägt, nicht mehr umprägen kann, so überprägt er ihn. Die fränkische Überprägung Riemenschneiders ist augenfällig, und sie wäre augenfälliger noch, böte ihr die gerade in ihrer Begrenztheit so starke persönliche Gebärde Riemenschneiders nicht einen Widerpart.

Fügte es der Zufall, daß in den Nachbarlandschaften westlich, der mainzischen, und südlich, der nürnbergischen, ein Maler vor alle anderen trat, hier ein Bildschnitzer? Die großen europäischen Maler wuchsen alle in offenen Räumen, mit tiefen Horizonten, unter weiter atmosphärisch gefüllter Himmelsglocke. Nicht zwar weit offen, immerhin aber offene Landschaften sind die rheinfränkisch mainzische und die ostfränkisch nürnbergische. Eine geschlossene, nah und fest begrenzte ist die mainfränkisch würzburgische. In Würzburg selbst mag man die Einschließung geradezu körperlich empfinden (beklemmend, kommt man aus offener Landschaft). Das gegenständliche Dasein der Berge und Hügel wirkt um so plastisch-körperlicher, als sich der Bewuchs – die Rebe – dem Relief der Erde anschmiegt, in der Winterruhe die gelbrote Erde auch gänzlich freigibt, auf die das Auge als auf etwas Nahes, greifbar Nahes, tastbar Festes, wie auf die Wand eines Zimmers, trifft. Daß sich in dieser durch Nähe und gar nie durch Ferne bestimmten Landschaft ein besonderer Sinn für das Dreidimensionale entwickeln konnte, darf vermutet werden. Ihre beste, ihre hohe Zeit hatte diese plastische Landschaft aber doch in den Jahrzehnten vor und nach der Wende des 14. zum 15. Jahrhundert. Denn eine so rein plastische, aus der Schwere und Härte des Stofflichen gewonnene Körpergestaltung wurde nicht wieder erreicht, konnte, bei dem wachsenden Gewicht der zweidimensionalen Weltabbildung, auch nicht mehr erreicht werden.

Als Riemenschneider starb, 1531, war das politische Schicksal der Stadt endgültig besiegelt. Ihr Former konnte künftig nur ihr Herr, der Bischof, sein.

Auch die freien, die Reichsstädte fingen aber schon um diese Zeit zu rosten an. Das Sterben der Genien um die Wende des 3. Jahrzehnts des Jahrhunderts hinterließ eine Leere allenthalben. Auch in einem freien Würzburg wäre der Tod des großen Meisters ein erbenloser gewesen.

Die Städte, gleich welchen Freiheitsgrades, treten aus der Reihe der Geschichte wirkenden Mächte zurück. Die neuzeitliche Welt ordnete sich großräumiger. Der Lebensgrund der Städte war die Kleinräumigkeit des Mittelalters.

Die Städte kapselten sich in ihre Mauern ein wie in Krusten. Allerdings, dieser Vorgang der Verkrustung zeichnet sich, solange das 16. Jahrhundert währte, sichtbarlich noch nicht ab, sie zehrten alle noch von gespeicherten Überschüssen. Mächtige Fortifikationen neuesten Systems wie die Nürnberger, reiche höchst repräsentative Rathäuser wie das Schweinfurter, Rothenburger, Nürnberger entstanden in den Jahrzehnten des Niedergangs, und der seit Wackenroders Zeiten gekostete Reiz des Altdeutschen lag und liegt ja nicht zuletzt in jener Altes und Neues mischenden ›Renaissance‹-Kostümierung, die sich die Städte in ihren Altersjahren angeschafft hatten. Das war nun doch noch ein Vorzug der großen freien Städte, daß sie aufbrauchen konnten, was sie angesammelt, und noch eine gute Weile leben konnten als reiche Erben. Kaum je zuvor waren die Handwerke, die edlen an der Spitze, so üppig gediehen wie in dieser Zeit der Neige.

So schweres Erbe hatten die landsässigen Städte nicht zu verzehren. Indes zehrten die anderen ihr Erbe auf und hatten schließlich nichts mehr und mußten sich tragen wie zu Urahns Zeiten, und alles war hart verbraucht, sogar die Freiheit.

Leben spendeten jetzt die Fürsten, und es war beneidenswerter Vorzug, Residenz eines Fürsten zu sein, noch des kleinen, der halben Tags sein Land bereiten konnte. Man sehe sie sich nur an, die kleinen Residenzen, die deutschmeisterliche etwa zu Mergentheim oder die Hohenlohesche zu Weikersheim, der größeren und großen nicht zu gedenken.

Die Fürstbischöfe hatten zunächst genug zu tun, die durch die Glaubensspaltung erschütterte Lage zu meistern. Der Boden schwankte, und nur langsam festigte er sich. Als das Jahrhundert endwärts ging, war aber der Mann da, der neue Ordnung gründete, klaren Kopfes und eisernen Willens, Julius Echter von Mespelbrunn. Dieser Fürst und Bischof steht aber auch schon auf der Schwelle einer neuen Ära, der fürstlich-absoluten.

Bei einer nach vielen Seiten sich austeilenden Tatkraft mußte er eine lapidare Spur in Stadt und Land zurücklassen. Ja er hat gebaut wie keiner vor ihm und wie auch keiner nach ihm, im Quantum haben ihn auch die leidenschaftlich Bauenden, die Schönborn, nicht geschlagen. Er aber war, es sei ausdrücklich gesagt, kein leidenschaftlich Bauender. Sein Bauen war zweckbestimmt und man würde diesen Nüchternen schlecht beleumden, spräche man von ihm als einem Mäzen. Die auf das Notwendige gerichtete Absicht schloß aber nicht die auf das Repräsentative aus, denn zweckdienlich war auch die Repräsentation: unerläßliche Bezeugung einer wirkenden und werbenden Macht, *Propaganda fidei* – denn Gegenreformation war das vorderste Anliegen.

Unter und durch Bischof Julius begann sich das Antlitz der alten Stadt ins Neuzeitliche zu wandeln. Nicht daß er regulierend in das Winkelgefüge der Altstadt eingegriffen hätte. Seine beiden großen Gründungen, Spital und Universität, besetzten nördliche und südliche Randzonen. Aber die weiträumigen Anlagen planeinheitlichen Wuchses liegen nun doch, den Eindruck Würzburg wesentlich mitbestimmend, an den Flanken des kleinteiligen Gassengedrängs, bereit, Achsen an sich heranzuziehen oder Achsen auszusenden.

Bei dem riesigen Umfang der Bautätigkeit des Bischofs (300 Landkirchen werden ihm nachgesagt), bei ihrer betonten Ausrichtung auf das Notwendige und bei der meist geringen Bedeutung der (um so folgsamer) Ausführenden mußte sich ein Gemeinschaftscharakter

herausbilden, jene durchgängige Haltung der Juliusbauten, der ›Juliusstil‹, und bedingt mag das anfecht-
bare Wort auch in Geltung bleiben. Das augenfälligste
Merkmal der Juliusbauten ist ihre Fügung aus einfachen, aufs einfachste – sparsam! – gegliederten Blöcken
und die immer sehr begrenzte, auf einige ›Punkte‹,
Portale, Giebel, gesammelte Aufsetzung der *ad maiorem gloriam* doch nicht zu entbehrenden Zier, die sich
der üblichen Vokabeln der ›deutschen Renaissance‹ bedient, gelegentlich aber auch solche der der Steinmet-
zenpraxis ja noch nicht entfallenen Spätgotik einkreuzt.
Aber diese Ausstattung, die sich nur dann und wann
einmal, wie etwa an der einst hochberühmten Wallfahrtskirche von Dettelbach, am rechten Mainufer un-
weit Kitzingen, ins Reiche, ja Prunkende steigert, ist
nicht das entscheidende Charakteristikum der Juliusbauten; das entscheidende ist immer ihre sachlich
schlichte, auch materiell schlichte (doch immer solide)
Blockbildung, ihre, allem Früheren gegenüber ›moderne‹, planeinheitliche Regelmäßigkeit, die sich in
weiträumig großzügigen Gruppierungen ausspricht.
Da das Spital einem Brande zum Opfer fiel und auch
die Universitäts- oder ›Neubaukirche‹ nicht unberührt
blieb, bezeugt sich der Juliusstil in Würzburg selbst
am reinsten noch in den der Neubaukirche anliegenden
Trakten der Universität, deren nördlicher, an der Do-
merschulgasse, vortrefflich die Julius-Spezifika demon-
striert: die geschlossenen, gruppierten Hochblöcke, die
sich nicht gelenkig verbinden, das Ungegliedert-Wand-
hafte der Blöcke – die Fenster ›schweben‹ –, die Spar-

samkeit im Dekorum, das sich an Portal und Giebel bindet.

Mache man aber auch, um den ›Juliusstil‹ des Genaueren kennen zu lernen, die kleine Reise nach Dettelbach, am Main, wenige Wegstunden oberhalb Kitzingen. Der kreuzförmige Bau ist nicht gänzlich Neuschöpfung, denn der Chor und der kleinere östliche Teil des Langhauses der ersten, zu Anfang des 16. Jahrhunderts aufgeführten Wallfahrtskirche blieben stehen. Der Kundige merkt es wohl, er merkt aber auch, daß die neue Kirche der alten nahtlos entwachsen sollte. Denn der Aufriß der in Spitzbogenfenstern aufgebrochenen Wände ist kein anderer, und traditionell sind auch die ›Reihungen‹, die Rippenfigurationen der Wölbung. Sie sind nun freilich schon so einfach, so übersichtlich, so ›endlich‹, nämlich so frei von den ›endlosen‹ Flechtungen der alten echten Spätgotik, daß sie nicht den leisesten Zweifel an ihrer posthumen Geburt lassen. Aber auch der Raum ist alles andere als ein spätgotischer. Die Gurtbögen der Decke schwingen halbrund, sie ›drükken‹, die Raumbreite konkurriert mit der Raumhöhe, die Ausweitung der Kreuzarme staut die Bewegung (bei so viel Raumruhe überhaupt noch von Bewegung zu sprechen), und der alte Chor liegt wie ein Bild im Rahmen des eingezogenen Chorbogens. Dieses ›gotisch‹ gewollte Raumgefüge ist kein wesentlich anderes als das der Würzburger Universitätskirche, die sich, bei übrigens auch noch traditionellem Gliedergerüst, nur streng an eine antikische Vorlage, ein ›Theatrum‹, hält – ein Unterschied der Gewandung, nicht mehr.

Die Gewandung konnte also gewechselt werden. Man hat diesen Wechsel als einen erzwungenen erklärt: die Julius-Gotik sei keine nachgeborene, sondern eine noch lebendige, deren man sich, den Schwierigkeiten einer doch erst halb begriffenen Renaissance ausweichend, bedienen mußte. Nun unterliegt es aber keinem Zweifel, daß die Gotik, die alte echte, in der ersten Hälfte des 16. Jahrhunderts doch schon geschlagen war, zum wenigsten in der Geltung ihrer Schmuckformen. Regte sie sich in der zweiten Hälfte, vor allem gegen Ende des 16. Jahrhunderts, wieder stärker, so kann dieses Wiederaufleben nur als ein gewolltes aufgefaßt werden. Bauten im Westen die Jesuiten und im Norden die Protestanten ›gotische‹ Kirchen, so sicher nicht deshalb, weil sie auf den ›rechten Steinmetzengrund‹ zurückgreifen mußten, sondern weil sie es wollten, und zwar aus den gleichen Gründen: einer Rückkehr zum Althergebrachten, zur Väterweise. Die ›posthume‹ Gotik des Würzburger Bischofs der Gegenreformation war Gegenreformation, ein bewußt eingesetztes Mittel: *Propaganda fidei.* Die Dettelbacher Volkskirche ließ er gotisch, die Würzburger Universitätskirche, das *templum academicum,* antikisch errichten.

Wesentlich für den Juliusstil erschien von jeher die Mischung der Elemente, gotischer und antikischer. In ihr kann nun freilich keine Stiltendenz gesucht werden. Portale beispielsweise ließen sich schon gar nicht mehr anders als antikisch denken, und so erhielt auch die Dettelsbacher Wallfahrtskirche selbstverständlich ein Renaissanceportal, das seine gehäufte Pracht um so eindringlicher zur Schau stellt, als es die, wie bei allen Juliusbauten, sehr geschlossene, nur in wenigen kleinen (wieder ›gotischen‹) Radfenstern aufgebrochene Fassadenwand zur Folie hat.

Ein Giebel schließt diese Wand ab. Es sei deshalb bemerkt, weil der Giebel den Juliusbauten eigentümlich ist, und weil eben er so oft noch störend oder, positiv bewertet, belebend in die Symmetrie der Planungen einbricht. Man mag es auch wieder in Dettelbach, an dem nördlich, parallel zur Kirche stehenden Klostergebäude erkunden, das seinen Giebel nicht in der Mitte, sondern außen, über den letzten westlichen Fensterachsen, aufsetzt. Bei aller Symmetrie haftet den Juliusbauten noch ein Hang, der alte Hang zur Asymmetrie an. Bildet das Tor der die Wallfahrtskirche einschließenden Mauer einen zwar nur leichten, aber doch merklichen Winkel mit der Kirchenfassade, auf deren Portal es hinweist, so kann das ja eine zufällige Begründung haben, es darf aber auch für sicher genommen werden, daß diese Abweichung der Fluchten nicht nur eine gelittene, sondern eine wohlgelittene war.

Der Anteil Würzburgs an der Renaissance, vor Julius (der schon an ihrem Ende steht), war gering, der Anteil Frankens, des Mainlands insonderheit, war aber sehr bedeutend, der bedeutendste, den nur eine deutsche Landschaft nahm. Wie stark ist der Einschuß der ›welschen Manier‹ in den Mainstädten! Es muß gefolgert werden, daß sich die Renaissance der fränkischen Art als leicht zugänglich erwies. Es ist aber auch ersichtlich, daß sie diese Zugänglichkeit schon ihrer Ent-Fremdung verdankte. Stieg das altheimische Fachwerk-haus im 16. Jahrhundert, und gerade in dessen letzten Jahrzehnten, zu reichsten und glücklichsten Leistungen auf – und das ohne jede Anleihe! –, so läßt das auf einen bei weitem noch nicht erschöpften Schatz eigenen Besitzes schließen, und es ist auch gar nicht daran zu zweifeln, daß eben der Speicher der alten eigenen Tra-ditionen die wirksamen Mittel – zwei der wirksamsten zu nennen: Giebel und Erker – zur Einschmelzung des Fremd-Welschen zur Verfügung stellte. Darf man nun auch dem Franken eine besondere Neigung für das Kleinteilig-Gedrängte, für die vielfältige Brechung, für raschen überraschenden Wechsel, für die Fülle des Schmückenden bis zum *horror vacui* nachsagen, so liegts ja auf der Hand, daß ihm die breite Zufuhr an neuen Schmuckmotiven – und auf eine solche Zufuhr war die deutsche Bearbeitung der italienischen Lehre ja vorwiegend ausgerichtet – aufs erwünschteste entge-gen kam. Glauben wir ihm nun auch eine sehr rege Neuerungslust, die gemeindeutsche Nachahmungslust in Sonderstärke, nachsagen zu können, so liegt es wie-der auf der Hand, daß er das Angebot der sich als neu und fremd empfehlenden Zierweise erfreut akzep-tierte. Zu seiner Entlastung (da das ihm Nachgesagte ja als Belastung aufgefaßt werden kann) ist aber eine Tatsache guten Gewichts in die Waage zu werfen: die nämlich, daß er das Fremde, aus einer nun doch sehr starken Beharrlichkeit seines Eigenen heraus, so gründ-lich ent-fremdete: es gibt keine reine Renaissance in

Franken – rein im Sinne ihres Ursprungs, ihrer ursprünglichen Gewolltheit.

Auch der Anteil Würzburgs selbst an dieser fränkisch-deutschen Renaissance war ja sicherlich ein augenfälligerer, als es das barock gewandelte Stadtbild noch vermuten läßt. Da sich diese Sonder-Renaissance der durch den jeweiligen Situs des Baugrundes angetragenen Improvisationen nur ungern und also meistens nicht entäußerte, erfreute sie sich im Jahrhundert der planvollen Regularität keiner Schätzung, und so erhielt sich ihr Bestand auch nur in Abseitslage. Erhielt er sich so viel besser in den Landstädten, so auch nicht deshalb, weil sich die Kleinstadt der Schönborn-Zeit nicht etwa auch etwas Besseres gewünschte hätte, sondern weil die solide, meist massiv steinerne Ausführung, beispielsweise des Rathauses, einem nur ästhetisch begründbaren Neubau doch stärkstens entgegen stand.

Die Renaissance des Juliusstils ist Spätrenaissance, und ihre Haltung dem modischen antikischen Kostüm gegenüber, das die ältere, und vielfach wohl auch noch die gleichzeitige, so unbekümmert über einem ganz anders gewachsenen Körper trug, ist nun doch schon eine wesentlich neue. Das Kostüm verliert an Wichtigkeit, und was das Kostüm verliert, gewinnt der Körper hinzu, der jetzt als stereometrisch klare Fügung begriffen wird. Diese Reformation der Renaissance, die ein spontaner Akt der Entwicklung ist, vollzieht sich nahe der Wende des 16. Jahrhunderts allenthalben, nicht nur im Würzburgischen. Die körperliche Struktur wirft die wuchernde Dekoration ab oder zwingt sie doch in eine strengere Ordung, was nun auch häufig besagen will: in ›die Ordnungen‹, deren kanonische Geltung so fest steht wie die Heilige Schrift.

Wie eigenständig ein Bau dieser Spätzeit sein kann, bezeugt das in den 70er Jahren des Jahrhunderts errichtete Schweinfurter Rathaus, das, mit einem Minimum dekorativen Besatzes auskommend, ein ganz einheitliches, aus genauer Symmetrie entwickeltes Baugebilde ist, dessen Wurzel nur lotrecht im deutschen Boden gesucht werden kann. Wollen wir Vergleichbares, nur weniger Entwickeltes, aber eindeutig Bodenständiges nennen, dann etwa das Rathaus von Ochsenfurt. Die ureigen deutsche und vorab auch fränkische Lust am überraschenden Wechsel darf aber, wenn sie sich nur der Improvisation, als der ›planlosen‹ Nützung jeglicher Zufallsgelegenheit, enthält, immer noch die Hand im Spiele haben. Welches Beieinander von Richtungsgegensätzen! Der Hauptbau steht längsseits zum geräumigen, leicht ansteigenden Markt – waagrecht abzulesen –, der seiner Mitte vorgesetzte Zwerchgiebelbau nimmt Front zum Markt, in die seine Achse gerade hinein stößt, der um mehrere Ecken gebrochene Turmerker setzt eine nachdrückliche und entscheidende Senkrechte, denn sie ist die Angel, um die sich das Ganze ›dreht‹. Nicht zufällig findet sich ein Terminus der Bewegung ein. Bewegung trägt der Bau auch seinem Betrachter an, denn umschritten will er werden, in der Einheit eben doch wieder vielheitlich, eigenen Gesichts nach jeder der offenen Seiten.

Es fiel schon das Stichwort ›Schönbornzeit‹. Würzburg, das sich unter Bischof Julius ins Neuzeitliche zu wandeln begann, wandelte sich radikal ins Neuzeitliche im Jahrhundert der drei Bischöfe aus dem rheinfränkischen Hause der Schönborn. ›Radikal‹ ist wohl eine Übertreibung. Die Wurzel, aus der die Stadt gewachsen, ließ sich nicht ausreißen, der Grundriß mußte geduldet werden. Aber der Aufriß, die körperliche Erscheinung, Platz- und Gassenwand, nahm nun doch so viel des Neuen, Planvollen in sich auf, daß von einer wesentlichen Wandlung des ›Bildes‹, nicht zuletzt auch des Fernbildes, zu sprechen ist.

Fürstbischof Johann Philipp von Schönborn (auch Erzbischof Kurfürst von Mainz) hatte den großen Krieg erlebt, und so war es die Festigkeit der noch in ihre alten mittelalterlichen Mauern eingeschlossenen Stadt, der seine nächste Sorge galt; er umfing sie, nach den modernen französischen Grundsätzen, mit dem Gürtel der Bastionen. Er war es auch, der den Marienberg panzerte, und zu diesem Werke bediente er sich eines Mannes, der einer der entscheidenden Präger des neuen Stadtgesichtes werden sollte, des Trientiners Antonio Petrini. Militär- und Civilbauwesen in der für die Folgezeit beispielhaften Weise verbindend, hielt der Fremde das würzburgische Bauwesen durch vier Jahrzehnte in der Hand.

Durch ihn geschah in Würzburg der Einbruch des italienischen Barock, der um diese Zeit ja allenthalben im Süden Deutschlands statt hatte, dem kein Damm mehr entgegen stand, sonst hätte er nicht so widerstandslos erfolgen können. Nicht daß sich ein Petrini-Bau in das Ursprungsland zurück versetzen ließe, ohne auch dort wieder ›befremdlich‹ zu sein, denn der Meister hatte doch nicht folgenlos die Luft gewechselt. Aber so viel Fremdheit hatte doch keine der älteren Stilinvasionen gebracht. Ist es nun gerade noch möglich, Petrini einige Sätze abzufragen, die deutsch und nicht italienisch klingen, so wäre es hoffnungslos, in diesem Verhör etwa gar noch auf mundartliche Prägungen, fränkische, stoßen zu wollen.

Aber wir empfinden diese Fremdheit, die doch einmal eine überwältigende gewesen sein muß, längst nicht mehr in ihrer Gänze, da sich auf ihrer Grundlage und mit ihren Mitteln dann etwas so Eigenes entwickelt hat, und wenn wir von Neumünster, Residenz oder Schönbornkapelle herkommend im engen Durchblick einer Gasse dem Koloß der Stift Hauger Kuppel gegenüber stehen, so wird die eben erfahrene deutsche Version dieser Sprechweise der Begegnung das ›befremdend‹ Überraschende nehmen.

Eine römische Wucht ist das Auszeichnende der Bauten Petrinis. Eine gigantische Moles, ragt jetzt, in unerwünschter Freilegung, über dem östlichen Abschluß der Juliuspromenade die Hauger Stiftskirche und über der Neubaustraße steil-wuchtig der von Julius nicht vollendete Turm der Neubaukirche. Steil (so steil ist Italienisches nicht!) wächst, straff und zügig gegliedert, die Front der ehemaligen Ursulinerinnenkirche in Kitzingen durch die zwei Geschosse dem flach gesprengten Giebel zu. Und diese doch schwere, von einem mächtigen Turm an der Chorflanke überragte Baumasse beherrscht auch konkurrenzlos ihre Umgebung. Man muß die Stadt vom Mainufer, von Etwashausen her angehen, man muß den über die alte Mainbrücke vorstoßenden Blick zuvor an der in Brückenkopflage errichteten Etwashauser Kreuzkirche haften lassen und dann diese kleinere Neumannsche Kirche – ihre Achse steht senkrecht zur Brückenachse – mit der großen Petrinis jenseits – ihre Achse steht schräg zur Brückenachse – zusammenfassen, um große städtebauliche Gestaltung am Werk zu sehen.

Ein wuchtiges Wachsen, Wachsen gegen die eigene Wucht, ein Hinaufreißen der immer groß geordneten Massen ist den Bauten des eingebürgerten, und man muß nun doch sagen: gut eingebürgerten, Italieners eigentümlich. Er griff das Stadtbild Würzburgs stärker an als irgend einer zuvor, er bemächtigte sich auch, durch die Vorbildlichkeit der gesetzten Exempel, des Bürgerhauses, das er der Regel unterwarf, dergestalt das Geschehen einleitend, das die Stadt schließlich ihres altfränkischen Charakters weithin entkleidete. Soll aber gewonnen, so muß auch verloren werden. Auf dem Blatt des Gewinnes steht auch die Residenz.

Zwischen Petrini, der 1701 das Zeitliche segnete, und Neumann steht Joseph Greising, ein Vorarlberger und von Haus aus ein Zimmermeister. Streifte er dem herrschenden ›Petrinistil‹ viel von seiner Fremdheit ab, so minderte er freilich, gleichen Schritts, auch das Petrinische Pathos. Ein Bauwerk wie das Rückermaingebäude zeigt die unausrottbare deutsche Lust an häufender

Kleinteiligkeit schon wieder kräftig beteiligt, und wenn diese Beteiligung auch zu Lasten der großen übergreifenden Form ging, so leistete sie doch durch die Aufzehrung des Allzu-Fremden von innen her nützliche, ja nötige Dienste. Greising, der in städtischen Diensten stand, baute viel, in der Stadt und draußen im Land, man trifft ihn im Steigerwaldkloster Ebrach, in Obertheres am Main, auf der Großkomburg bei Hall, man trifft ihn, ›auf Schritt und Tritt‹, in Würzburg selbst, seine Neugestaltung von Neumünster ist einer der entscheidenden Beiträge zum Würzburger Stadtbild; die in die Straßenwandung eingestellte muldig zurückschwingende Fassade (des schönen roten Steines) ist von so hohem Reiz, daß das Urheberrecht des doch nicht so hoch bemittelten Zimmermeister-Baumeisters immer wieder in Zweifel gezogen wurde. Sicher ist so viel: sie kann nicht mehr außerhalb Süddeutschlands, ja schon kaum mehr außerhalb Frankens gedacht werden. In wenigen Jahrzehnten war die Einverleibung, Eindeutschung des italienischen Barock gelungen.

Mit Johann Philipp, 1642 Bischof von Würzburg, 1647 Erzbischof von Mainz, beginnt der Aufstieg der Schönborn; in der ersten Hälfte des 18. Jahrhunderts beherrschen sie die Bistümer an Main und Rhein, Bamberg, Würzburg, Mainz, Trier, Worms, Speyer. Eine politische und kulturelle Gemeinschaft, wie man sie in diesen Landschaften noch nicht erlebt hatte, war die Folge. Enge Anlehnung an das Reich, bestimmter gesagt an Wien, öffnete die provinzielle Enge, in die man

sich nach dem Ausgang des Stauferreiches eingeborgen
hatte.

Diese drei sind es nun insonderheit, die einen so reich
ausblühenden Spätsommer über Franken herauf brach-
ten: Lothar Franz, der Neffe des Johann Philipp, Erz-
bischof von Mainz und Bischof von Bamberg, Johann
Philipp Franz, der Neffe des Lothar Franz, Bischof von
Würzburg, und Friedrich Karl, der Bruder des eben
Genannten und also auch Neffe des Mainzers, Reichs-
vizekanzler und Bischof von Bamberg und Würzburg.
Zeitlich waren ihnen, vom Antritt des ersten bis zum
Abgang des dritten, rund fünf Jahrzehnte zugebilligt,
Johann Philipp Franz allerdings hatte sich mit fünf
Jahren zu begnügen.

Aber eben dieser so knapp Befristete schuf das Monument des Namens Schönborn, der ohne ihn nicht diese überzeitliche Bedeutung gewonnen hätte – die Würzburger Residenz.

Die ›Herzoge von Franken‹ hatten noch keine Residenz. Sie saßen immer noch auf dem Marienberg, der
einem Hermann von Lobdeburg, Gottfried von Scherenberg und etwa auch noch einem Konrad von Thüngen anstand, schon nicht mehr so recht einem Julius
Echter und gar nicht einem Schönborn, der ja nicht
mehr zu befürchten hatte, von einem Henneberg oder
Grumbach aufgehoben zu werden.

Ein erster, kurz vor der Jahrhundertwende unternommener Versuch, die Burg mit einer Residenz zu vertauschen, war an der Unzulänglichkeit des von Petrini
am Rennweg errichteten Schlößchens, denn mehr war

es nicht, gescheitert. Dieses Wrack wieder flott zu machen, war die erste bescheidene Absicht des 1719 antretenden Johann Philipp Franz. Die Meinung des Reichsvizekanzlers, es hätte einen »größeren und magnifiqueren Palast nötig« fand zunächst keinen Anklang. Die Hemmung fiel aber rasch und der Abbruch des Schlößchens war beschlossene Sache. Der Bauplatz lag zwischen alter und neuer Stadtbefestigung, und da diese in einer ihrer östlich benachbarten Bastionen einen Richtpunkt hergab, wurde der Vorschlag des Mainzer Onkels, die Mitte des neuen Schlosses auf die Spitze der Bastion auszurichten, beifällig angenommen.

Wie sich nun in einem Wettstreit der drei Schönborn die Idee des großen Schlosses festete, entfaltete, entwickelte, das ist eine der unvergleichlichen Darbietungen deutscher Geistesgeschichte. Der Bauherr selbst war, bei aller Weltläufigkeit, in Architekturdingen doch noch recht unerfahren, »ein neu angehender Anfänger«, und so fiel es dem Mainzer Kurfürsten »als einem höchst consommierten Architecten« nicht schwer, die Führung an sich zu reißen, wenn auch der dritte, der Reichsvizekanzler in Wien, nicht eben gesonnen war, die Konkurrenz mit dem Hochverehrten zu scheuen. Aber auch der »neu angehende Anfänger« ließ durch seinen Ingenieurleutnant Neumann zum Ärger des Mainzers »viele schlechte Concepten reißen«, denn er war nicht willens, nur der andern »Architecturgeist brillieren« zu lassen, was er auch dadurch bekundete, daß er zehn der berühmtesten Architekten des Kontinents um Rat anging.

Aber der doch ganz unentbehrliche Hocherfahrene, der Mainzer, setzte sich natürlich durch. Denn der infolge würzburgischen Eigensinns allerdings einigermaßen modifizierte Plan, nach dem am 22. April 1720 zu bauen begonnen wurde, war zweifellos eine Mainzer ›Baugeburt‹, mochte sie auch beachtliche Zuschüsse von Wien und etwa auch schon von Paris her in sich aufgenommen haben.

Die nun, die das grundlegende Konzept erdacht und zu Papier gebracht hatten, waren, neben dem ja aufs eifrigste mitwirkenden Kurfürsten, dessen ›Baudirigierungsgötter‹, nämlich sein Baudirektor und Ingenieurobrist Maximilian Welsch, schon berühmten Namens, und die Herren von Erthal und Rotenhan, Chargen des Mainzer Hofes, in denen sich, vor allem in Erthal, eine neue Erscheinung vorstellig macht, der Kavalier-Architekt. Daß aber in diesem Gremium die entscheidende Stimme Welsch hatte, versteht sich wohl von selbst.

Der Name Balthasar Neumanns, des 1701 aus Eger zugewanderten Stückgießergesellen, der sich durch hohe Begabung und eisernen Fleiß und dank der durch Militär- und Kriegsdienst gebotenen Aufstiegsmöglichkeiten schon zum Ingenieurleutnant aufgearbeitet hatte, fällt in der fürstbischöflichen Korrespondenz zwar sofort, es ist aber ersichtlich, daß dieser Neumann noch eine bescheidene Figur ist, hat er als Planer auch schon die Hand im Spiele. Aber der Einfluß des örtlichen Bauleiters mußte, bei einer Aufnahmewilligkeit und Aufnahmefähigkeit für die Meister-Lehre Welschs und

Hildebrandts, wie sie den Adepten Neumann auszeichnete, wachsen, und die Pariser Reise, auf die ihn der bischöfliche Herr zur Befragung der Höchstberühmten, Robert de Cottes und Boffrands, 1723 schickt, bezeugt eine Geltung, die nun schon weit über der des Handlangers von 1719 steht.

Es war für den Bau wie für den Bauleiter (doch schon ist man versucht zu sagen Baumeister) ein harter Schlag, daß der Bauherr nach knapp fünf Jahren Regiments schon 1724 starb. Damals stand erst ein Teil des Nordblocks, und der neue Bischof, kein Schönborn, den alles andere, nur nicht der ›Bauwurm‹ plagte, ließ mit halber Kraft weiter bauen, denn weiter bauen mußte man nun einmal. Aber der Bischof von Hutten brachte es auch nur zu fünf Jahren, und nun zog der dritte Schönborn in Würzburg ein, Friedrich Karl, der Reichsvizekanzler. Mit ihm, dem ganz in den Wiener Hofkreis Eingewachsenen, erschien für Neumann ein starker Konkurrent, Lucas von Hildebrandt. Der berühmte Wiener trat nicht als ein Neuling in den Zirkel der um die zögernd heranwachsende Baugeburt Gescharten ein. Friedrich Karl hatte ihn schon gleich am Anfang, als der Wettstreit entbrannte, dem Mainzer entgegen gehalten und den Würzburger wissen lassen, daß er Gedanken und ein Werk unter Händen habe, das ihm, dem Würzburger, »ewigen Nachruhm« bringen werde, und ganz ohne Frage konnte sich von diesen Gedanken auch einiges im Mainzer Konzept ansiedeln: der Aufriß des stadtseitigen Nordflügelkopfes ist, nach Ausweis des erhaltenen Entwurfs, von Hildebrandt und folglich auch das ganze Aufrißsystem der Blöcke, soweit es durch diesen Kopfbau gebunden war.

War also schon manches Hildebrandtschen Geistes, ehe der neue Bauherr Gelegenheit hatte, den von ihm über alle Geschätzten maßgeblich einzusetzen, so mußte ja nun innerhalb des Spielraums, den das schon Stehende noch ließ, der aber ein doch noch weiter war, Hildebrandt die Vorhand gewinnen, und es kann nicht überraschen, in einem bekümmerten Schreiben des alten Meisters, 1743 – der Bau stand, abzüglich Inneneinrichtung, kurz vor dem Abschluß – zu lesen, daß ihm (und nicht dem Obristleutnant Neumann) »von wegen der gehabten großen Mühe und Arbeith auch wohl die Ehre« gebühre.

Wem gebührt sie? Daß die Residenz in dem der elementaren Fügung der Blöcke übergeworfenen Mantel heiter festlichen Prunkes den persönlichen Stempel Hildebrandts trägt, kann nicht geleugnet werden. Ebensowenig aber auch, daß die Idee des Ganzen – die ›Baugeburt‹ – der, im Sinne des Worts, fundamentale Beitrag der Mainzer, insbesondere des Mainzer Baudirektors Welsch ist, so wenig seines Wesens im aufgehenden Bauwerk auch noch zu spüren ist; immerhin geht eines der wirkungsstärksten Motive, das der den Umriß so glücklich bereichernden, in breitem satten Bogenschwung sich auswölbenden Ovalrisalite an den Flanken, auf ihn zurück. Die Ehre gebührt also nicht nur Hildebrandt, sondern auch Welsch. Der Vergleich der Residenz mit sicheren Werken Hildebrandts, etwa dem Wiener Belvedere, der sich ja insbesondere aufdrängt, trifft aber auf ein Merkmal, das die Residenz doch sehr bestimmt von allem Hildebrandt-Werk unterscheidet: das ist eine so starke, eigentlichen Sinnes plastische, fast möchte man sagen (enthielte das Wort nicht etwas von Derbheit) pralle Körperlichkeit der Wandungen, wie sie bei dem stets einer zurückhaltenden Flächenspannung verschworenen Hildebrandt nicht gefunden wird. Und dieses so hohen Grades plastische Relief kann schwerlich einem anderen gegeben werden als dem Bauleiter, Balthasar Neumann, der den Bau vom Anfang bis ans Ende begleiten durfte, und eben er muß auch dafür bedankt werden, daß die Gleichung *quot capita tot sententiae* hier einmal nicht aufging: daß sich die Beiträge so vieler und so gegensätzlicher Köpfe nicht einfach zu einer Summe widersprüchlicher Einheiten zusammenaddierten.

Es steht aber auch noch anderes im Guthaben Neumanns: die Hofkirche und das Treppenhaus, und wenn auch bei diesem wieder mehr Köpfe im Spiele waren – die Anregung kam aus Paris – und nur die Bewältigung des Problems der Wölbung (ohne Zwischenstützen über ganzer Raumbreite) sein unbestrittenes Eigen ist, so fällt ihm doch die Hofkirche, diese nicht genug zu bewundernde Komposition aus sich verschränkenden Ovalen innerhalb einschließenden Rechtecks, als unantastbarer Besitz zu.

Tritt man nun an diese glanzvollste Schöpfung des deutschen Barock mit der Frage nach ihrem landschaftlichen, fränkischen, Stigma heran, so möchte es schwer sein, eine befriedigende, ja überhaupt eine Antwort zu erhalten. Fränkischen Geblüts war nur einer unter den beteiligten Meistern, Welsch. Aber sein Stigma haftet ja dem Bau, dem sichtbar geformten jedenfalls, geringsten Maßes an. Hildebrandt war Österreicher, Neumann Egerländer, bayerischen Stammes also. Aber eben das, was, wie wir meinen, Neumannisch an der Residenz ist, die so feste und starke Körperlichkeit der Erscheinung, mag der lotrechte Einschuß dieser Erde, dieser die Dinge in ihrer Rundheit so nahe rückenden Landschaft sein. Neumann war ihren Imponderabilien lange genug ausgesetzt.

Noch haben wir kaum die städtebauliche Situation der Residenz berührt. Im Rücken grenzt sie, verhältnismäßig beschränkten Raum für den unerläßlichen Ausstoß ins Offene, Grüne lassend, an die bastionäre Umwallung – des ersten Schönborn, Johann Philipp –, voraus hat sie die weite, leicht fallende Platzfläche, die an die mittelalterliche Befestigungslinie der Altstadt anstieß, doch ohne in eine kommunizierende Achse einzustrahlen. Eine in das geistliche Zentrum, Dom-Neumünster, vorstoßende Achse hatte nun allerdings schon Johann Philipp Franz, zunächst im Hinblick auf sein erstes Bauprojekt, die Schönbornsche Begräbniskapelle am Nordquerarm des Domes, ins Auge gefaßt, und er hatte auch bereits mit der gebotenen Rücksichtslosigkeit ein Gäßlein, Plönlein genannt, zur Straße ausgebrochen. Aber diese neu geschaffene Achse, die Hofstraße, lief sich am ›Leichhof‹ zwischen Dom und Neumünster fest, der Anschluß an die Aorta des Stadtkörpers, die Domstraße, oder an eine der anderen stärkeren Lebensadern wurde nicht erreicht. Die Residenz liegt am Rande und man tritt, in die Weite des ihr vorgelegten Platzraumes eintretend, in eine eigene Welt, abseits der Pulse der Stadt, abseitiger als die Bergfeste drüben, die, von ihrer Höhe niederblickend, allgegenwärtig ist.

Der Einbruch des Fürsten in das Plönlein, dem ja sicherlich ein für romantisch sehende Augen reizvolles Gewinkel von Zweckimprovisationen zum Opfer fiel, mag das Verhältnis zwischen bauender Obrigkeit und gebauter Stadt beleuchten, das nur die materielle Unmöglichkeit, *tabula rasa* zu machen, in Grenzen hielt. Planvolle Ordnung, Regularität zu schaffen, da wo es nur ging, wirkte eine eigene, von Neumann gesteuerte Baukommission, die die durch Vergünstigungen angefeuerte Baulust des Bürgers an Normen band und der es zu danken oder auch nicht zu danken ist, daß sich das Aussehen der Altstadt beträchtlichen Maßes – beträchtlicheren als etwa das des alten Bamberg – barock uniformierte. Nehmen wir aber dieses, etwas von öder Gleichmacherei enthaltende Wort doch lieber wieder zurück. Das neue, behördlich kontrollierte Bürgerhaus ist von einer noblen Einfachheit. Wenn sich nun aus seinem geordneten Aufriß auch schwerlich noch eine kenntlich fränkische Signatur herauslesen läßt, so läßt sie sich doch immer noch abnehmen aus seiner Bedachung, der gaubenreichen Mansarde, in die sich die nun verpönte fränkische Bewegungsfreude noch retten konnte. Die Dächer spielen in Franken, wo auch immer,

WÜRZBURG *Einzug des Fürstbischofs Friedrich Karl von Schönborn in die Residenz (7. 11. 1731)* eine bedeutende Rolle. Es gibt keine andere deutsche Landschaft (von der böhmischen etwa abgesehen), die so phantastisch in ihren Dächern wäre. Und es ist nicht nur die breite bürgerliche Schicht der Bauenden, die des Hauses Dachhaube eine so besondere Freude zuwendet; in Dächern, geschweiften, geschwellten, bekuppelten, gespitzten, schwelgen auch Kirche und Palast, und reizvollere Formen hat keiner erdacht als der alles dirigierende Obrist Neumann, des Landes verkörpertes Baugewissen, man erfahre und erlebe es in Veitshöchheim, in Werneck oder in Banz.

Die Simplizität des von der überwachenden Baubehörde so und nicht anders gewollten Bürgerhauses war ja übrigens häufig genug nur der Ausdruck einer schlichten Tatsache, der Bemittelung. Wenn es die Vermöglichkeit des Bauherrn zuließ, dann konnte wohl auch so etwas Schmuckreiches entstehen wie das Haus zum Falken, konnten sich Pforten mit Grazie schmücken, konnten sich Nischen öffnen für eine jener Madonnen, an denen diese Stadt so sonderlich reich war, Madonnen von einer so irdisch fraulichen Anmut, daß man gleich *(venia verbis!)* Wein und Gesang hinzudenken möchte, ja wohl auch darf, denn die Welt hatte sich geheiligt.

Verläßt man nun Würzburg, um den Strom zu begleiten abwärts oder aufwärts – sei's jetzt, um der ergiebigeren Strecke willen, aufwärts –, so wird man in den vielen Städten, Städtchen, Märkten, Dörfern die Erfahrung machen, daß die ›Schönbornzeit‹ doch nur wenige Spuren in ihnen hinterlassen hat, sehr viel merklichere die ›Juliuszeit‹. Tatsächlich war die Renaissance der letzte Stil, der die nicht unter einer fürstlichen Gnadensonne liegenden Städte in einer ihre Erscheinung stärker ergreifenden Weise noch erreichen konnte. Geht man durch die Gassen von Sulzfeld – rechtsmainisch etwas unterhalb Kitzingen –, das bei allem Ackergeruch wie eine Stadt ist und doch keine war, so kehrt man ein in das pur lautere Mittelalter, denn es ist nicht viel mehr als das von Bischof Julius errichtete Rathaus, das die in sich gleichgestaltige Siedlung durchbricht, doch ohne das eigentümliche Bildungsgesetz zu brechen, denn wenn es sich als ein großteilig Einfaches dem kleinteilig Vielfachen überordnet, so ordnet es sich, durch Anlehnung an den ortsüblichen, altfränkischen Habitus, doch auch wieder ein.

Eine Stadt, richtig Markt (übrigens auch erst seit 1558), wie Marktbreit – linksmainisch, zwischen Ochsenfurt und Kitzingen –, hat die ihre körperliche und räumliche Erscheinung bestimmenden Bauwerke erst in den letzten Jahrzehnten des 16. Jahrhunderts erhalten, und sucht man, Rühmens halber, einige der schönsten städtebaulichen Raumbilder ›altdeutscher‹ Art zusammen, so wird man die in einem kaum mehr zu übertreffenden Maße verräumlichte Schustergasse – da wo sie am Rathaus vorbei ans Maintor stößt – als eines der gelungensten dieser Raumbilder hinzu nehmen müssen.

Marktbreit war allerdings eine Residenz, der Seinsheim, das auch in dieser Spätzeit neugestaltete Schloß

ragt mächtig genug neben der Kirche in der Mitte, und
so steht die späte Schmückung ja wohl in ursächlicher
Beziehung zu einer ›Gnadensonne‹. Nach dem Regio-
Religio-Grundsatz wurde es, trotz der Nähe St. Kilians,
protestantisch, und steht in dem auch nicht so vereinzelt da in dieser katholischen Landschaft, auch der
Nachbar oberhalb, Marksteft, hatte sich durch seinen
Herrn, den Ansbacher Markgrafen – der hier den Strom
gewann und mit dem Eifer der Landratte Schiffahrt
betrieb – in den Wittenberger Katechismus einweisen
lassen. Aber auch talab, und nun schon in der Blick-
weite der Marienburg, hatte man Nachbarn gleichen
Bekenntnisses, nämlich in Winterhausen, dem Dorf auf
derselben Uferseite, und in Sommerhausen, dem Markt
auf der andern, welche beide auf die Façon ihrer Herrschaft, der Grafen von Limpurg, selig werden durften.

Es ist nun wohl schon eine Freude, nur die Namen
der ›Nester‹ zu nennen, die sich am Strom, der glücklicherweise so bereit zu langen Umwegen, ›Dreiecken‹
und ›Vierecken‹ ist, so nahe aneinander aufreihen,
denn jeder dieser Namen beschenkt mit der Vorstellung einer schönen Existenz. Und es ist nicht nur die
graue Vergangenheit, die wunderbare Gegenwart dieser Vergangenheit, es ist nicht minder die junge grü-
nende Gegenwart selbst, die durch Namen wie Randersacker, Sommerhausen, Eibelstadt, Frickenhausen,
Sulzfeld, Mainstockheim, Dettelbach, Escherndorf, Vol-
kach in die Vorstellung gerufen wird – die Gegenwart
des Weines.

Mainland ist Weinland. Der Reim ist, hochdeutsch gesprochen, nicht ganz lauter, und so trifft die Gleichung auch nicht allerwärts zu. Am oberen Main hat der Häcker den Weingarten längst zum genügsameren Acker werden lassen. Erst an der Pforte zwischen Steigerwald und Haßbergen, am Mittellauf des Stromes, beginnt an den in ausreichender Steile der mittäglichen Sonne zugeneigten Nordhängen die Rebenbestockung, um nun mit geringen Unterbrechungen – veranlaßt durch ein zu schwaches Talprofil, wie oberhalb Dettelbach – den Strom abwärts bis nahe an den Spessart zu begleiten. Dann setzt sie aus. Sie setzt aber bald wieder ein, bei Homburg, Wertheim, nun aber heißt der Weinbauer nicht mehr Häcker, sondern Winzer; die Grenze der ostfränkischen, eigentlichen Sinnes fränkischen Mundart ist überschritten.

Keines der den Boden Frankens schichtenden Gesteine lehnt die Rebe ab. Aber das gedeihlichste ist ihr sonder Zweifel der Muschelkalk. Diesem Ernährer danken wir die Hochberühmten, Leiste und Stein in Würzburg – die Leiste am Südhang des Marienbergs –, Pfülben in Randersacker, Lump und Eulengrube in Escherndorf und so fort.

Die Traube ›kocht‹ auch an den Hängen der in die gleiche Muschelkalkplatte eingeschnittenen Tauber, einen eigenen Wein, den Schillerwein, zur Reife bringend – aber ihre Eigenheit hat ja schon jede Lage in der bestockten Ortsflur, man braucht nicht, man bräuchte nicht von Tal zu Tal, von Boden zu Boden wechseln, um die Zunge – sie sei des Schmeckens und noch von fernher Erschmeckens kundig! – ein Bukett in gar nicht zu zählenden Abwandlungen kosten zu lassen. Aber freilich, da der mineralische Ernährer, der Boden, so ganz wesentlich ist: der andere Boden bringt auch anderen Wein. Man erprobe es an den Iphöfner oder Rödelseer Weinen von den südwestlichen Hängen des Steigerwalds: der Kenner schmeckt ihnen Breite, Schwere, Erdhaftigkeit ab. Schwer, erdhaft – so heißts ja wohl von allen Frankenweinen, unterschiedlich etwa zu den Pfälzer, aber die von den Südlagen des Steigerwalds, des Schwanbergs, sinds noch einmal im besonderen.

Das vom Wein verlassene Land jenseits des Steigerwalds wurde vom Hopfengebräu okkupiert, und wenn das braune oder blonde, auf der Geschmacksleiter zwischen Süß und Gallenbitter auf- und absteigende Bier auch ein massiv irdischer, in Ätherhöhen kaum mehr gelittener Geselle ist, so hat es doch auch seine Tugend, und eine ›selige Bierreise‹ quer durchs alte Bamberg, von der Königsstraße bis zu den Hügeln, Stephansberg, Kaulberg, Michelsberg (wie sie ein lesenswertes Büchlein* beschreibt), mag dem solchen Studiums Bestrebten eine ungeahnte Wandlungsfähigkeit des derben Tropfens offenbaren. Möchte dieser heiter behaglichen Stadt der Wein auch glücklicher zu Gesicht stehen als der schließlich doch nicht ebenbürtige, aber von Himmel und Erde, und auch noch von der Gewöhnung geförderte Widersacher, so möchte für das rauhere, härtere, schwerere Nürnberg das Gegenteil zu sagen sein – ›am Sand‹ hat auch die Rebe nie gesiedelt.*

S.KVNEGVNDIS S.HEINRIC IMP.

Von Westen her senkt sich der Steigerwald gegen Main und Regnitz* herab, in Hügelwellen von Stufe zu Stufe gleitend, mählich auslaufend. Nördlich schließen die gleich gestalteten Haßberge. Östlich öffnet sich weit, dem Stromlauf entgegen, die Talung des Mains. Süd-östlich, etwas zurückliegend, nicht unmittelbar an die Talbreite herantretend, kantet in scharfen Abbrüchen der Jura. Südlich tut sich die auch geräumige Talung der Regnitz auf, an die nun der Jura heran tritt, steiler ragend als der gegenüber anhebende Steigerwald, der seine Stufenkante gegen Westen, das Muschelkalkland des Mittelmains, stellt. Jura ist nur ein südlich-südöst-licher Horizont Bambergs, ein Rahmenstück, denn sein eigenes steinernes Fundament ist der Baustoff des Stei-gerwaldes und der Haßberge, der Keuper. Aber dieses Rahmenstück ist ein wirksames Glied der Landschaft. Über den dunkel blauenden Forsten der Niederung stehen hell, vom Grauen ins Weiße spielend, die offenen Stirnen der Kalkberge, die sich lang hinstrecken, einige, wie die Friesener Warte oder die Lange Meile, mit fast geraden Rücken. Liegt die Sonne auf den Schrunden, dann überhaucht eine zarte Rosenröte ihr milchiges Weiß, und die Wälder unter ihnen tönen sich tiefer, violett.

Der Main kommt von Norden her, Südrichtung scheint er im Sinn zu haben, nun aber, nahe Bamberg, biegt er unversehens westlich ab. Geradewegs von Süden her kommt die Regnitz, Nordrichtung scheint sie im Sinn zu haben. Da stößt sie nahe unterhalb Bamberg auf den Main, der sich gerade nach Westen umgelegt hat, und sie fügt sich dem Stärkeren.

Die beiden Flüsse schufen um ihre Begegnung ein räumiges Becken, sie führten der guten ebenen und doch wohlumhegten Fläche auf den Bahnen ihrer Talbreiten Nord und Süd zu, und so konnte es nicht ausbleiben, daß sich im überdies mehrfältig begünstigten Raume ihrer Begegnung eine des Wachsens fähige Siedlung ansetzte.

Am linken Ufer des Mains, keine zwei Wegstunden aufwärts, hatten die landnehmenden Franken einen jener Salhöfe gegründet, die ihre Aufmarschstraßen sicherten, Hallstadt. Es ist wahrscheinlich, daß auch das von den beiden Regnitzarmen umfaßte Stadtgebiet Bambergs schon in frühkarolingischer Zeit eine Siedlung trug – noch nicht des Namens ›Bamberg‹ –, der fränkische Titelherr der unteren Pfarrkirche St. Martin deutet es an. Das wohlgelegene Land war nicht siedlungsleer. Daß aber eine dieser Siedlungen zu Rang aufsteige, dazu bedurfte es eines Gewaltigers, der sich hier, an gutem Auslug, horstend niederließ. Es mag nahe der Wende des 9. zum 10. Jahrhundert gewesen sein, in einer Zeit erlahmender Reichsgewalt, als sich ein in den Gauen westlich des Steigerwalds und der Haßberge begütertes und gebietendes Herrengeschlecht in die Keilspitze des Volkfeldes zwischen Main und Regnitz vorschob und sich auf einer der untersten Hügelstufen des zu Tale gehenden Berglandes niedersetzte. Als das der ›älteren Babenberger‹ ging es in die Geschichte ein.

Um das Jahr 903 brach zwischen den drei letzten dieser Babenberger und den ›Konradinern‹, Mächtigen Rheinfrankens, eine Fehde aus, die diesen viel, den Babenbergern aber das Leben kostete. Der gleichzeitige Chronist der Fehde, Regino, notiert auch erstmals den Namen: *castrum Babenberch*. Der Name ist in seiner ersten Hälfte so dunkel wie der Name Würzburg. Lassen wir aber die Deutungsversuche alter und neuer Etymologen beiseite, begnügen wir uns mit der Tatsache, daß der Name um das Jahr 900 da ist und daß er an einer Burg haftet. ›Die Burg‹ war für den hochstiftischen Bamberger, bis zuletzt, der Domberg, und es leidet auch keinen Zweifel, daß der Domberg die Burg trug. Die Altenburg, auf der Höhe des Berges, dem sich der Domberg als eine Sockelstufe vorlegt, ist sicher jünger, Höhenburg des Mittelalters.

Wie so oft war die Burg der Bildungskern der Siedlung, die sich nun in ihrem Schutze südlich am Kaulberg und östlich unter ihr, am bergseitigen Ufer des inneren Regnitzarms, auf dem ›Sand‹, ansetzte, zunächst noch ohne Fühlung mit der älteren Siedlung auf dem Wörth bei St. Martin. Auf dem Kaulberg erhob sich schon früh eine Marienkirche, die künftige ›obere Pfarrkirche‹.

Die babenbergischen Besitzungen fielen 903 an den König. In Königs Hand blieb die Burg und was ihr an Grundherrschaft anlag bis zu Otto II., der sie seinem Vetter Herzog Heinrich von Bayern, dem ›Zänker‹, schenkte *(captatio benevolentiae,* aber ganz vergeblich, denn zum Zanke kam es doch). Die Krone, die sich der Alte nicht ertrotzte, gewann der Sohn: 1002 König, 1013 Kaiser Heinrich II. Bamberg, seit 973 herzogliches Kammergut, lag wieder in Königshand. Und jetzt, nach einem nur kärglich erhellten runden Jahrhundert wirkungslosen Existierens, beginnt sein Aufstieg zu wirkender Existenz.

König Heinrich habe seinen Bamberger Besitz von Kindheit an geliebt, zur Krone gekommen, habe er auch gleich damit begonnen, hier eine Kirche zu bauen, berichtet der Chronist. Als er diese gleich groß begonnene Kirche 1012 in einem hochfeierlichen Akte weihen ließ, hatte er zuvor schon, 1007, das Schwierige erreicht, die Errichtung des Bistums Bamberg.

Die Burg, verstiftet, wandelte sich in eine Domburg und die burgliche Umwehrung ist dieser geistlichen Akropolis durch die Jahrhunderte bis zum heutigen Tag erhalten geblieben. Man umschreitet sie, ihren mächtigen bequaderten Böschungsmauern entlang, frei fast auf allen Seiten; nur vom ›Sand‹ her, östlich, drängt der Bürger heran. Die Tortürme sind gefallen, aber noch spürt man sie in den Engen der Durchlässe, durch die man über ›die Schütt‹ von unten, der Stadt her kommend, den Domberg betritt oder, am Dom vorbei, in mählichem Anstieg, der längeren Achse folgend, gegen St. Jakob hin verläßt. Das letzte Jahrhundert des Hochstifts, das 18., das wie keines zuvor (es sei denn das 11.) in die bauliche Gestalt des Berges eingriff, war sich des eigenen Anspruchs der ›Burg‹ bewußt.

Bamberg formte sich zu dem, was es wurde, durch

seinen kaiserlichen Gründer. Wahrscheinlich unter ihm schlossen sich auch die mehreren räumlich getrennten Siedlungszellen, die um die Burg und drunten in der Niederung auf dem Wörth und jenseits des Wörths, zu einer räumlichen Einheit, ›Bamberg‹, zusammen. Zur räumlichen! Nicht und auch künftig nie zur rechtlichen. Gegen die ›civitas‹, die sich wie üblich ihrer Beengung durch den oder die Herren erst allmählich bewußt wurde, stand die ›urbs‹, die Domburg. Gegen die Stadt, frei von ihr, des ›Mitleidens‹ mit ihr erledigt, standen die ›Muntaten‹. Und deren gab es neben der Burg mehrere. Eine war der domkapitelsche Kaulberg, eine andere das früh, spätestens 1009, gegründete Kollegiatstift St. Stephan auf dem Hügel südlich des Kaulbergs, wieder eine andere das wenig später (1015) errichtete Benediktinerkloster St. Michael auf dem Hügel nördlich des Dombergs.

Man nennt diese Namen nicht ohne sich einer monumentalen Situation zu erinnern, die ihresgleichen sucht: dieser einem fruchtbaren Begreifen des gegebenen Profils zu dankenden Aufreihung der heiligen Behausungen von Hügel zu Hügel. Nehmen wir aber auch das Hocherstaunliche zur Kenntnis, daß die tragenden Pfeiler dieser Kirchenstadt in der knappen Spanne zweier Jahrzehnte, samt und sonders schon in der Zeit des Gründers und, unmittelbar oder mittelbar, auch durch ihn gesetzt wurden. Was auf den ›sieben Hügeln‹ im Laufe des 11. und des 12. Jahrhunderts noch hinzu kam, die Stiftskirche St. Jakob, *extra muros*, etwas oberhalb, das Nonnenkloster St. Theodor auf der

Höhe des Kaulbergs über der von der ›Sutte‹ einge-
nommenen Furche zwischen Kaulberg und Jakobsberg,
die kleineren Kirchen St. Fides über, St. Egidius unter
dem Michelsberg, besetzte schon die Plätze zweiter
Ordnung.

Es gibt, im Süden der Bergstadt, einen Lugpunkt,
der die vordergründige Reihung der acht Türme von
St. Stephan, Oberer Pfarrkirche, Dom und St. Michael
wirkungsvoll auf eine Achse sammelt. Dergleichen
Blickpunkte, die nicht an der breiten begangenen und
befahrenen Straße des Verkehrs liegen, sind Ergebnisse
des Zufalls und nicht baumeisterlicher Rechnung. Die
in die Rechnung einbezogenen richteten sich auf die
stärker pulsenden Adern des Verkehrs aus. Das Antlitz
der Hügelstadt wendet sich ins Offene, ins Stromtal
hinaus. Dem Strom entgegen stellt der Dom den rei-
cheren seiner beiden Chöre, und die feierliche Vierer-
gruppe seiner Türme sammelt sich am schönsten im
Blick des aus der Inselstadt über den Bogen der Rat-
hausbrücke Herankommenden. Aber groß ist das Pa-
norama dieser gestalteten Hügellandschaft immer, nähert man sich aus dem Durchlaß zwischen Steigerwald
und Haßbergen von Norden her oder aus dem Reg-
nitztal von Süden. Hier am Rande des dem Jura vor-
gelagerten großen Hauptsmorwalds bietet sich einer
der ergiebigsten Standorte: von der Altenburg stuft
sichs, doch immer in weichen Übergängen und ganz
ohne Eile, zur Talsohle herab, zuletzt noch einmal an-
gehalten durch die Sockelschwelle der wieder in sich
gestaffelten ›sieben Hügel‹, der als Hemmungen der

Abwärtsbewegung die Turmkronen der Heiligen auf-
sitzen.

Nehmen wir aber den Weg, den der die Stadt Betre-
tende ja meist einschlagen wird, den Weg durch die
Königsstraße (den alten ›Steinweg‹), dann über die
Kettenbrücke (die alte ›Seesbrücke‹), durch die Hauptwachstraße und durch die in leichtem Bogen geführte
platzräumige Marktstraße des ›Grünen Markts‹ bis
zur Einmündung der ›Langgaß‹ und treten wir an
diesem Trichterhals in die sich verengende und ansteigende Obere Brückenstraße ein, um ihr bis zur ›Oberen
Brücke‹ zu folgen. Hier nun öffnet sich, auf der Höhe
der durch den Torturm geteilten Brücke, die große Perspektive. Wir stehen an der Grenze zwischen Stadt und
Burg und die Besonderheit, daß eben auf dieser Grenze, mitten im Fluß und so gleichsam auf neutralem Boden, das Rathaus steht, mag als so ungewöhnlich wie
reizvoll beachtet werden. Die Stellung des Rathauses
und, vor allem, des ihm angelehnten Torturms ist innerhalb des Stadtkörpers um so wirkungsvoller, als die
Baugruppe durch den Bogenschwung der Brücke über
beide Ufer emporgehoben ist, also daß sie sich beiden
Wegen, dem von der Burg wie dem von der Stadt her,
als eine Aufhaltung entgegensetzt, doch widerständli-
cher dem ersten als dem zweiten, da der vom Burgberg
Herabkommende im Auslauf der ihm mitgeteilten Bewegung gleichsam müheloser die Brückenhöhe gewinnt.
Der freistehende Torturm ist doppelgesichtig, doch
ist er längst nicht mehr Tor im mittelalterlichen Sinne

der sichernden Sperrung, vielmehr Tor im modernen
des werbend begrüßenden Einlasses, der ›Ehrenpforte‹,
begrüßend gleicherweise die eine und die andere Seite,
den Stadtgänger und den Domgänger.

Seien wir jetzt dieser. Gewinnen wir aus der krumm-
engen Gasse heraus die Höhe der Brücke und auf ihr
einen Standort um so beglückenderer Raumweite, so
fängt der quer gestellte Block des Rathauses den geradeaus gerichteten Blick gleich wieder ab. Das Gegenüber, in dem das Recht der Ansprache der Mitte dem
Torturm überlassen ist, will, das ist der Zweck der Ansprache, daß der Gast, ehe er den Paß des Tores durch-
schreite, erst aufatmend raste, und in den beiden Aus-
rundungen der schmalen Brückenbahn weist es ihm auch
gleich die Rastplätze zu. Da nun genießt er, hat er
dem heiteren Prunk des Rathauses die Reverenz geleistet, links, an den dem Torturm so ›lustig‹ angehäng-
ten, gar nichts sein wollenden und doch so notwendig
funktionierenden ›Häuslein‹ vorbei die Sicht auf die
ihre Berglage so ›hervorragend‹ nützende Obere Pfar-
re, die ihren Chor, den eben darum auch reich geschmückten, ein aus der Sockelausladung des Chor-Um-
gangs steil aufstrebendes Hochgefüge, hierher wendet,
nicht zu vergessen ihres Turms, der sich als absolute
Senkrechte den doch immer nur relativen des Kirchen-
körpers überordnet, nicht ganz ausgewachsen freilich
in seiner Spitze, die nur ein Notabschluß ist, an die
man sich doch, bis zum Nichtmehrhergebenwollen, gewöhnt hat. Löst sich der Blick aus der Haft dieses Hoch-
ziels, weicht er in der Querachse der Brücke und also in

der Richtungsachse des Flusses ab, so trägt sich ihm der vom Flusse und einem seiner Zweigläufe umfaßte Geyerswörth an, mit dem fürstbischöflichen Schloß, einem unregelmäßigen, von einem gedrungenen Achteckturm überragten Geviert, an der Bergseite aber, unter dem hier auch mit der Barockgestalt seiner Kirche ins Bild tretenden Stephansberg, das ›malerische‹ Viertel der Mühlen. Weniger vielfältig, da sich der Fluß nun wieder zu einer Rinne vereinigt, bietet sichs dar rechts der Brücke, flußabwärts. Hier hindert die in knappem Abstand folgende ›Untere Brücke‹ (jungen Baujahrs, doch älteren Vorgängers), und dieser vielmehr gehört auch die untere Flußlandschaft an, die durch das Teilhaben des Michelsbergs mit seiner Klosterkrone einerseits und der, im schönsten Kontraste dazu, wieder eminent malerischen Fischerei (›Klein Venedig‹) andererseits bestimmt wird.

Das Rathaus, als des bürgerlichen Gemeinwesens Herzkammer, wird nun den Betrachter vor die Frage stellen nach dem politischen Rechtsbesitz dieses Hauses – der Betrachter kommt von Würzburg, befrachtet mit stadtgeschichtlichen Erfahrungen, die Frage liegt ihm auf der Zunge. Es lohnt sich aber nicht, die Frage mehr als knapp zu beantworten: Bamberg war eine landsässige Stadt, und wenn es im Spätmittelalter gegen den Stachel löckte, so geschah es um minder hohen Zieles willen als das der Reichsfreiheit. Allen Verdrusses A und O war das Nichtmitleidenwollen der ›Muntäter‹, es kam auch zu etlichen Explosionen, aber so auf des Messers Schneide wie in Würzburg stands hier nie, es wurde nicht in Schlachten um die Herrschaft gerungen, und von den Bischöfen durfte ein jeder des Strohtods sterben. Keiner endete durch Mord, wie zwei unter den Würzburgern. Die Täter waren allerdings keine Bürger, und so möge hier auch die Bemerkung Platz finden, daß sich der Adel der östlichen Kantone der fränkischen Reichsritterschaft weniger wild gebärdete als der der westlichen und nördlichen – den reckenhaften Ungeschlachten Vergleichbare werden nicht in bambergischen Kirchen gefunden –, wenn schon gerade bei ihm das kleine ›raubritterliche‹ Fehdewesen in hoher Blüte stand; mit dem Namen eines roh Entarteten wie des Handabschlägers Thomas von Absberg wollen wir aber das Andenken der Götze, der ›frommen‹ Ritter, die den Pfeffersäcken in der quasi gesetzlichen Form der Fehde ein weniges von ihren üppigen Überschüssen abbrachen, nicht belasten.

Wenden wir uns wieder der augenscheinlichen Tatsache Rathaus zu: passieren wir nun das Tor, durchschreiten wir die Senkung niederwärts der Brücke und steigen wir an der Ostböschung der Burg empor, dem Dome zu, der sich da, wo einst das Burgtor stand, plötzlich, und in dieser Plötzlichkeit wirksam aufs Stärkste, dem an der scharfen Ecke einer der den Aufstieg überhöhenden Kurien links in die Platzweite Einbiegenden groß und prächtig entgegen stellt.

Dieser Dom ist nicht mehr der Gründungsbau Heinrichs II. Er entstand, so wie er da steht (einige Mehrungen und Minderungen durch das 18. Jahrhundert abgerechnet), nach einem Brandschaden in den ersten drei oder vier Jahrzehnten des 13. Jahrhunderts. Unternehmer des die Leistungskraft des Hochstifts hart anspannenden Werkes war Bischof Ekbert von Andechs-Meranien, ein *vir magnanimus et bellicosus*. Fragen wir nach den Motiven, die den bei seinem Antritt (1203) übrigens noch recht jugendlichen Meranier zum großen Bauen führten, so müssen wir den Machtanspruch seines Hochstifts, dessen Kirche sich eine fast schon unmittelbare Stellung in der Hierarchie zu sichern verstanden hatte, als *prima causa* voranrücken, als *secunda* ihr aber folgen lassen den ›hohen Mut‹ eines eben jetzt seine Gipfelbahn beschreitenden erlauchten Geschlechts.

Möge man sich nun der dem kaiserlichen Gründer nachgesagten politischen Motive erinnern (die wir wohl nicht als erste, aber doch als zweite gelten ließen): der Machtminderung des Grafenhauses der Schweinfurter, der ›jüngeren Babenberger‹, wie man sie auch, freilich ohne schlüssige Beweise, nennt. Im ererbten, um die Plassenburg gruppierten Obermainbesitz der Schweinfurter lag ja eben die fränkische Machtstellung der Grafen von Andechs, Herzoge von Meranien, und so haben wir die Tatsache zu bestaunen, daß sich der zur Einengung des Grafen bestellte Bischof und der Graf in einer Person verbinden und also der Graf hinzu gewinnt, was des Bischofs ist. Langen Bestand freilich hatte diese absonderliche Union nicht. Als der Stern von Andechs-Meranien unterging, zerriß das Band zwischen Bamberg und Plassenburg und blieb zerrissen.

Der Dom Bischof Ekberts wurde östlich begonnen und westlich beendet. Er wurde ungewöhnlich rasch gebaut. Aber mehrfach wechselnde Werkführung verlieh ihm mehr als eine Stilprägung. Die hohe Schmuckfreude eines Meisters oberrheinisch-spätromanischer Schulung schuf den Ostchor und die Osttürme, ein zweiter fügte, nun schon in den strengen Formen französisch-burgundischer Frühgotik, das Schiff hinzu, ein dritter, strenger, sparsamer noch, aber stark in der Wucht von Mauer und Pfeiler, das Querschiff, ein vierter vollendete, was noch des Vollbringens bedurfte, den westlichen Chor und die Türme an seinen Flanken. Er hatte schon mitgearbeitet an den Kathedralen Frankreichs Laon und Reims, er war ein Lehrling ihrer gotischen Meister und war auch ihres Sprechens gänzlich kundig. Er und kein anderer schuf die Statuen, die der hohe Ruhm Bambergs sind.

Wer war der Unbekannte? Man weiß so hoffnungslos wenig von diesem nicht anders als ›Reitermeister‹ zu Benennenden, daß die Frage gestellt werden könnte: war er überhaupt ein Deutscher? Es ist sicher, daß er aus Frankreich kam, ohne Aufenthalt, wie wir annehmen müssen, da die baugeschichtlichen Data von Reims einer-, Bamberg anderseits ganz knapp aneinander liegen. Nun trägt aber das, was er schuf (und schaffen ließ), bei nicht zu bestreitender enger Abhängigkeit der Form, eine so ganz andere Wesensprägung als alles in Frankreich Geschaffene, augenscheinlich ›Französische‹, daß die Frage der Erörterung ganz unbedürftig erscheint. Glauben wir nun sagen zu können, der gotische

Steinmetz von Bamberg sei ein Deutscher gewesen, können wir dann die Behauptung etwa auch noch dahin einengen, er sei ein fränkischer gewesen? Das Landschaftliche (das Schwäbische, das Baierische, das Fränkische) beginnt sich erst im späten Mittelalter deutlicher abzuzeichnen. Indes liegen die ersten Schritte auf dem im 15. und 16. Jahrhundert gipfelnden Wege der landschaftlichen Individualisierung doch schon im 13. Jahrhundert, man könnte sogar sagen, sie müssen in ihm liegen, da Individualisierung und Realisierung auf einer Linie liegen und das 13. in neuester Weise ›Verwirklichung‹ erstrebt. Diese ersten, noch vielfach überdeckten Schritte trotz des geringen Spureneindrucks zu erkennen, helfen uns nur die letzten Schritte: nur aus der Kenntnis der völlig ausprofilierten Landschaftscharaktere heraus können wir sie vielleicht auch schon *in statu nascendi* erkennen. Versucht man von einem der großen Unbekannten des 13. den Bogen zu spannen zu einem der großen Bekannten des 16. Jahrhunderts: wen wird man an wen schließen können? Den Naumburger vielleicht an Grünewald. Beider Wirkungskreise gehören, zur Hälfte wenigstens, der mittelrheinischen Landschaft an, was wir, da es nicht diese örtliche Beziehung ist, die uns den Bogen so führen ließ, versucht sind, der, natürlich möglichen, Zufälligkeit zu entheben. Den Naumburger also *vielleicht* (dies sei betont, damit der Problematik des Versuchs Genüge geschehe) an Grünewald, den Bamberger an Dürer. Wir berufen uns auf den einhelligen Ausdruck einer leidenschaftlichen Erfülltheit, Zielerfülltheit, Gotter-

fülltheit, die sich als Zorn, ›heiliger Zorn‹, nach außen
wendet, wir denken an die Apokalypse Dürers und die
Vier Apostel, an Bildnisse wie den frühen Oswold Krel
und den späten Holzschuher, ja auch an das berühmte
Münchner seiner selbst, in dem sich der Zorn, beherrscht, zu feierlicher Strenge mäßigt. Wir denken an
Bamberger Köpfe wie den des Jonas, des Papstes, der
Ekklesia, der Elisabeth, des Reiters, die die Zornge-
bärde in vergleichbarer Weise von Widerspruch zu Anspruch abwandeln.

Es darf auch als zumindest sehr merkwürdig die Pa-
rallelität der Entwicklung im Werke Dürers und im
Werke des Bambergers angemerkt werden. ›Werk des
Bambergers‹ ist allerdings eine Vereinfachung. Einem
älteren Meister steht ja deutlich genug ein jüngerer gegenüber, und wenn beide auch in unmittelbarer Aufein-
anderfolge, ja vielleicht sogar in zeitlicher Überschneidung zu denken sind, so ist an der Tatsache der Zwei-
heit (die übrigens auch schon eine Vereinfachung ist)
doch nicht zu rütteln. Das Unbestreitbare aber ist, daß
sich das Werk des älteren in ganz gleicher Weise auf das
des jüngeren zubewegt wie das des frühen Dürer auf
das des späten. Das kennzeichnende Gestaltungsmittel
des älteren, des ›Chorschrankenmeisters‹, ist die Linie,
die zwar stets den gegebenen Formbegrenzungen, den
Umrissen und Gliederungen der Gegenständlichkeit
folgt, doch immer mit dem Anspruch auf eine willkür-
liche, sich selbst genügende, rhythmische, *ornamentale*
Bewegung. Das frei bewegliche, das konkrete Thema
überspielende Lineament gewinnt nun im Fortschreiten

der Apostelreihe zu der Prophetenreihe wachsend an Spannungskraft, gewinnt sie aber jetzt vor allem aus dem sich stärker machenden Widerspruch seines Trägers, des sich mit Energien füllenden, der Sprengung seiner Fesseln zustrebenden dreidimensionalen Körpers. Angesichts einer so drängenden Körperplastik (und der nun auch schon anhebenden Beseelung des Körpers) wird man aber, auch wenn man die ornamentale Ordnung als die doch noch herrschende zugibt, fragen müssen, ob der Meister der letzten Schranken denn wirklich noch der ältere Meister ist und nicht etwa doch schon der jüngere, der ›Reitermeister‹, oder einer von denen, deren er sich, als seiner Organe, bediente. Die Möglichkeit so zu fragen erweist aber jedenfalls einen Zusammenhang innerhalb der Bamberger Plastik, älterer und jüngerer, der um so bemerkenswerter ist, als ja die jüngere etwas wirklich von Grund auf Neues, die befreite statuarische Plastik, bringt.

Wir gingen aus von einer ersichtlichen Wachstumsparallelität im Werke Dürers und im Werke ›Bamberg‹. Die Abläufe entsprechen einander: die freibewegliche, rhythmisch-ornamentale Linie am Anfang, der natürlich gestaltete, aber über die ›gemeine Natur‹ erhöhte statuarische Körper am Ende. Beide Werke legen sich durch zwei Stile über einen Ausgang und einen Eingang hinweg. Wir nahmen aber den Vergleich auch deshalb auf, um die erwiesene Möglichkeit des Gegensätzlichen in einem Werke zur Stützung der (unerwiesenen) Möglichkeit im andern heranzuholen. Das andere ist, allerdings, nicht das eines einen. Es kann aber wie das eines einen betrachtet werden. Dadurch gewinnt die Vermutung Halt, es möchte der große Bamberger Bildhauer (des Reiters, der Heimsuchung, des Jüngsten Gerichts) doch etwas tiefer in Bamberg-Franken verwurzelt sein, als es den Anschein hat.

Ein für den Bauherrn Bischof Ekbert verhängnisvolles Ereignis finde nun hier Erwähnung: die Ermordung König Philipps in der Bamberger Burg am Tage der Hochzeit einer Nichte des Königs mit Herzog Otto von Meranien, dem Bruder Ekberts, der in den zweifellos grundlosen, doch offenbar begründbaren Verdacht eines Mitwissers und also auch Mithelfers kam. An diese Vorgänge glaubte eine neuere Deutung des Reiters anschließen zu können: sie sprach den Reiter als König Philipp von Schwaben an. So gar nicht überzeugend diese Umbenennung auch ist – um die auf den hl. Kaiser Konstantin (andere auszulassen) steht's nicht besser –, so darf doch eine mittelbare ursächliche Verknüpfung des Reiters mit jenem Mordtag vermutet werden. Bischof Ekbert entzog sich der über ihn verhängten Reichsacht durch Flucht in den Schutz seines Schwagers, des Königs Andreas von Ungarn, anders, mittelalterlich gesagt, in den Schutz des hl. Stephan. Als Stephan wurde der Reiter in Bamberg um die Wende des 17. zum 18. Jahrhundert angesprochen, und wenn wir auch die Bamberger Überlieferung nicht weiter zurück verfolgen können, so war doch das Jahr ihrer ersten schriftlichen Fixierung nicht ihr erstes. Der Stephansname ist aber um so glaubhafter, als die Verehrung des ersten christlichen Ungarnkönigs in Bamberg eine alte Wurzel hatte: die kurz vor der Mitte des 12. Jahrhunderts niedergelegte Heinrichslegende sah in dem Gründer-Kaiser den Bekehrer des ihm verschwägerten Heiden-Ungarn Waik, mittelbar also auch den Bekehrer Ungarns. Sage also keiner, es habe der Ungar nicht das Recht besessen, in den Kreis der Domheiligen einzutreten. Schlage auch keiner einen König vor, der, wenn schon ein König, doch kein heiliger König ist, wie Konrad III., Philipp von Schwaben, Friedrich II. Da sich in Bischof Ekbert das schwägerliche Ver-

§BAMBERGA§

hältnis Kaiser Heinrichs zu Ungarn wiederholte, mußte der hl. König von Ungarn, sein Nothelfer aus schwerer Gefahr, für ihn ein ganz neues Gewicht gewinnen. Will man schon, das wesentlich Mittelalterliche ignorierend, den Reiter als ein ›Denkmal‹, d. h. zuletzt doch immer als ein historisches, erklären, so erkläre man ihn als ein mittelbares des Domerbauers Ekbert von Andechs-Meranien, sei sich aber der Bildsetzung eines Heiligen – ja eines Heiligen und nicht einer historischen Persönlichkeit, die der zu allen Zeiten gegenwärtige Heilige nicht ist – bewußt.

»Hochgemut und kampfesfroh« nennt ein Zeitgenosse den reisigen Bischof, dessen langes, an Fehden reiches, auch durch den Reichsdienst belastetes Regiment ein viel eher schwächendes als stärkendes war. Will man sich mit zwei Worten begnügen, um den Reiter zu treffen, so wird man auch keine besseren finden als diese: *magnanimus et bellicosus.*

Was der Reiter an Aussagen neben und über seinem einfachen kultischen Bildzweck enthält, und daß er solche andere Aussagen enthält, konnte erst später Geschichtserfahrung hörbar werden. Die Leugnung des ursprünglichen kirchlichen, in *S. Stephanus rex et confessor* ausgedrückten Bildzwecks war die Folge dieser beflissener den weltlichen als den kirchlichen Tatsachen abgewonnenen Geschichtserfahrung, der wir aber jedenfalls danken müssen, denn zweifellos greift der dem Reiter eingestaltete Symbolwert doch über den engen seiner kirchlich-kultischen Bedeutung hinaus. Gab man ihm den Namen staufischer Könige, Konrad, Philipp, Friedrich, so veranlaßt durch den Eindruck einer Stellvertretung: denn die weiten und fernen Horizonte des heiligen Reiches der staufischen Kaiser kreisen um diesen hl. Stephan von Ungarn.

Baumeister und Bildhauer der Kathedralen trafen sich in einer Person, und im Aufblick zu den Westtürmen des Bamberger Domes, man nähere sich ihnen aus der Domgasse oder, entfernter, im Niederblick zu ihnen, vom oberen Kaulberg her, wird man sich des Bildhauerischen dieser Turmarchitektur bewußt. Die Durchsichtigkeit der den Ecken vorgestellten Tabernakel, die die Schwere des Quaderkörpers wundervoll leicht erscheinen läßt, mindert nicht die schöne straffe Leibhaftigkeit der Glieder, und es geschah auch vordem, daß man dieser Leibhaftigkeit in den riesigen Propheten- und Tierfiguren, die in zwei der Tabernakel gestellt waren, als einer konkreten gewahr wurde.

Tiere, Rinder blicken auch von der Kathedrale von Laon herab, und man weiß ja, daß einer ihrer Türme der Bamberger genaues Vorbild ist. Laon lag, als der westliche Teil des Bamberger Doms gebaut wurde, schon nicht mehr in der vordersten Linie der Entwicklung. Der exemplarische Westturm freilich – exemplarisch nicht nur für Deutsche, sondern auch für Franzosen – hatte noch keinen Überwinder gefunden. Wie bezeichnend sind aber für den Bamberger Meister die Abänderungen des Vorbilds, vor allem in der Stockwerkgliederung, die sich ganz der der älteren Osttürme anpaßt. Was die westlichen von den östlichen unterscheidet, ist, neben der den Tabernakelstellungen zu dankenden plastisch-körperlichen Bereicherung des Umrisses, schließlich doch nur der Einsatz französisch-gotischer Stilmittel; die Fügung ist deutsch-romanisch.

Die Angleichung der, in der Sprechweise, gotischen Westtürme an die romanischen Osttürme wird man als eine gewollte deuten dürfen. Daß der verantwortliche Werkmeister die neue Formengrammatik beherrschte, bezeugen die Kleinarchitekturen, ›Modelle‹, auf mehreren der Statuenbaldachine. Die Bereitwilligkeit zur Angleichung, anders gesagt, zur Versöhnung des Alten und Neuen, Eigenen und Fremden, erhärtet nun aber die Tatsache, daß die neue Baulehre nicht als absolut gegensätzliche und folglich die alte ausschließende begriffen wurde. Die Eintracht der Stilelemente kennzeichnet den Bamberger Dom an mehr als einer Stelle. Ein Beispiel ist das Fürstentor; es lag im Entwurf, vielleicht auch schon in der Grundlegung, vor, als die ältere Bauhütte mit der jüngeren wechselte. Aber die Ausführung fiel doch schon großenteils der jüngeren zu. Das Ergebnis war doch: eine der reichsten, alle Konsequenzen ausschöpfenden Portalgestaltungen aus alter deutsch-romanischer Wurzel.

Es ist wahrscheinlich, daß der hier allenthalben zu beobachtende Vorgang der Angleichung auch innerhalb der Chorschranken statt hatte: daß der ›Jonasmeister‹ kein älterer war, der sich an einem jüngeren zu letzter und reifster Leistung entzündete, sondern schon ein jüngerer, der das vom älteren Begonnene mit den gleichen Stilmitteln, doch in einer Steigerung ihrer Ausdrucksfähigkeit, die ihm die neue statuarische Plastik zuleitete, zu Ende führte.

Es gibt eine Stelle im Dom, wo die Angleichung des Alten und Neuen im Äußerlichen, in einer bloßen Koppelung der gegensätzlichen Bestandteile stecken blieb – die Adamspforte. Ein rundbogiges Stufenportal, dessen Stufenkanten im ›normannischen‹ Zickzack profiliert sind, wurde, ersichtlich nachträglich, mit sechs Statuen bestückt, die nun fraglos den vorbildlichen Reimser Statuenreihen näher stehen als alles andere in Bamberg, näher als etwa die ›Visitatio‹ des Reitermeisters, für die man das Reimser Vorbild so genau aufweisen kann. Der Meister der Adamspforte, den man folglich als einen erkennbar Anderen neben den Reitermeister stellen darf, ist der Unbedingte unter den Bamberger Gotikern, der Fremdeste. Seine Bereitwilligkeit zur Angleichung mußte die geringste sein.

Eben die Adamspforte bietet nun aber eine jener ikonographischen Neuformulierungen, in denen das deutsche 13. Jahrhundert so originell die Konvention durchbricht. Noch in Reims standen die Ureltern bekleidet, hier stehen sie nackt. Die Nacktheit, hat man gesagt, sei ihr Attribut, nicht mehr. Ihre Zulassung setzt nun aber doch die Wahrnehmung des nackten menschlichen Körpers als eines der Gestaltung überhaupt zugänglichen voraus, und da der Leib ja gerade im ›klassischen‹ 13. Jahrhundert, und vorab in Bamberg selbst – denke man nur an die Synagoge, diese nur zart verhüllte – auch in der Gewandfigur ein hohes Recht fordert, muß die Nacktheit der Menscheneltern doch etwas mehr sein als nur ein ›Ding‹, wie etwa der Schlüssel des Petrus.

Sieht man die mittelalterlichen Nachfahren der Bamberger Ureltern durch, so wird man (zu nur noch höherer Schätzung der Bamberger) die Nacktheit allerdings zum Attribut, zum nur kennzeichnenden Ding erstarrt finden, und es bedarf schon mehr als eines säkularen Schrittes, um wieder einer, zwar nicht letzten, aber hohen Grades entdinglichten gewahr zu werden: dieser Siebenmeilenschritt durch die Zeit hält an vor dem Ureltternpaar Riemenschneiders, ehemals an der Marktpforte der Würzburger Marienkapelle. Es ist nun ganz und gar nicht so, daß dessen Nacktheit etwa weniger erstaunlich wäre, etwa deshalb, weil sie zeitlich jünger und mithin näher der sich demnächst vollziehenden gänzlichen Entbindung der Nacktheit ist. Sie ist vielmehr erstaunlicher noch, denn sie hatte viel dichtere Hüllen abzuwerfen als die bambergische. Der Hülle entsteigt sie nun freilich in einer um so reineren Ausdrücklichkeit ihrer selbst, in der Frische köstlicher Morgenfrühe, keusch und sinnlich zugleich.

In der Statuengesellschaft der Adamspforte steht der hl. Kaiser Heinrich neben der Gemahlin, der hl. Kaiserin Kunigunde. Inmitten des Domes steht der einen kleinen Teil (den nicht in Reliquiare eingeschlossenen) der irdischen Reste des kaiserlichen Paares beherbergende Sarkophag. Mit der unbelasteten drastischen Erzählfreude der Zeit hat in den Reliefs der Wandungen Riemenschneider die Legende von St. Heinrich und St. Kunigund erzählt, vom Pflugscharwunder der Kaiserin bis zur Wägung des Kaisers durch den Erzengel.
    Die Begegnung mit Riemenschneider in Bamberg ist überraschend, denn der Wirkungskreis des Meisters war der Machtkreis des Krummstabs von Würzburg. Die Begegnung wiederholt sich diesseits des Steigerwalds auch nur noch einmal, in der Pfarrkirche von Buttenheim, im Regnitztal halbwegs zwischen Bamberg und Forchheim. Die Beziehung, die den Würzburger Meister hierher führte, ist aber greifbar genug, sie läuft über die Versippung der Familien Stiebar und Grum-

bach, denn die Elisabeth Stiebar, der Riemenschneider das Buttenheimer Grabmal setzte, war eine geborene Grumbach. Was nun Riemenschneider den einzigen größeren Auftrag, den Bamberg in diesen Jahrzehnten zu vergeben hatte, zubrachte, war die Verlegenheit des Bambergers, im eigenen Hochstift einen der Aufgabe gewachsenen Meister zu finden. Im eigenen Sprengel allerdings hätte er sich schon finden lassen, Nürnberg lag ja in seinem Einschluß, und Nürnberg ist auch der stärkste Faktor in der spätmittelalterlichen Kunstgeschichte Bambergs, wenn Bamberg gelegentlich auch einmal seinerseits Subsidien dahin leisten konnte – der beste Maler Nürnbergs zwischen dem Anonymus des Tucheraltars und Dürer, Hans Pleydenwurff, kommt aus Bamberg. Man kennt auch den Namen eines offenbar vielbeschäftigten Bamberger Bildschnitzers dieser Zeit, Hans Nußbaum. Es fragt sich aber, ob er ein tüchtiges Mittelmaß übergriff. Tritt man, wie üblich, durch die Adamspforte in den Dom ein, dann trifft man sogleich (der der Länge des Schiffes folgende Blick hat keine andere Wahl) auf eines der großen Werke des Veit Stoß, das Letztwerk des Meisters (das nicht für Bamberg, sondern für Nürnberg bestimmt war). Vor diesem Werk eines zu letzter Reife gediehenen Großen wird man nun freilich alles selbstgewachsen Bambergische nicht so hoch achten und den Bischof begreifen, der sich einen fremden Meister holte, als es galt, den hl. Stiftern das ihres Glanzes würdige Monument zu setzen.

Der den Dom durch die Adamspforte Verlassende
verhalte sich auf der hier dem Chor vorgelegten Rampe
des ›Domkranzes‹. Die Horizonte der Stromlandschaft, südlich der Jura mit Giech und Gügel, treten in
die offene, nur durch eine Brüstungsmauer besetzte Mitte, rechts grenzen mehrere Domherrenhöfe, die mit dem
an den Dom angelehnten Kapitelhaus gegenüber und
der quer stehenden Domdechantei in der Tiefe einen
eigenen kleinen Platz (›Hofplatz‹) einschließen, links
aber ragt, turmhaft, der Kopfbau der Neuen Hofhaltung, welche selbst mit ihren zwei langen, einen zum
Dom hin offenen Winkel bildenden Trakten den ›Burg-
platz‹ begrenzt.

Diese Gestalt gewann der Platz vornehmlich unter
dem ersten der beiden Schönborn-Bischöfe, Lothar
Franz. Denn er schuf, kurz vor Antritt des 18. Jahrhunderts, den ausgedehnten, in Flügeln auch rückwärts
ausgreifenden Bau der ›Neuen Hofhaltung‹, und was
seine Folger noch hinzu fügten (oder auch wegnahmen),
zielte auf die von ihm erstrebte und auch schon weithin
erreichte ›Regularität‹ des Platzgefüges, zielte nun allerdings auch so stark auf sie, daß zu Zeiten der Dom
selbst in Gefahr stand, ihr zu seinem Schaden Steuer
leisten zu müssen. Es lag nicht am guten Willen der
Bischöfe, sondern am Maß ihrer Mittel, wenn sie ihm
erlassen wurde. Und auch nur daran lag es, wenn doch
noch beträchtliche Teile des alten Baubestandes der
Burg, der ›Alten Hofhaltung‹, erhalten blieben. Pein-
liche Störung der Egalität! Wir Heutige meinen freilich: glückliche Störung der Egalität!

Es ist aber im Fortgange des 18. Jahrhunderts doch manches geschehen, um der dem Platze zugekehrt Seite der Alten Hofhaltung einiges von ihrer mitte alterlichen Irregularität zu nehmen und bis zu eine gewissen Grade ist die Glättung des mißfälligen Win kelwesens auch gelungen. Wohl hatte schon einer de Bischöfe des ausgehenden 16. Jahrhunderts versucht, das altfränkische ›Heinrichsgebäu‹ im Geiste der Zeit zu verjüngen. Das, was er hinstellte, die ›Ratsstube‹ mit dem ihr rechts anhängenden Tor, eine der originell- sten Schöpfungen deutscher Renaissance, war aber sel- ber noch so winkel- und schnörkelfreudig, so altfrän- kisch selber noch im Grunde ihres Wesens, daß es der älteren Nachbarschaft nichts abbrechen konnte. Erst die Niederlegung des alten Heinrichsgebäus, in dem sich noch Teile der königlichen oder bischöflichen Pfalz des 11. Jahrhunderts erhalten hatten, und die Abtragung des der Einfahrt rechts anliegenden Turmes der ›Hohen Warte‹ änderte das Bild, wie wir es aus Aufnahmen des 16. und 18. Jahrhunderts noch kennen, im Sinne der erstrebten Simplizität, deren ganze Durchsetzung frei- lich, da man sich mit einem Kompromiß begnügte oder begnügen mußte, nicht gelingen konnte. So ist heute an der westlichen Abschlußwand des Burgplatzes doch im- mer noch eine stärkere Bewegung als sonst ringsum, eine des Vor- und Zurückspringens frohe Kleinteiligkeit, und man tritt nicht unvorbereitet in den Hof ein, der in seiner Einhegung durch die von Holzgalerien um- fangenen Fachwerkbauten des Spätmittelalters und dank der der Regel spottenden Willkür von Grund-

BAMBERG *Ansicht mit der Altenburg von Lorenz Strauch (um 1580)* und Aufriß in so hohem Grade ›malerisch‹, altfränkisch ist. Was dergleichen Vielfältigkeit aber zustande brachte, war die Rücksichtslosigkeit einer Zweckgesinnung, die jeden Bau und noch jeden Bauteil nach den Erfordernissen seiner nächsten Bestimmung ausrichtete, kaum bedacht auf eine Angleichung nach rechts und links, die sich dann doch einfand, einfach deshalb, weil diese Bauindividuen einander so verwandt waren, so gleichstrebig noch in ihren Extravaganzen.

So fränkisch, altfränkisch wie die Alte Hofhaltung bot sich bis ins 16. und noch ins 17. Jahrhundert auch der Domplatz. Dem Dom selbst fehlte noch das Ausgeglichene, das ihm erst die beiden letzten Jahrhunderte zubrachten: die östlichen Türme hatten ein Geschoß weniger als die westlichen – eine den Korrektoren ganz unleidliche Asymmetrie –, die Helme der westlichen waren noch mit den vier Helmchen über den Ecktabernakeln bestellt, die jetzt unbetonte Mitte des sehr langen Schiffskörpers zwischen den Turmpaaren trug einen hoch aufsprießenden Dachreiter, spätere, spätgotische Anbauten wie die Ritterkapelle am Ostchor, der Ölberg im Eselsstall stärkten den Eindruck des willkürlich Gewachsenen, die Ziegeldeckung, auch kräftiger im Relief als Schieferdeckung, vertiefte die farbige Erscheinung.

Die entscheidenden Korrekturen im Sinne einer Gleichheitlichkeit werden dem Bamberger Baumeister Jakob Michael Küchel verdankt – ja doch verdankt, denn wenn auch Werte untergingen, so wurden auch Werte geschaffen. Die hell begrünten Kupferhelme Küchels, die in elastischen Kurven in die Spitzen einstrahlen, scheinen uns heute so wesentlich zu Bamberg, auch zum Erinnerungsbilde seiner Ganzheit zu gehören, daß kein Bedauern über die verlorenen Werte die Freude an den gewonnenen erreichen kann.

In den Aufstockungen der Osttürme hat Küchel gotische Formen verwendet, und man darf annehmen, daß er auch in den Spitzhelmen gotische Wirkungen erzielen wollte. Wir spüren aber diese ›Gotik‹ in der sie übergreifenden barocken Gebärde kaum mehr, und diese unabsichtliche, und nicht die absichtliche, ist es, die uns bezwingt.

Küchel, der das Stadtbild Bambergs an entscheidenden Stellen neu geprägt hat – sein Werk ist auch der Rathausturm –, ist schon ein Später des 18. Jahrhunderts, und wir müssen uns nach diesem Vorausgriff folglich denen zuwenden, die an der Schwelle des Jahrhunderts stehen. Das sind die Dientzenhofer. Barockes, durch den Würzburger Petrini zugeleitet, war wohl schon vor ihnen da. Aber die barocke Umformung Bambergs im Großen beginnt erst mit ihnen, und diese Umformung ist auch zu einem sehr großen Teile ihr Werk. Sie sind Fremde, Baiern aus der Aiblinger Gegend, bäuerlichen Ursprungs, aber der Vater war wohl schon, nebenher, Maurer. Dieser Vater, Georg, sendet fünf Söhne aus: Christoph, Georg, Johann Leonhard, Johann und Johann Wolfgang. Der älteste, Christoph, läßt sich in Prag nieder, er begründet den böhmischen Zweig der Dientzenhofer. Georg, Johann Leonhard und Johann Wolfgang fassen in der Oberpfalz Fuß, alle arbeiten sie, unter einem Prager Meister, Abraham Leuthner, an der Klosterkirche von Waldsassen; Georg ist Bürger von Amberg, Johann Wolfgang wurzelt am gleichen Ort ein, Georg, der Meister der Waldsassener Kappel bei Tirschenreuth, dringt aber schon nach Bamberg vor, er entwirft die Jesuitenkirche, und ihm auf dem Fuße folgt Johann Leonhard (1687), der vermutlich die Jesuitenkirche ins Werk setzt. Er ist so glücklich, mit einem Bauherrn großen Stils, Lothar Franz von Schönborn, zusammen zu treffen. Seit 1690 ist er Hofbaumeister.

Die beiden mächtigen Baumassen, die das Bild der Bergstadt so augenfällig bestimmen, die Residenz und das Kloster auf dem Michelsberg, sind die Leistung Johann Leonhards. Nah betrachtet sind sie trocken, nüchtern, phantasielos, etwas protestantisch Sprödes, pedantisch Geordnetes haftet ihnen an, und man mag sich der Tatsache erinnern, daß Johann Leonhard eine der späteren Auflagen der ›Architectura civilis‹ des Dieussart besorgte: der hugenottische Baumeister des Bayreuther Schlosses, das Dientzenhofer zu Ende brachte, blieb nicht ohne Einfluß. Was aber die Bauten Johann Leonhards in einem hohen Maße auszeichnet, das ist die stets vorzüglich errechnete Fernwirkung. Er, und nicht der jüngere, begabtere Bruder Johann, hat die großen beherrschenden Blickziele des Bamberger Stadtbildes geschaffen.

Johann zeigt sich erstmals als Palier des Bruders beim Bau des Michelsberger Klosters. 1700 ist er Fuldischer Stiftsbaumeister, er führt den neuen Fuldischen

Dom auf, auch die fürstäbtliche Residenz geht im Kern auf ihn zurück. 1711 folgt er dem Bruder als bambergischer Hofbaumeister. Die großen Unternehmungen seiner Bamberger Jahre sind die Banzer Klosterkirche und das Schloß Franz Lothars, Pommersfelden. Seine Autorschaft für Banz ist nicht zu bezweifeln, indessen kommt man direkten Wegs vom Fuldischen Dom, schweren dröhnenden Barocks, aber einfacher, basilikaler Raumfügung, in die Klosterkirche von Banz, dieses verschränkte, so ganz aus der Kurve entwickelte höhlige Raumgebilde, so kann man schon, sei's zugestanden, an der Annahme irre werden. Auch seine Verantwortlichkeit für Pommersfelden ist ja einzuschränken, denn Teilhaber, nicht der Ausführung, aber der Planung, waren sehr wahrscheinlich Maximilian von Welsch und sicher Lucas von Hildebrandt, nicht zu vergessen des hohen Bauherrn selbst, der sich der »Invention« des Treppenhauses, dieses zeitlich ersten der mächtigen Treppenhäuser, rühmte.

Lassen wir aber das Problem der Anteile – es ist das des für die Zeit typischen ›kollektiven‹ Bauens, das auch bei Welsch und Neumann so stark beschäftigt – beiseite, greifen wir vielmehr die uns in diesem Zusammenhange weit mehr interessierende Frage auf, ob die aus mancherlei (vornehmlich aber doch wohl böhmischen) Quellbereichen gespeiste Architektur der Dientzenhofer auch schon eigentümlich Fränkisches enthalte. Dies wird man, nach den südlichen und südöstlichen Wegen ihrer Schulung, nicht erwarten dürfen. Aber die Bauten Johann Leonhards oder Johanns können nun doch nicht gerade so in Bayern oder Schwaben stehen. Es liegt das ja sicher auch am Baustoff, dem vortrefflichen Sandstein, der zur Begründung des stärkeren Reliefs der Gliederungen angeführt werden muß. Es liegt aber doch zuvörderst an dem besonderen Verhältnis zum Profil des Bodens: alle Bamberger Baumeister, und nicht erst die Dientzenhofer, nützen das Profil der Scholle in einem hohen Maße aus. Man wird aber diese Gefügigkeit gegen das Bergige um so stärker betonen müssen, als ja die Zeit dem Ebenen den absoluten Vorzug gibt. Das Ebene ist neutral, das Bergige aktiv. Gab es noch eine Möglichkeit, in die geforderte ›Regularität‹ einzubrechen, dann lag sie bei der tragenden, so irregulär geformten Erde, und wenn nun in Bamberg diese Möglichkeit doch ersichtlich freudig aufgegriffen wurde, so möchte eben hier der sonst so erschwerte Einsatz des *genius loci* zu finden sein.

Bamberg hat berühmte Beispiele der Vermählung von Erdgestalt und Baugestalt vorzuzeigen. Nennen wir die beiden Böttinger-Häuser, das in der Judengasse und das an der Regnitz. Dem einen widerstreitet die Enge der Gasse – oder widerstreitet sie ihm gar nicht, ists die Enge, an der sich der gedrungene Block so prachtvoll stärkt? Hinter ihm steht der Berg an, wirkende Gebärde möchte das Freie, Offene gewinnen. Da wird der Berg architektonisiert, und was Hemmung und Hindernis scheinen konnte, wird Förderung. Das andere Böttingerhaus hat nach der einen Seite die Breite des Flusses als Wirkungsraum für sich, andererseits sitzt ihm aber auch der Berg, derselbe Stephansberg, hart im Nacken. Nun kostet es, mit dem stärkeren seiner beiden im rechten Winkel aneinanderstoßenden Flügel fast unmittelbar dem Wasser entsteigend, mit offenbarer Lust die spiegelnde Fläche, unterwirft sich aber auch in Terrassenzügen die aufgehende Böschung so völlig, daß aus der Not der Lage Gunst der Lage wird. Und wenn der die dem Fluß zugekehrte Schauseite drüben Empfangende zugleich einen wieder ganz altfränkisch gefüllten Durchblick empfängt, den jenseits der Mühlen die beiden Osttürme des Domes beschließen, so wird dieser Reiz des Gegensatzes nicht erst uns zugänglich geworden sein.

Der Bauherr dieser beiden Paläste könnte der Fürstbischof selber gewesen sein, war aber nur, doch nur, der Hochfürstlich bambergische Geheime Rat und Direktorialgesandte zum fränkischen Kreis Johann Ignaz Tobias Böttinger, zwar kein Bürger, aber doch der bürgerlichen Schicht entsprossen. Daß sein Bauen einer Leidenschaft entsprang, bedarf nicht der Beglaubigung. Denn zweckliche Motive können bei einer Unternehmung, die das Raumbedürfnis des Unternehmers um ein Vielfaches überstieg, nicht mehr vermutet werden. Das Sagen des Volkes legte sich dann das Unbegreifliche so zurecht: ein kinderloser Reicher, der lauernden Erben müde, verbaut seinen Reichtum bis zum letzten Heller.

Wir kennen seine Baumeister nicht aus den Akten. Für den Palast am Wasser kann aber kaum ein anderer in Frage kommen als Johann Dientzenhofer. Für den an der Judengasse mag man immerhin den mainzbambergischen Baudirektor Maximilian von Welsch nennen, der ja, Zögling der gleichen Bamberger Academia Ottoniana wie Böttinger, den Bauherrn beraten haben kann. Welsch war Bamberger ›Stiftskind‹, Kronacher, ein später Landsmann des Malers Lucas (der sich nach der Heimatstadt nannte, dessen Werk aber, da er früh abwanderte, anderen Landschaften pflichtig ist). Die in einem schweren Relief gemeißelte plastische Dekoration, die in wahren Ballungen Portal, Fenster und noch die Gauben des Daches rahmt, kann aber nicht einem, bei aller Freude am Schmückenden, so sorgsam und kühl wägenden Meister wie Welsch zugeeignet werden. Man spürt wohl die Nähe Böhmens, und es möchte auch die Behauptung zu wagen sein, daß etwas so Ungefüges (doch großartig Ungefüges) wie diese plastische Wucherung nicht in Mainz und nicht in Würzburg möglich gewesen wäre.*

Welsch, der von Mainz her Jahrzehnte lang das bambergische Bauwesen dirigierte, schrieb sich nicht mit sichtbaren Lettern in das Antlitz seiner Heimatlandschaft ein. Denn kaum mehr als das Marstallgebäude in Pommersfelden, das dem Ehrenhof des Schlosses in Vor- und Zurückwölbung antwortet, läßt seines Geistes einen Hauch verspüren; seine Gedanken für Vierzehnheiligen blieben auf dem Papier.

Doch konnte er einen Schüler nach Bamberg entsenden, Johann Jakob Michael Küchel, der übrigens selbst ein Bamberger war, und dieser leistete, wir haben es schon einmal gesagt, wesentliches für das barocke Bamberg. Bauten wie sein Wohnhaus in der Langen Gasse,

der Ebracher Hof* am Kaulberg (wieder eines der schönen Beispiele der Lageanpassung), das erzbischöfliche
Palais, der Pavillon im Hofgarten zeugen gültig für
sein im Umgang mit Neumann vertieftes Können.
War seiner Begabung eine entschiedene (doch nicht
nur ihn, sondern die Generation kennzeichnende) Hin-
neigung zum Schmückenden eigentümlich, so sei ihr
doch keinesfalls das immer etwas abschätzig gehand-
habte Prädikat ›dekorativ‹ zugelegt. Wie hochwertig,
wie richtig an rechter Stelle eine ›dekorative‹ Architektur sein kann, weist ja aufs schönste der Rathausturm auf der Oberen Brücke aus, zu dessen Lob nichts
mehr hinzuzufügen ist.

Bamberg hat sich wie Würzburg im Laufe des 18.
Jahrhunderts umgekleidet, Bamberg ist eine barocke
Stadt, trotz allen Hereinragens großartigen Mittelalters, und wenn es, trotz Einengung des insonderheit
›Altfränkischen‹ auf wenige Refugien des Urväter-
wesens doch noch viel mehr davon enthält als Würzburg, so liegt es, um es noch einmal zu sagen, an der
stärkeren Modellierung des Bodenreliefs, das die Planer doch immer wieder zu Zugeständnissen, zu regel-
widrigen Improvisationen nötigte und wohl auch –
verlockte.

Wir wollen jetzt noch einmal den Weg gehen, den
wir, um rasch zum ergiebigen Brückenstandort vorzu-
dringen, schon einmal, ganz ohne Aufenthalt, gingen.
Da ist der Steinweg, durch den die von Nürnberg her-
kommende Regnitztalstraße ins Maintal weiter leitet,

Tangente zur Inselstadt, die sich von ihr durch den äußeren Regnitzarm scheidet, der Süd-Nord- oder Nord-Süd-Verkehr drang nicht in sie ein, er hatte aber schon früh eine eigene Straßensiedlung, die ›Teuerstadt‹, entstehen lassen, an die sich, kurz nach der Mitte des 11. Jahrhunderts, auch eine geistliche ansetzte, St. Gangolph. Die vielen Wirte, die an dem ziemlich gerade verlaufenden Steinweg und seiner, nun in leichter Nordkrümmung die Gerade verlassenden Fortführung, der Siechengasse, saßen (und noch sitzen), saßen ganz richtig hier. Die Bebauung ist, bei Wohlansehnlichkeit, einfach, man merkt, daß man noch vor den Toren ist, auch zeigt sich noch keines der Mahnzeichen des öffentlichen Lebens. St. Gangolph birgt sich, obgleich nur wenig vom Fluktus abgerückt, in der Abgeschlossenheit seines Kurienzirkels, und das kleine Nonnenkloster zum Hl. Grab, Bürgerstiftung des 14. Jahrhunderts, liegt schon tief im Rücken der Straße, ›draußen‹, wo die Gärtner sitzen, die, wohl der Teuerstadt älteste Bewohner, an die große Straße doch erst da heran kommen, wo sie anfängt, sich von der Stadt zu lösen.

Wo der Steinweg ab- und die Siechengasse ansetzt, entzweigt links die kurze Verbindung zur ›Kettenbrücke‹ (nicht mehr begründeten, aber beharrlich fortlebenden Namens). Vordem hieß sie Seesbrücke und war eine der geschmücktesten barocken Brücken, aber ein Hochwasser warf die etwas zu leicht gebaute nach wenigen Jahrzehnten schon um. Durch die schmale Hauptwachstraße, genannt nach der (spätbarocken)

Hauptwache links, wird in Kürze der ihr rechts anliegende Maxplatz erreicht, rechteckiges Geviert, das erst
durch späte Freilegung, des frühen Neunzehnten, entstand, zu Lasten der uralten, in der Gründung wohl
karolingischen Stadtpfarrkirche St. Martin*. Die völ-
lige Zerstörung eines stadtgeschichtlich so ehrwürdigen
Denkmals verdient kein Wort der Fürsprache. Indessen
hat der barbarische Akt doch etwas geschaffen, einen
Platz, der einer ist, geschlossener Wandumhegung, der,
schon da, die Freilegung ertragen und auch herausfordern konnte. Die die Platzflanken beherrschenden
beiden Blöcke, das ehemalige Priesterseminar rechts,
das ehemalige Katharinenspital links, Schöpfungen
Balthasar Neumanns, den die Einung der Bistümer
Bamberg und Würzburg in der Person Friedrich Carls
von Schönborn auch über das bambergische Bauwesen
setzte, mögen Anlaß bieten, sich vor dem Genie des
Meisters zu neigen, der diesen Platz schuf, ehe er da
war. Aus diesen beiden klar und straff gegliederten
und genau einander entsprechenden Blöcken bezieht der
Platz seine Bedeutung.

Es folgt der Grüne Markt, schmal ansetzend, doch
sich rasch verbreiternd in leichter Linksbiegung bis zur
Gabelung der Verkehrswege am ›Obstmarkt‹. Starker
Blickfänger an dieser wohlig gedehnten Marktstraße
ist die in die westliche Wandung eingefügte Fassade der
ehemaligen Jesuitenkirche, nun Stadtpfarrkirche St.
Martin, die von einer schweren, doch aufs stärkste zer-
klüfteten Körperlichkeit ist, hochbarocken Charakters.
Man vergleiche die ähnlich situierte, knapp drei Jahr-

zehnte jüngere Würzburger Neumünsterfassade, die muldig zurückweicht, ohne sich im Gegenstoß dem andringenden Freiraume so wuchtig entgegen zu setzen wie das in den 8oer Jahren des 17. Jahrhunderts entstandene Werk des ersten der vier Bamberger Dientzenhofer, Georgs. Die einesteils schwere, andernteils aber, und gerade im Widerstreit mit der Schwere, so stark bewegte Massenfügung ist ja wohl eine zeiteigene. Erweist aber der Hinblick auf das künftige Bamberger Barock eine von Würzburg unterscheidende Neigung zu Ballungen der plastischen Gewichte – nicht nur am Böttingerhaus in der Judengasse, dem belehrendsten Beispiel allerdings –, so möchte man diesem ersten bedeutenden Einsatz der barocken Bauweise in Bamberg doch schon so etwas wie eine Wegweisung abfragen.

Am ›Gabelmann‹, dem glücklich vor die Einmündung einer von links kommenden Seitengasse gestellten Neptunbrunnen vorbei, die mit guten, auch einigen sehr guten Bürgerhäusern bestellte Lange Gasse beiseite lassend, dringen wir über den Obstmarkt in die Schlucht der Oberen Brückengasse ein, die wir rasch passieren, um über die Obere Brücke hinweg in die jenseitige Senke zu gelangen und nun (im ehemals, bis zur Ausgleichung im Achzehnten, steileren Anstieg) zum Domberg aufzusteigen. Die, auch wieder von guten alten Häusern, barocken selbstverständlich, umstellte Senke entsendet beiderseits je eine Gasse, die zur Rechten, abfallend, gabelt sich sogleich wieder, einmal zur Unteren Brücke hin, und dann zum ›Sand‹, um hier den

Anschluß an die Maintalstraße abwärts zu gewinnen, die zur Linken, breiter, und schon ein Vorplatz, mündet nach wenigen Schritten in den ausgedehnten, um nicht zu sagen (die mitwirkende Leere zu treffen) gedehnten Schrannenplatz, der wieder einem Sakrileg des Neunzehnten ›verdankt‹ wird; die Anführungszeichen sind nötig, da der Abbruch der Franziskanerkirche doch nicht wie der der Martinskirche einen Platz, der etwa latent schon da gewesen, freigelegt hat. Setzen wir den Weg, ›Untere Karolinenstraße‹ neuen Namens, von der Brückensenke her bergauf fort, ohne uns zum Einbiegen in die ›Lugbank‹ verleiten zu lassen – sie würde uns durch ihre klamme Enge, in deren Rahmen plötzlich und ganz herrlich sich der Chor der Oberen Pfarrkirche stellt, zum Kaulberg führen –, setzen wir also den Bergweg fort – immer aber begleiten uns solide, stattlich behäbige Häuser, mitunter domherrliche schon –, dann wirds mit der Steilung des Aufstiegs winkeliger, es steilt sich auch der Eigensinn, nach der Schnur kann man in solcher Rutschlage nicht wohl bauen, und weniger verdeckt blickt das alte, uralte Gesicht unter der behaglichen Mansarde hervor. Welche Schlucht, diese sich gerade noch an der Burgmauer vorbei pressende, von ihr hoch überschattete Roppeltsgasse! Der Weg wendet sich rechts, unmittelbar aus der links anstehenden Böschungsmauer aufwachsend, und quasi selber noch Mauer, nur wohnlich zugerichtet, ragen die Rückwände der dem Ostchor des Domes gegenüber liegenden Kurien, um deren letzte, Neumann zu verdankende, herum wir in den

Domplatz einbiegen, um ihn diagonal zu überqueren – seine Ordnung jetzt um so eindringlicher spürend – und durch die Enge der sich gleich auch brechenden, von Flügeln der beiden Hofhaltungen begrenzten Burgstraße, die sich aber bald zu einem länglichen Plätzchen öffnet – links der erzbischöfliche Palast, ein stattliches Werk Küchels –, auf den Platz vor St. Jakob außerhalb der Burg hinauszutreten. Hier stehen wir auf einem schmalen, Domberg und Jakobsberg verbindenden Sattel, vor uns die Fassade von St. Jakob, der dritten und letzten der drei Bamberger Stiftskirchen, noch recht wohl erhaltener romanischer Kirche vorgeblendet, eine Leistung des jüngeren Neumann, links, in der Mulde zwischen Jakobsberg, Domberg und Kaulberg, die ›Sutte‹, ein Kleinleutequartier, rechts über der Senke, in die wir abwärts gehen, der Michelsberg mit der sehr lang gestreckten, kreuzförmigen, doppeltürmigen Basilika aus den Tagen des hl. Otto. Der Blick von St. Jakob hinab, hinauf, hinüber zu St. Michael ist aber einer der schönsten unter den vielen schönen, die diese Stadt anbietet. Und anmutig und köstlich, insbesondere zur Zeit des jungen blühenden Jahres, ist der Weg hinüber, abwärts und aufwärts, immer an guten alten Hausgesichtern vorbei, bis zum Tor des Klosters. Dann umfängt der Hof, der weit und räumig ist, nur von Wirtschaftsgebäuden umstanden, die keine Ansprüche stellen (doch gut gewachsen, solid, würdig), ansteigend zur barocken Kirchenfassade, die eine köstliche Treppe entgegen sendet.

Flach ausgebreitet, im satten, schön gealterten Rot ihrer Ziegeldächer liegt die Stadt da, wendet man sich ihr von einer der westlichen Höhen zu. Das Relief der ›sieben Hügel‹ hebt sich minder hervor, die Bergstadt gleitet in die Talstadt hinüber, stärker nur hebt sich der höhere Michelsberg. Doch bezwingt der Dom die tiefere Lage durch das machtvolle Geviert seiner Türme, und das bereifte Lichtgrün seiner Helme knüpft alle Fäden des farbigen Gewirks an sich.

Trennend zwischen das offene Kulturland, in das sich die wachsende Stadt mit Flächen und Zungen hinein schiebt, und die langen ›müden‹ Rückenlinien des Jura legt sich südöstlich-nordwestlich der dunkle Gürtel der Forste, die beiden Stufen der geologischen Treppe, Keuper und Jura, scheidend.

Da wo er nordwestlich endet, öffnet sich das Maintal, hier noch südlich gerichtet, aber schon nahe seiner endlichen Wendung zum Rheine hin und nicht, wie es scheinen wollte, südlich, durch die Regnitzfurche zur Donau.

Bei klarer Sicht zeichnet sich am östlichen Horizont einer der fränkischen Charakterberge ab, der Staffelberg, ein Juravorstoß ins Maintal, scharfen Profils, doch langen, gesattelten Rückens, wohl auch einem kieloben treibenden Schiffe vergleichbar. Solche Berge einmaligen Gepräges haben die Menschen immer mit einem Zauber an sich gefesselt, vielleicht weil sie natürliche Asyle waren, also Schutzes mächtig. Wälle bezeugen eine Keltenburg, eine jener Burgstädte, die man, mit einem Worte Julius Cäsars, *oppida* nennt, vielleicht das schon einmal erwähnte Menosgada.

Ein so geformter Berg wie dieser genügt, um die um ihn gebreitete, zu ihm aufschauende, ihn in Horizonten rahmende Landschaft zu beherrschen. Die Maintallandschaft um den Staffelberg ist eine schöne und große schon aus sich selbst. Wie aber eine Landschaft noch wachsen, ja wie sie recht eigentlich vollendet werden kann, wenn der Mensch, ihre Steigerungsmöglichkeiten erkennend, sie ›zu Ende denkt‹, mag eben diese erweisen.

Der talauf talab in die Sicht gestellte Staffelberg war und ist das Haupt. Bis ins 11. Jahrhundert war nichts Geformtes da, das von ihm hätte ablenken können. Als um das Jahr 1070 auf dem gegenüberliegenden Bergrücken ein Kloster des hl. Benedikt gegründet wurde – Gründung einer Erbtochter des Schweinfurter Grafenhauses –, fiel ein Gewicht auf diese stiller geformte Talflanke, das nun schon eine eigene Spannung über die Talbreite legte. Doch war das mittelalterliche Fernbild des Banzer Klosters noch nicht mit diesen Ausdruckskräften geladen, wie das von heute. Erst das barocke brachte den in seiner Einfachheit (der großen regelmäßigen Blockfügungen) starken Kontur. Der Baumeister war Leonhard Dientzenhofer, der sich des Bauens am Berge schon vorlängst in Bamberg so kundig erwiesen. Und wenn auch ein beträchtlicher Teil dieses großen Komplexes von Baulichkeiten, die sich um mehrere Höfe legen, zwei nachkommenden Meistern gehört, nämlich dem Bruder, Johann, der seit 1710 die Kirche, und Balthasar Neumann, der 1752 den äußeren Hof der Bergseite hinzufügte, so muß ihm, Leonhard, der Ruhm der entscheidenden Grundlegung gelassen werden.

Bedurfte die gesteigerte Landschaft noch weiterer Steigerung? Sie empfing sie. Warum entstand auf dem Banzer Berg ein Kloster? Weil zuvor eine Burg da war. Die Burg war nicht auf diese Höhe gesetzt worden, um die Höhe zu schmücken. Die Höhe muß eine besondere gewesen sein, sie muß sich durch Eigenschaften der Lage ausgezeichnet haben, sonst hätte man keine Burg auf sie gestellt. Die Landschaft selbst führte den Burgenbauer an eine ihrer ergiebigen Stellen. So wars bei Vierzehnheiligen nicht. Nicht die Landschaft leitete auf den Platz hin. Ein Langheimer Klosterschäfer, die Erscheinungen, die er hier hatte, man schrieb 1453 und 1454, bestimmten ihn. Also ein Zufall. Und doch hätte der Platz nicht besser gewählt werden können. Er liegt nicht hoch, aber die Aufsockelung des zu Tale gehenden Hügels genügt, um die Kirche weithin darzubieten. Das Maß der Aufsockelung, die halbe Höhe, ist aber sogar förderlich: sie rückt die Kirche in eine nähere Sicht, ohne doch den Reiz der Ferne aufzuheben. Auf der vorgeschobenen natürlichen Terrasse wendet sie sich, breit gestirnt, in einer leichten Schrägstellung der Talebene zu, in dieser Richtung der des vorgreifenden Berghauptes folgend. Ihre, nicht geostete, Achse stößt genau auf das schräg gegenüber liegende Banz, und dieser Achsenstoß lag auch, wie wir wissen, in der Absicht des Langheimer Prälaten.

Banz ist geostet, die Front seiner Kirche blickt westlich, talab, seine Achse ist talparallel, und wenn die

Abdrehung aus der Parallele drüben, bei Vierzehnheiligen, spannend wirkt, so wirkt hier ihre Einhaltung entspannend, beruhigend. Aber auch sie ist in der Gestalt der Landschaft begründet, der schon dem Keuper zugehörenden Randhöhen, die in der Talrichtung ziehen und sich der jähen Vorstöße enthalten. Die benediktinische Klosterkirche wendet sich nicht an die ›Welt‹ des Tales, die die Wallfahrtskirche in werbender Zuwendung sucht und, mit allem Glanze ihrer Erscheinung, anspricht.

Die Baugeschichte der Nothelferkirche ist aber eine so ungewöhnliche, daß über sie berichtet werden muß. Bauherr ist der Abt des benachbarten Zisterzienserklosters Langheim. Wie aber zu bauen ist, befindet der Bischof – der Schönborn Friedrich Karl. Indessen hat der Abt seinen eigenen Kopf. Sein erkorener Baumeister ist der Weimar-Eisenachische Landbaumeister Krohne, ein Protestant erstaunlicherweise. Aber Krohne ist für den Bamberger nichts, eine ›Kleinigkeit Ingenieur‹, der Langheimer muß Neumann akzeptieren, Neumann plant eine nicht gerade originelle Kirche im lateinischen Kreuz, und nach seinen Plänen beginnt 1743 der Bau, geleitet von Krohne, der sich nicht sehr beflissen an die Pläne seines Widersachers hält. Der nachsehende Neumann findet in dem, was da aus dem Boden wächst, etwas ganz anderes vor und will, erzürnt, von solcher »Aufputzircklerey« nichts mehr wissen. Dem Langheimer bleibt nichts anderes übrig, als die »lutherischen Nebensprüng« seines Schützlings förmlich zu bedauern und sich in den unvermeidlichen Neumann zu fügen, der jetzt unbehindert daran gehen kann, das große Werk »aus gantzer Kunst recht und nach dem wahren katholischen Erfordernuss gantz zu machen«. Seine Absicht, den Gnadenaltar in die Vierung zu legen, hatte Krohne vereitelt. Die schon versetzten Chorfundamente verwiesen diesen Hauptaltar zwangsläufig in das Schiff, und Neumann mußte also versuchen, mit diesem Notstand fertig zu werden. Und da geschieht es, daß er aus diesem Notstand heraus eine der reichsten und reifsten Lösungen barocker Raumgestaltung gewinnt: er verschiebt den Angelpunkt aus dem Schnitt der Kreuzarme in die Mitte des Schiffes und läßt den Raum um diese Mitte kreisen, ohne doch die durch den basilikalen Grundriß geforderte Achse aufzugeben. Außen und Innen stehen jetzt in einem vollen Widerspruch: was sich außen zeigt, ist eine kreuzförmige Basilika, bestimmt durch die Gerade und ihre Brechungen. Was sich innen zeigt, ist ein höchst kompliziertes Gefüge von Kurvaturen in einer von der Umfassung gelösten, in starker Atmung bewegten, sich wölbenden, sich muldenden, sich öffnenden und sich schließenden Raumschale. Unter den Voraussetzungen dieses zauberischen Werkes steht die Banzer Klosterkirche Johann Dientzenhofers – die wieder in deutsch-böhmischen wurzelt –, steht aber auch schon Neumanns eigene Würzburger Hofkirche, die auch eine Einbergung von Sphären und Sphäroiden ins Rechteck ist.

Vierzehnheiligen ist, da es beides ist, kein Rund- und kein Langbau; die Zuordnung zum einen kann immer den Widerspruch des anderen herausfordern. Indessen geht die stärker ziehende Kraft von der sich weitenden Raummitte aus, und es bedurfte nicht erst des Wunderwerks in der Mitte der Mitte, des Gnadenaltars über dem offenen Fleckchen geheiligter Erde, um die durch das Gotteshaus führenden Wege an dieser Stelle zu bündeln. Der Schöpfer des Gnadenaltars ist Küchel, der wirklich große ›Dekorateur‹, der hier wieder einmal für die rechte Stelle das Rechte fand.

Verläßt man diesen flutenden Raum – denn alles in ihm ist Bewegung, da ist keine Linie, die nicht eine laufende, schwingende, kreisende wäre –, um seinem Körper gegenüber zu treten, und tritt man ihm da gegenüber, wo er will, daß es geschehe, wo sein Antlitz ist, so reißt es einen förmlich hoch, so jäh steilt die Fassade auf, die Abschüssigkeit vor ihr läßt ja kaum Abstand auf der Ebene ihres Fußes nehmen, man sieht sie nur in übertreibender Verkürzung, aber ragend ist ihr Wuchs schon an sich, die Fernsicht erweist es. Dem entbundenen Spiel der Bewegungsläufe innen setzt sie strenge Bindung entgegen, eine steinerne Architektonik, und wie ein Überschuß von Kraft ist die Auswölbung in ihrer Mitte. Aus dem gehaltenen Relief der Front lösen sich die Freigeschosse der beiden Türme in starker plastischer Körperlichkeit, denn der Luft- und Lichtraum zehrt stärker an ihnen, um sich in den wie mit der Hand modellierten Helmkronen zu beschließen.

Mächtig ist dieses Kirchenantlitz: die ›breite, stromdurchglänzte Au‹ hängt an ihm, und auch das hochthronende Banz gewinnt keine Überlegenheit aus seiner Höhe.

S.WILIBALDVS S.WALPVRGIS

Nahe Treuchtlingen, vor der Jurapforte der Altmühl, liegt ein Dorf des Namens Graben, und da ein sehr merklicher Graben nächstbei liegt, braucht man nach dem Namengeber nicht zu suchen. Dorf und Namen können sich aber nicht wohl vor 793 zusammengefunden haben, da eben in diesem Jahre Kaiser Karl das kühne Werk seines Rhein-Donau-Kanals in Angriff nahm und die Identität des Grabens mit der *fossa Carolina* nicht zu bezweifeln ist.

Das Vorhaben, gigantisch in Ansehung der Mittel und, mittelalterlich gesehen, nicht ohne Hybris, die donaustrebige Altmühl und die mainstrebige Rezat durch eine befahrbare Rinne zu verbinden, interessiert uns hier in seiner geographischen Bezüglichkeit: es weist sinnfällig auf eine Stelle hin, an der die beiden Flußsysteme, des Rheins und der Donau, in scharfe Konkurrenz treten. Die Entfernung zwischen Altmühl und Rezat ist so gering wie die Aufhöhung der Wasserscheide, und eines Tages (jenseits der Menschentage) wird die Rezat auch die Altmühl abfangen, um sie dem Rhein pflichtig zu machen. Was sich hier still und beharrlich vollzieht, ist schon fünfter Akt. Der Angreifer Rhein begann schon vor Aeonen die Donau zu bedrängen und ihren Geltungsbereich von Norden her einzuengen. Die Annahme, daß der obere Main, der, bis zum plötzlichen Kurswechsel bei Bamberg, so geradezu nach Süden strebt, uranfänglich auch diese Richtung – lotrecht zur Donau – durchgeführt hat, läßt sich ausreichend stützen.

Wäre es nun ein müßiges Gedankenspiel, das großzeitliche geologische Geschehen mit dem kleinzeitlichen historischen zu verknüpfen, so darf doch behauptet werden, daß ein ursächlicher Zusammenhang besteht. Der Vormarsch der Franken vom Rheine her folgte dessen Zubringern, und so stieß er auch ins Kampffeld der beiden Flüsse vor. Wenn der Versuch, das geologische Geschehen in einem Vorausgriff zu überholen – durch den Graben zu erreichen, was die Natur noch nicht erreicht hatte –, mißlang, so möchte sich diesem Mißlingen eine symbolische Deutung geben lassen: im Kampffeld der beiden Flüsse brach sich die fränkische Ausbreitung an dem hier als geschlossener Block entgegen stehenden donauländischen Baierntum.

Die Gründung des Bistums Eichstätt geschah unter Schutz und Schirm der Franken, und der politische Vorstoß erwies sich als stark genug, das übrigens auch dem fränkischen Metropoliten unterstellte Bistum enger an die fränkische als die baierische Seite zu binden. Sein Sprengel umgriff baierische, schwäbische und fränkische Gebiete, der Bischofsitz selbst lag auf baierischem Boden; der Fluß, die Altmühl, ordnet ihn dem baierisch-schwäbischen Donauraum zu.

Die Altmühl entspringt an der Frankenhöhe, einer der natürlichen Raumscheiden zwischen West und Ost. Sie beginnt ihren Lauf so müde, als wäre sie schon alt, sie treibt keine Mühlen (und führt doch die Mühle im Namen, die sie freilich einem Mißverständnis, einer ›Volksetymologie‹ verdankt), und auch das Profil der Talung ist flach und ohne Ausdruck. Dann tritt sie, kurz

nach ihrer Fast-Begegnung mit der Rezat, bei Treuchtlingen in den Jura ein, und die Opposition des Gebirgs fordert nun gleich ihren Behauptungswillen heraus. Sie wird jünger von einer Krümme zur andern,
und da, wo andere Flüsse müde werden, in der sicheren Zielnähe des großen Stromes, wird sie, eingeengt
aufs härteste, nun erst jugendfrisch.

Die Geologen meinen aber, sie ganz allein hätte sich
nicht so kämpferisch durchs Gestein gebissen, hätte ihr
nicht ein Stärkerer Vorspann geleistet, die Donau selbst,
aber natürlich nicht die von heute, sondern eine Ur-
donau, die durch das bei Dollstein herankommende
Trockental ihren Weg nahm und nun auch gleich ruhi-
gere größere Talformen schuf, nicht so zerklüftete wie
die zwischen Treuchtlingen und Dollnstein, die nun
allerdings doch nur die Altmühl selbst gebildet, ›ero-
diert‹ haben kann.

Ganz am Anfang ihres Sichdurchkämpfens liegt Solnhofen, das den Namen eines aus der Freundschaft des
Bonifacius, des Sola, trägt, der den Dämon der Wild-
nis suchte, um in dessen Befriedung die eigene zu finden. Der heilige Mann aus Britannien, der, als er 792
starb, seine Zelle Fulda schenkte, war aber nicht der
erste Siedler in dieser Juraschlucht. Das näher der
Treuchtlinger Pforte in der so vortrefflich schützenden Umfassung einer Altmühlschleife liegende Pappenheim entstand nicht später, eher früher, nach dem
heim-endigen Namen zu schließen, der es wohl auch als
Frankensiedlung kennzeichnet. Der kleinen, der über

ihr trutzenden Burg ergebenen Stadt Gesicht ist fränkisch, was der Hervorhebung bedarf, denn selbstverständlich ist diese Prägung nun nicht mehr. Treuchtlingen, höher am Fluß, hat sie nicht. Ein Kartenbild
von 1664 zeigt ein starkes Vorwiegen von Fachwerk,
das hier nicht gerade üblich ist.

Das gleiche Kartenbild zeigt aber auch neben dem
Fachwerk etwas sehr und insonderheit Landesübliches
– das Kalkplattendach, dieses augenfälligste Merkmal
der Siedlungen im Altmühljura, dem sich, als seine
Konsequenz, ein zweites beigesellt: der stets stumpfe
Winkel der Dachneigung, durch den sich das Altmühlhaus vom fränkischen entscheidend absetzt. Ist nun das
zweite Merkmal die unvermeidliche Konsequenz des
ersten, so kann aus dem flachen Giebelumriß an sich ja
wohl kein formales Bekenntnis abgenommen werden.
Da A, die so überaus zweckmäßige Solnhofer Kalk-
platte, sozusagen vor der Türe lag, konnte B, der besondere Dachwinkel, nicht ausbleiben. Und doch will es
einem kaum möglich erscheinen, den gleichen A-B-Vor-
gang ins Fränkische zu verlegen. Wir meinen, A hätte
in Franken eben doch nicht zu B geführt. Wir meinen
es um so eher, als sich den beiden Merkmalen des Alt-
mühlhauses zu weiterer Absetzung vom fränkischen ein
drittes hinzu gesellt, das sich allerdings so schnellhin
mit ein oder zwei Worten nicht ausdrücken läßt; das
ist die Mauerhaftigkeit oder, besser, Gemäuerigkeit –
denn besser trifft Gemäuer als Mauer das Eigentümliche: Gemäuer als das kunstlos, schlecht und recht Ge-
schichtete. Das Altmühlhaus weicht durch einen völli-

gen Mangel an Zier vom fränkischen wesentlich, ja wirklich wesentlich ab. Wand aus Bruchsteinmauerwerk, verputzt, eingebrochen die nötigen Öffnungen, Tür und Fenster, darüber das stumpf gebrochene Legplattendach, das mit der Sparrenkante in der Wandfläche bleibt – so sieht dieses Haus aus, man muß schon in italienische oder französische Dörfer gehen, um so gemäuerige Behausungen anzutreffen, die nichts, aber auch rein nichts aufbieten, was das für den Unterschlupf Nötige überschreitet.

Und doch sind diese Häuser ›schön‹. Nicht freilich als Architektur – ein Begriff, der nur noch in einem weiten Sinne auf sie paßt. Schön ist ihre so ganz einfache stereometrische Fügung, schön ist ihre elementare Nähe zum rings anstehenden Gestein, ihre ›Steinigkeit‹ – denn Stein, Kalk, weißer Kalk vom Sockel bis zum First, ist ja alles Sichtbare an ihnen, und liegt auch die Mauer unter Putz (der aber auch Kalk vom Kalke ist), so blickt man über die Dächer hin wie über der Landschaft Berghalden, überschwärzt wie altes Silber sind die Platten, deren immer nur einige die unter der Sonne aufblendende Bleiche der Kalkfarbe ins Grau in Grau gefärbte Bild hineinwirken.

Überprüfe man das Gesagte, von Solnhofen her das mäandrische Tal herab kommend, an Dollnstein, das nicht am, sondern im Tale liegt und doch felsig aufgesockelt: wie gleichwüchsig haftet beides aneinander, das Gegebene und das Hinzugefügte, der gewachsene und der verbaute Stein.

Bei Dollnstein gewinnt das Tal Ruhe, Breite, die

Szenerie ist einfach, und so bleibts nun langhin, bis hinunter zur letzten Talstrecke. Zwei Gehstunden abwärts Dollnstein, bei Wasserzell, legt sich der Fluß in eine Linkskrümmung und jetzt empfängt der Blick das schöne Bild einer vom Menschen gestalteten Landschaft. Empfindet man die Beteiligung des Menschen an dieser Landschaft so stark – stärker als etwa in Würzburg oder in Bamberg, die doch fraglos als geformte Landschaften größer sind –, so liegts daran, daß sie, kleiner, engräumiger, dem Menschen sich williger an die Hand gab schon durch ihr Maß.

Der Blick trifft auf den hellen Block der Willibaldsburg, den ein die Altmühl wieder links, zu schöner Bogenkurve, abdrängender Bergsporn vorschiebt, nimmt aber zugleich auch den großen geregelten Gebäudekomplex des Klosters Rebdorf, an der linken Talseite, auf und stößt noch bis zum kleineren, schlichteren Kloster Marienstein vor. Hier schlägt der Fluß einen Rechtsbogen um den vorgreifenden Bergsporn der Willibaldsburg, und was sich hinter ihm birgt, will langsam erwandert werden. Halte sich der Wanderer drüben, auf dem linken Altmühlufer, dem Rebdorfer. Dann wird er, den schön geschwungenen Bogen auf der Außenlinie beschreitend, mählich der aufkommenden Stadt teilhaftig werden, bis er, dem Vorstoß des Burgberges gegenüber, das Ganze umgreifen kann: die Stadt links, die Burg in der Mitte und die beiden Klöster rechts.

Aus dem Sualafeld, dem östlichsten der Alemannen-
gaue, kommend, haben wir kurz vor Eichstätt die
Grenze des baierischen Nordgaus überschritten, und
die im Verfolg der Altmühlstraße sich häufenden ing-
endigen Ortsnamen – Inching, Ilbing, Böhming, Kin-
ding – weisen auch beredt auf baierische Besiedlung
hin. Bei Beilngries rüstet sich die Altmühl zu ihrem
letzten schwierigsten Juradurchbruch. Hier aber weitet sich noch einmal zu schöner Talaue, über der
westlich Hirschberg thront, fürstbischöfliches Schloß
in der Front, mittelalterliche Grafenburg im Rük-
ken. Beilngries ist aber nun eindeutig baierisch,
altbaierisch, ›oberpfälzisch‹ nach der heute geltenden Kreiseinteilung, wir wenden uns ins ›mittelfränkische‹ Eichstätt zurück.

An der Altmühlstraße fiel wenig unterhalb Eichstätt
der Ortsname Pfünz auf. Ein empfindliches Ohr wird
ihm den fremden Klang abhören, und er kommt ja
auch wirklich vom römischen Brückenwort ›pons‹ her,
denn eine Römerstraße nahm hier den Fluß. Der Limes
querte bei Kipfenberg die Altmühl, römisch gedüngt ist
die Scholle, auch die, auf der Eichstätt erwuchs, das die
Chronisten des Mittelalters, eingedenk dieser klassischen Vergangenheit, ›Aureatum‹ nannten.

Der Name Eichstätt birgt keine Geheimnisse. Das
Bestimmungswort nennt die Eiche, und ein waldreiches
Land war die dem hl. Willibald geschenkte *regio Eih-
stet* sicherlich, aber schwerlich ein Urwald*. Denn der
Gründer der klösterlichen Niederlassung, aus der (741)
ein Bischofssitz wurde, fand schon eine Marienkapelle

1. Das Fürstliche Schloß. 2. S. Wilibaldi Dom Kirch. 3. Iesuiter Kirch.

EICHSTÄTT.

vor. Stellt man die Namen der drei fränkischen Bistümer zusammen, dann springt hervor, daß Eichstätt ohne Burg und Berg ist. Es beerbte nicht einen von einer Burg herab gebietenden Gewaltiger, die Willibaldsburg ist eine späte Gründung, erst des 14. Jahrhunderts. Das bischöfliche Eichstätt ist eine Klostersiedlung im Tal, und will man wissen, welchen Raum sie zu Willibalds Zeiten einnahm, so umschreite man den Dom und die ihm anliegenden Plätze. Nördlich legte sich die bürgerliche Siedlung, die Stadt, an, und da der Talboden links der Altmühl schon durch die Geistlichkeit verbraucht war, mußte sie sich bergan ausdehnen oder der Länge des Tales, östlich und westlich, folgen, und beide Richtungen schlug sie auch ein.

Kehrt man von der Willibaldsburg zu der Stadt zurück, dann haftet der Blick an den beiden großen Aufragungen: Dom einerseits, rechts, nahe der durch die Altmühl gezogenen Stadtgrenze, St. Walburg andererseits, links, gehoben durch eine Terrasse, im westlichen Vorgriff der der Talstraße folgenden Stadt.

St. Walburg, die Schwester St. Willibalds und St. Wunibalds, leitete das von Wunibald 752 errichtete Kloster Heidenheim im Sualafeld. Da starb sie auch und wurde neben Wunibald begraben. Aber zu hell erglänzte ihr Grab, als daß nicht in Eichstätt der Wunsch hätte wach werden müssen, solchen Schatzes teilhaft zu sein, und einer der Folger des hl. Willibald nahm ihn auch und setzte ihn bei in einem Kirchlein des hl. Kreuzes, das vor Eichstätt lag, *prope muros*. So entstand St. Walburg, *ordinis s. Benedicti,* ein Nonnenkloster des Adels. Der Ruhm der Heiligen aber strahlte weit hinaus, weiter noch als der ihres Bruders Willibald, des ersten Bischofs. Ungezählte Frauen dieses Landes, und nicht nur dieses, trugen ihren Namen, und viele tragen ihn noch.

Eichstätt ist keine türmereiche Stadt, wie es Bamberg und Würzburg sind. Zählen wir seine Türme auf, so ists rasch getan: die beiden des Domes, der von St. Walburg, der der Jesuitenkirche und der des Rathauses. Ja, immerhin, der auch, ein schlanker, bekrönt mit einer zierlichen, offenen Laterne. Dem Begeher der Gassen stellt er sich immer wieder, in überraschenden Wendungen, entgegen. Aber auch beim Niederblick auf die Stadt von Westen her war er nicht zu übersehen.

Eichstätt ist eine geistliche Stadt durch und durch. Ein Bischofskloster war der Anfang, und der Bürger trat nur eben hinzu und siedelte, gerufen oder gelitten, außen vor der Klosterpforte. Aber natürlich wuchs auch ihm in der Städtezeit des Mittelalters der freie

Mut, und so gings nicht immer friedlich her zwischen Dom und Stadt. Es entwickelte sich aber nichts aus dem Lärmen, und es wurde auch wieder still in Eichstätt, behaglich still, und fast ists ja noch heute so. Still ist das Wasser der Altmühl, still sind die Linien der das Tal säumenden Berge, still sind die von den Höfen der Kanoniker umstandenen Plätze, und auch auf dem Markt ist immer noch ein Teilchen Stille in das Geräusch des Werkeltags eingemischt.

An der langen Ostenstraße, auf der man die Stadt talabwärts verläßt, liegt, auch sehr lang, die fürstbischöfliche Sommerresidenz. Der Weg von der Residenz am Dom hierher ist kurz, ists viel, dann sind es tausend Schritte. So nah hatte Celsissimus den Sommer. Der Hofgarten, der sich hinten anlegt, grenzt mit seiner so anmutig durch Pavillons belebten, zu vielen Ausblicken geöffneten Mauer ans freie Wiesenland der Altmühl.

An der langen Westenstraße, auf der man die Stadt talaufwärts verläßt, liegt, über ihr – man steigt eine Treppe hinauf – St. Walburg, hoch und abgerückt, ja abgeschlossen, denn keine Fassade wirbt, und der für die Laienwelt bestimmte Eingang birgt sich im Winkel zwischen Schiff und Turm. Ihm freilich ist auf hohem Podest – wieder steigt man eine Treppe hinan – eine der reizvollsten Vorhallen, die je erdacht wurden, zugesellt, und es mag dieses nur aus Senkrechten und Waagrechten komponierte Architekturgebild, leicht und offen wie eine Pergola, werbender sein als der laute Prunk eines Portals.

Westen- und Ostenstraße sind Vorstädte. Ihre Häuserzeilen sind schlicht, Haus reiht sich an Haus, Giebel an Giebel, es ist der stumpfwinklige des Altmühllandes: erinnere man sich dessen, was wir schon sagten über das Altmühlhaus, denn das Eichstätter ist nicht anders, es sei denn, die Vermöglichkeit seines Besitzers nötigte es zu Allüren. So ist es natürlich am Markt, wo die ›guten‹ Bürger sitzen. Wie statiös ist das Gasthaus zur Traube. Die Fenster, sechs in guter Reihe, des leicht vorgekragten Obergeschosses sitzen in rechteckigen Rahmenblenden, der geschweifte Giebel staffelt sich in drei Absätzen und ein Gerüst von Pilastern gliedert seine Stirn. Wo man Prätentionen hat, reicht das einheimische Haus nicht mehr aus, und man befragt andere Städte, bayerische wie Ingolstadt, schwäbische wie Nördlingen oder Donauwörth, fränkische wie Weißenburg.

Der Markt ist ein Trichter, dessen Hals die innere Westenstraße ist. Prüft man den Stadtplan, dann stellt es sich heraus, daß die Stadt, die bürgerliche – die geistliche um den Dom ist ein geschlossener Zirkel –, in diesen Trichterhals wie angesogen hinein drängt. Die von Westen kommende Westenstraße, die sich kurz vor Erreichung des Marktes in zwei Äste gabelt, deren einer, südlicher, die Domstadt angeht, deren anderer, nördlicher, über den Markt hinweg sich in der großen Marktgasse fortsetzt, bis er an die Front der Dominikanerkirche anprellt – diese Straße war offenbar die Bildungsachse des Stadtkörpers. Man muß annehmen, daß der auf ihr herangetragene und östlich, Altmühl abwärts, weiter treibende Verkehr ursprünglich der Achsenrichtung folgte und also durch die Marktstraße östlich weiter strebte, daß dieser östliche Abfluß dann aber aufgegeben wurde, um durch die südlichere Ostenstraße ersetzt zu werden. Die Ostenstraße entzweigt der Domstadt, sie steht außer Verbindung mit der Bürgerstadt, sie ist auch ersichtlich jünger, ein Ausleger der Domstadt, und lange nicht so bürgerlich bestimmt wie die Westenstraße.

Die Domstadt hebt sich klar, als ein Sonderganzes, aus der Siedlung Eichstätt heraus, sie ist ganz innenwendig, und wenn die außenwendige Stadt die Figur eines Trichters zur Verdeutlichung ihres Wegegefüges antrug, so trägt die Domstadt die des Kreises an, dessen Zentrum der Dom ist.

Nehmen wir den Weg von der Altmühl her, an die sich Eichstätt in der Länge seiner Südflanke anlegt. Wir biegen aus der Spitalvorstadt kommend in die Spitalgasse ein und haben nun geradeaus den Dom, die Westfassade des Willibaldchors, vor uns. Inzwischen liegt aber noch die Brücke, an deren jenseitigem Ende bis ins vergangene Jahrhundert ein Torturm stand; der Blick auf den Dom wurde noch aufgespart, und nicht zum Schaden dieses Blickes, der immer noch überraschend ist, ehemals aber noch viel überraschender gewesen sein muß, als der durchs Tor Eingelassene in schon großer Nähe unvermittelt dieser aus hellen grauen Kalksteinen gefügten, vorwärts und zugleich auch aufwärts gekurvten Fassade gegenüber stand.

Paßt sie nicht wie die Faust aufs Auge? Fremder dem mittelalterlichen Dom, als sie ist, konnte sie nicht sein, und wenn das fehlende Geld zuweilen nicht besser wäre als das vorhandene, hätten sie unsere für eine ›stilreine‹ Gotik entflammten Väter mit Wonne kassiert und etwas abscheulich Stilreines dafür hingebaut. Denkt man nur an die Möglichkeit, dann mag man die barocke Maske des gotischen Domes mit einem befreiten ›Gott sei dank‹ begrüßen. Und dann: trifft der sich nun von der Brücke her Nähernde auf irgend etwas rings um dieses barocke Domgesicht herum, das nicht auch barock wäre?

Dem vor dem Dom Angekommenen öffnen sich drei Wege: links geht im rechten Winkel zum Dom die Pfahlgasse ab, die, ziemlich geraden Verlaufs, dem erwähnten Trichterhals zustrebt, schon Gasse der Bürgerstadt, wie denn auch der Turm des Rathauses, in reizvoller Schrägstellung, in den Schluß ihrer Perspektive tritt. Stellen wir, ehe wir uns rechts wenden, nur die Beerkerung ihrer beiden Eckhäuser fest. Der Erker erfreute sich in Eichstätt einer auffälligen Beliebtheit, und man wird es wagen dürfen, diese Erkerfreude, die jedenfalls nicht über die Donau kam, auf fränkische Wurzel zurückzuführen. Wir wenden uns also rechts. Zwar könnten wir auch die östlich, in der Achse der Spitalgasse, weiter führende, zwischen einem der beiden Eckhäuser der Pfahlgasse und dem Willibaldschor sich durchengende Gasse nehmen, aber stärker zieht die breitere, die südlich weiter leitende Residenzstraße. Die in ihr genannte Residenz lehnt sich mit ihrem Westflügel unmittelbar an die Domfassade an. Ihr Gegenüber ist das ebenfalls lang gestreckte, nördlich an die Spitalgasse angrenzende Kanzleigebäude, dessen Rückseite uns schon auf der Brücke ansprach, kontrastierend, denn die Sicht nach der anderen Flußseite umgriff die kleinteilig-vielteilige, eminent malerische rückwärtige Bebauung der Pfahlgasse, über die hinweg sie aber auch bis zur großen Baugruppe von St. Walburg vordringen konnte.

Die ganz einheitlich oder doch in ihrer Besetzung mit zwei regelmäßig gegliederten Langblöcken einheitlich wirkende Residenzstraße öffnet sich nun in die aufs schönste umhegte Weite des Residenzplatzes, den nördlich der Südflügel der Residenz, südlich die in flacher Bogenlinie aufgereihten Blöcke des ehemaligen Generalvikariats, der Kavalierhöfe und der Domdechantei, östlich zwei kleinere, einander gleich gestaltete Kurien begrenzen.

Man kann diesen Platz, der einer der glücklichsten deutschen Barockplätze ist, nicht abschreiten, ohne sich der Namen derer zu vergewissern, die ihn, als Organe der fürstbischöflichen Initiative, schufen. Es sind drei: Jakob Engel, Gabrieli, Pedetti. Die drei haben das barocke Eichstätt geformt. Und alle drei sind Italiener – die ersten beiden, Engel-Angelini und Gabrieli, Graubündner aus dem so viele Muratori entsendenden Misoxer Tal, der dritte kam aus dem Mailändischen. Sein Anteil am Residenzplatz ist der geringste, aber er fügte diese Köstlichkeit hinzu, die wir noch unerwähnt ließen, den Marienbrunnen, über dessen kurvig umrissenem Becken die Mariensäule ragt, steil und schlank aufwachsend bis zur starken Ausladung der wieder in reizvollen Kurven profilierten Sockelplatte, auf der über Erdball und Mondsichel die Jungfrau steht.

Italienische Baumeister beherrschen das süddeutsche Bauen um die Wende des 17. zum 18. Jahrhundert. Der erste der drei fürstbischöflichen Baudirektoren, Jakob Engel, der 1714 hochbetagt, 83jährig starb, hat also nichts Auffälliges – er ist für Eichstätt was für Würzburg Petrini. Aber auffällig ist die Beharrlichkeit des italienischen Elements in einer Zeit, in der man sonst seiner entraten konnte und (man denke an Würzburg) auch entriet. Neumanns Zeitgenosse ist Gabrieli, und wenn Würzburg weithin das Stigma Neumanns trägt, dann Eichstätt das Gabrielis.

Nun aber die Frage: ist das von den Dreien Geschaffene italienisch? Es ists nicht mehr und nicht minder als nur irgend etwas von deutschen Meistern dieser Zeit Geschaffene. Das Italienische in den Gabrieli-Bauten hätte keines Italieners bedurft – es war allgemeiner Besitz. Wir dürfen, wenn wir wollen, das Herkommen der drei welschen Eichstätter schlankweg ignorieren. Was sie uns hinterlassen haben, ist deutscher und nicht italienischer Barock.

Wie deutsch ist der Erker, von dem Gabrieli Gebrauch macht, wo er kann. Mitgebracht hat er ihn sicher nicht. Man überzeuge sich dessen an seinen ansbachischen Bauwerken. Er übernahm ihn von Jakob Engel, der hatte ihn aber auch nicht erst mitbringen müssen, er war schon da, ein altes Requisit des heimischen Bauwesens, mittelalterlichen Ursprungs.

Ein fränkisches Requisit? Wir sind geneigt, Ja zu sagen, obschon wir bekennen müssen, daß er, dessen Wesen, fränkisches Wesen jedenfalls, Nasenstellung über Eck und Brechung, immer wieder Brechung will, hier eine Neigung zeigt, sein Achsengerüst zu vereinfachen. Schaut man nun auf das schlichte, nur auf den Zweck hin gebaute Eichstätter Wohnhaus, sonderlich der Vorstädte, das sich, wenn es sich beerkert, den Erker fast stets nur als einen ganz einfachen flachen Kasten vorhängt – und kaum je über Eck, meist mitten an der Stirn –, so wird man allerdings der Meinung beitreten müssen, die einfache Form sei hier die erste, die vielfältige die zweite, daß sich also der reichere fränkische Erker hier nicht zurückentwickelte, sondern daß sich der bodenständige einfache, den wir als eine baierischschwäbische Mitgift ansprechen, fortentwickelte – da allerdings nur fortentwickelte, wo ein hoch gerichteter Bauwille die Grenze des nächsten Bedarfs übergriff. Sucht man in Eichstätt nach den landschaftlichen Wesensmerkmalen, so wird man übrigens immer wieder auf diese Grenze zwischen Oben und Unten stoßen. Der Nutzbau ist eindeutig hiesig, und also wohl auch baierisch, der Monumentalbau ist mit zu vielen Anleihen behaftet, um noch eindeutig zu sein. Prüft man diese Anleihen, so wird man als die stärkste doch wohl die fränkische benennen müssen. Es ist nicht nur der Erker, und zwar der achsenreiche, der dazu auffordert, es ist auch die Bedachung, die sehr gern die Mansarde ist, in die dann etwa zu weiterer Richtungskomplizierung ein Zwerchgiebel geraden oder geschweiften Umrisses einschneidet.

Der Monumentalbau, als ein vielfach beliehener, ist nicht eindeutig – nicht so eindeutig wie der Nutzbau. Indessen meinen wir doch, daß sein Erstes und Letztes, seine Wesentlichkeit eine grundsätzlich andere als die fränkische ist: ihre Nährquelle liegt jenseits, nicht diesseits der Donau. Eine so schlechthin ›einfache‹ Schichtung des Baukörpers (es ist nicht fränkisch, das Einfache zu lieben), eine so klare und wieder einfache Gruppierung der Massen hat ihresgleichen in Franken nicht – dort möchte man sie langweilig finden –, wohl aber in Bayern und Schwaben.

Setzen wir den unterbrochenen Weg fort. Der äußeren Krümmung des Residenzplatzes folgend, treten wir östlich wieder auf einen Platz hinaus, den Jesuitenplatz. Hier mag man beispielhaft das Eichstättische erfahren. Es ist nichts von Enge um diesen Platz, es bedrängt kein Nachbar den andern, man dehnt sich aus und hat immer noch Raum, links und rechts, und auch zu Gärten hinter sich. Führen wir die Straßen auf, die den Platz kreuzen. Eine kommt von Westen, vom Dome her, ein kurzer gerader Lauf (Leonrodstraße), er setzt sich jenseits des Platzes in der langen, auch fast geraden Ostenstraße fort. Eine dritte, wohl doppelt so breite, und schon selber platzräumig, kommt von Norden her, der Roßmarkt (Luitpoldstraße). Im Osten steht, mit der steilen Giebelfront zum Platz,

grub

Wintershof

Stein bruch

Weisenburger Lach

Jagerhaus

Marialtein

Rebdorf

St WILLIBALDS BURG

Stein bruch

Wi

Hu

CASPELL

Sieg Hof

Jegerhaus

mit der offenen ihrer beiden Langseiten zur O
straße, die Jesuitenkirche, der sich, in geringer R
lage, rechts ein zweigeschossiger Trakt des Kolleg:
gliedert. Der nun bricht, ehe er seine letzten drei .
sen erreicht, im stumpfen Winkel und stößt an
ehemalige Gymnasium an, das, ein mächtiges, in
ser Umgebung altertümlich wirkendes Bauwerk,
Satteldach und Giebeln, seine Traufseite zum Pl
kehrt und dessen Südseite eines Teiles schließt. Z
schen ihm und der sich nun wieder anders, nämlich
dem schön geschweiften Giebel zum Platze stellen
ehemaligen Domdechantei ists offen, doch schließt e
Gartenmauer die beiden starken Blöcke zusammen, ‹
ren zweiter aber in seiner ganzen Länge über di‹
Sperrlinie vortritt, mit seiner östlichen Flanke zuglei
westliche Platzbegrenzung. Hier also, südlich, herrsc
so etwas wie Willkür, die Richtungen streiten rei:
voll miteinander, und das Geschlossene mißt sich ai
Offenen. Des Sonderlobes würdig aber ist das mit sei
ner Giebelfront den Platz beherrschende Gebäude de:
Domdechantei, einer jener ruhevollen Blöcke, deren
Gesippte in Bayern und Schwaben sitzen, mit wenig
Zier, das Wenige spendet der Giebel, seine Kurvatur,
und spenden die beiden Erker über Eck, deren Recht-
eckkörper die Ecken durchschneiden, einfachste Art der
Eckerkerlösung, aber doch, insonderheit in der Doppelung, in hohem Maße schmückend.

Drehen wir uns jetzt nördlich zum Roßmarkt hin,
den zwei der prächtigsten, exemplarisch eichstättischen Baublöcke flankieren, die Dompropstei (Jakob

Engels) zur Rechten und das bischöfliche Palais (Gabrielis) zur Linken. Der erste tritt wieder mit der Jesuitenkirche zur Eingangsflankierung der Ostenstraße, der zweite mit dem Ulmer Hof (Jakob Engels) zur Eingangsflankierung der zum Dome führenden Leonrodstraße zusammen. Jeder der gleichhohen dreigeschossigen Blöcke ist an seiner der Platzmitte zugekehrten Ecke beerkert. Gabrieli hat sich mit der einfachen Lösung des die Ecke schneidenden Rechteckkörpers begnügt, der um ein Menschenalter ältere Jakob Engel zieht die komplizierte vor, seine Erker sind oktogon.

Man kann den durch den Abstand einiger Jahrzehnte bedingten stilistischen Unterschied unschwer aufdecken, der das Werk des älteren Engel von dem des jüngeren Gabrieli trennt. Aber es bindet ihre Bauten eine doch so gleichheitliche Blockhaftigkeit, daß das Trennende, das verschiedene Verhältnis des Körperreliefs zur Körperfläche, geringeren Gewichts erscheinen will. Wird man auch annehmen müssen, daß Gabrieli, der die beiden Bauten Engels ja schon vorfand, durch diese in gewisse Grenzen des eigenen Planens gewiesen war, so kann man doch mit allem Rechte sagen, daß er sich ohne Zwang in dieser Grenze bewegte. Durfte er sich ganz sich selber überlassen, dann zog er wohl eine gelockerte Haltung (nennen wir sie Rokoko) der strengen (nennen wir sie Barock) vor, jedenfalls da, wo es der Anspruch des Hauses erlaubte, wie etwa beim Domherrnhof Ostein-Riedheim am Roßmarkt, der auch noch in den Jesuitenplatz hinein sieht, eine der anmutigsten Schöpfungen seiner tätigen Hand.

Wenden wir uns jetzt noch einmal, nun um den Platz in der Richtung auf den Dom, westlich, zu verlassen, dann liegt vor uns die kurze, nur von den Flanken des Ulmer Hofes und des bischöflichen Palais bestandene Leonrodstraße, tiefer, leicht aus der Achse, etwas nach links gerückt, doch ganzen Gesichts uns zugekehrt, die domkapitelsche Trinkstube, Werk wieder eines Italieners, des noch nicht genannten Domenico Barbieri, das auch Gabrieli ähnlich so hätte machen können, und mittelbar, durch sein wirkendes Vorbild, hat er es wohl auch gemacht. An der Langseite, die sich dem kleinen, westlich von einem der Flügel des Domkreuzganges begrenzten Platze zuwendet, sitzt auch eines jener zierlichen Hermenportale, an denen Gabrieli ein sonderliches Gefallen hatte; noch an seinem Grabmal, eigenen Entwurfs, hat er es als Rahmen verwendet. Den kleinen Platz, an den der Domkreuzgang ein gotisches Pförtchen heran stellt, überschreitend, passieren wir den Engpaß, den die rechts stehende Domapotheke eben noch offen läßt, und nun stehen wir auf der ausgedehnten Fläche des Domplatzes, dem Dom, seiner Nordseite, gegenüber.

Der Platz ist, ersichtlich, kein geschaffener. Was Platz ist, war einmal Leichhof, und so haftet ihm auch etwas von Leere an, die zu unterstreichen das Neunzehnte nicht unterließ. Bis zur Säkularisation stand parallel zum Nordschiff des Domes eine Nikolauskapelle. Man brach sie ab, man brach damals auch die ›Collegiata‹ ab, die Nachfolgerin jener Marienkapelle, die der hl. Willibald bei seinem Einzug in das Patrimonium des

Bistums vorgefunden hatte. Sie lag auf der Grenze der Domstadt zum Markte. Die Pfarrechte, die ihr bald nach 1200 zufielen, gab wohl die Johanniskirche, die Taufkirche des Domes, ab. Diese steht noch, eine kleine dreischiffige Halle, ihre Giebelstirn blickt von Osten her in den Platz.

Zwei größere Höfe begrenzen ihn südlich. Der vordere, ehemals Späthsche, nun Gasthaus zur Krone, ist ein Bau der 70er Jahre des 17. Jahrhunderts, er wirkt aber in seinem Geschiebe von Achsen recht altertümlich, der gedrungene mittelalterliche Turm im Hintergrunde unterstreicht noch die Wirkung, und noch einmal, jetzt aber gegensätzlich, der regulär gegliederte Hof zur Rechten.

Die Südwandung des Platzes ist der Dom, der sich hier in seiner ganzen Erstreckung von Westen nach Osten darbietet, eine geschlossene Quadermasse des hellen grauen Kalkes aus heimischen Brüchen, einheitlich spätmittelalterlich, bis auf die in die Querschiffwinkel gestellten Türme, die, ihre spätgotischen Helme wieder abgerechnet, noch frühromanischen Herkommens sind, von einfach schöner klarer Gestalt. Er zählt nicht zu den berühmten Domen, und wenn man seinesgleichen nennen soll, sind es etwa die Dome von Augsburg und Freising. Treten wir in die raumweite ruhevolle Halle für ein Kurzes ein – nur für ein Kurzes, weil uns ja andere Interessen lenken als die eines genauen Berichterstatters –, so geschiehts allein eines Bildwerkes wegen, des auf der Rückseite des Willibaldaltares in übermuschelter Nische thronenden St. Willibald, 1514 errichtet im Namen des Bischofs Gabriel von Eyb und gemacht von dem Eichstätter, aus Kaufbeuren stammenden und in Augsburg geschulten Bildschnitzer und Bildhauer Loy Hering. Man denkt ›Renaissance‹ kaum je, ohne Italien mitzudenken. Mag nun das Rahmenwerk des Bildes die Verkoppelung der Begriffe rechtfertigen, das Bildwerk selbst, dieser in Gelassenheit, in einer hohen menschlichen Würde Thronende mit dem milden und schmerzlichen Antlitz rechtfertigt sie nicht. Man wüßte kein Vorbild über den Bergen zu nennen, und wenn ein Deutscher dieses Zeitalters südwärts gewandert sein mußte, um diese Freiheit der Haltung, diese Humanität zu gewinnen, so war er in den wahrlich von Kräften strotzenden Erstjahrzehnten des 16. Jahrhunderts doch reich genug, um keiner Krücke zu bedürfen.

Das Werk des schwäbischen Meisters, der im Eichstättischen, aber auch weit darüber hinaus – bis in die Dome von Bamberg und Würzburg –, eine fruchtbare, mehr durch Breite als Höhe auffallende Tätigkeit entfaltete, ist schwäbisch, und so bestünde wenig Anlaß, seiner in einem Franken-Buche zu gedenken, wären wir willens, ja könnten wir überhaupt des Willens sein, stets genau zu scheiden zwischen Eingesessenen und Zugesessenen. Wir können es nicht im Mittelalter, das ja nur ausnahmsweise Persönliches übermittelt. Wir können es allerdings, sehr oft, in den letzten zwei oder drei Jahrhunderten. Da aber zeigt es sich, daß sehr viele ›fränkische‹ Künstler zugesessen waren. Sicher hat Franken in einem stärkeren Maße von Berufungen gelebt als etwa Bayern. Machen wir dafür erstens seine Mittellage, zweitens seine herrschaftliche Zersplitterung verantwortlich, es kreuzten hier zu viele Straßen aus Nord und Süd, West und Ost, um nicht auch viel zuzubringen und es regierten zu viele Herren, um nicht vieler Hände zu bedürfen.

Wir haben uns durch die Tatsache der Fremdblütigkeit derer, die das Eichstätter Stadtgesicht so entscheidend umgeformt haben, der Angelini, Gabrieli, Barbieri, Pedetti, nicht beirren lassen in der Meinung, daß das von ihnen geschaffene Eichstätt eben nur hier geschaffen werden konnte. Sollte diese Meinung nicht als ihre Konsequenz die nach sich ziehen, daß auch das vom Schwaben Loy Hering Geschaffene nur hier so geschaffen werden konnte? Wir müssen aber zugeben, daß der Baumeister bei allem seinen Planen mit bestimmten örtlichen Situationen, mit schon geformten Umgebungen zu rechnen hat, daß er also leichter vom dieserart zu ihm sprechenden *genius loci* berührt werden kann als der Maler oder Bildhauer, der, wie Loy Hering, voraussetzungslos beginnt.

Augsburg, das diesen Schüler des Hans Peuerlein schickte, war die vorzüglichste Quelle für Eichstätt; sicher bei Ausgang des Mittelalters und wohl auch noch weiter. Verlassen wir den Willibaldschor des Domes durch die schöne Westfassade Gabrielis, dann steht in der Achse der über den Fluß führenden Gasse die Willibaldsburg, die nach dem Entwurf eines Augsburgers gebaut wurde, Elias Holls.* Dieser nur durch die beiden Ecktürme und durch die Trennungen der Geschosse

gegliederte mächtige Block wirkte, vor seiner Verstüm-
melung im vergangenen Jahrhundert, nicht ganz so
massenschwer, die Zwiebelhelme der Türme schwächten als leichte lustige aufwärts zielende Bekrönungen
die Lastigkeit der waagrecht gelagerten Massen ab. Der
Block wurde aber nicht erst durch die Abtakelung geschaffen, er wurde nur freigelegt, und heute geschiehts
einem, daß man ihn sich schwer anders als in dieser
rüden Nacktheit denken kann.

Die Willibaldsburg entwuchs einem Formempfinden,
das nicht fränkisch ist. Wir wollen nun gar keinen
Wert auf die überlieferte Autorschaft des Elias Holl
legen; fraglich, wie viel der ausgeführte Bau noch Holl-
sches in sich aufgenommen hat. Holl hat auch das
Schloß der Schwarzenberg am Südrand des Steigerwalds entworfen. Da ist nichts von der Mauerschwere
der Willibaldsburg. Ob mit oder ohne den Augsburger
– es will uns scheinen, als habe diese geformte Kalk-
steinmasse nicht viel anders aus den Kalksteinbrüchen
hervorwachsen können.

Und nun den Standpunkt, den wir schon einmal
einnahmen im Anstieg zur Burg, noch einmal einneh-
mend in der Zurückwendung zur Stadt, mag uns die
steingraue, kalkgraue Farbe auffallen, die dieses Stadt-
leibes vorherrschende ist, immer noch, trotz der nun
fast ganz aufgegebenen Plattendeckung. Das ›Stei-
nige‹ dieser Stadt fällt uns auf. Nicht jede, in Stein,
sichtbar oder verdeckt, gebaute Stadt hat das; fränkische, in den Bereichen des Keuper oder des Buntsandstein, haben es nicht. Der Stein ist geformter, fertiger,

der Weg zum Bruch zurück ist ein längerer. Aber hier, wo er ja auch meist als Bruchstein verbaut ist, haftet ihm noch etwas von Rohstofflichkeit an, und auch der Putz – wieder aus Kalk gewonnen – konnte nicht Stein und Gestein so trennen, wie sie die Werkkunst des Steinmetzen trennen kann.

Kapitel 5 Die Markgrafſchaften

Halben Wegs zwischen Bamberg und Fürth liegt an der
Regnitz Forchheim, bambergische Grenzveste. Wenig
oberhalb liegt das markgräfliche Baiersdorf. Vorher
fällt, von links her, ein Jurafluß der Regnitz zu, die
Wiesent. Ihre untere Talung ist noch geräumig. Rechts
steht schönen starken Profils (schon von Dürer festgehalten) die Ehrenbürg, das ›Walberle‹, ein Sagenberg
wie der Staffelberg und auch schon von den Kelten bewehrt und behaust. Links winkt die Reifenberger Kapelle, die ›Vexierkapelle‹ – denn überraschend taucht
sie auf da und dort –, letzte Spur einer Burg; die Reifenberger endeten auf der Kreuzfahrt Barbarossas.
Mehr und mehr engt sich das Tal, die herantretenden
Berge staffeln sich wie Kulissen; bei Streitberg, unter
der Burgruine Neideck, schlägt es einen Rechtsbogen,
bei Muggendorf beginnt es zu schluchten.

Bis nahe an Streitberg heran war es bambergisch, in
Streitberg ist es markgräflich, und ists noch in Muggendorf, dann wird es wieder bambergisch. Die Grenz-
steine schieden natürlich auch konfessionell. Hier ist
man katholisch, dort protestantisch, und gleich dahinter wieder katholisch, aber nicht lange, man braucht
nur das bei Behringersmühl, am scharfen Linksbogen
der Wiesent, zukommende Ailsbachtal ein Weilchen
hinauf zu gehen, um wieder die Glocken anderen Sinnes läuten zu hören. Mit guten Ohren hört man aber
wohl auch noch die Glocken der Wallfahrtskirche Gößweinstein.

Die politischen Grenzen sind gefallen, die konfessionellen sind geblieben. Man kann sie an den Farben

ablesen. Talunten, im Grund, trägt man sich farbig, die Bäuerin geht noch in der Tracht, taloben trug, und trägt man sich auch noch, dunkel. Man kann sie in den Kirchen ablesen, soweit sie, und das sind ja noch die meisten, alt sind. Sehr heiter, Wärme ausstrahlend, kurvenfroh und farbig ist die von Pretzfeld (Küchel hat sie gebaut), ›Kästen‹ sind die von Streitberg und Muggendorf, kurvenfeindlich, farbenfeindlich und innen beladen mit den schweren bretternen Emporen. Man kann aber diese Negativa – der konfessionelle Standort entscheidet – auch als Positiva setzen. Man kann das Spröde, Solide, Ernsthafte der markgräflichen loben und das Geputzte, Verspielte, Leichtfertige der bischöflichen schelten. Ihre Meriten haben aber beide.

Wir beschließen diesen Abstecher ins Juratal der ›Fränkischen Alb‹ oder, neuen und nicht mehr abzuschüttelnden Namens ›Fränkischen Schweiz‹. Er wollte an einem lehrreichen Beispiel die Wirrung der Verhältnisse, der territorialen und der konfessionellen, die schwierig enge Nachbarschaft von Bamberg und Bayreuth aufzeigen.

Steht man, nahe Ellingen, im weiten flachen Tal der Rezat, bekommt man dreierlei in den Blick: Ellingen, Weißenburg, die Wülzburg – die Residenz des Deutschordens, die freie Reichsstadt, die markgräfliche Festung.

Die Festung ist eine Merkwürdigkeit. Sie besetzt den Platz eines Klosters, bösen Wandels übrigens zuletzt, als ›Wildsburg‹ verrufen. Der Markgraf zog es ein und fortifizierte den Berg. Da entstand nun auf dem Berg, der ja, der Name will es so, in grauen Zeiten, vor dem wahrscheinlich im 11. Jahrhundert gegründeten Kloster, eine Burg getragen haben muß, eine Festung modernen bastionären Systems, ein fünfstrahliger Stern, von tiefen breiten Gräben umfangen, geduckt, nur wenig die Grabenkante überragend. War die Anlage modern, die Lage war es nicht.

Unten in der Talfläche liegt gebreitet die Reichsstadt. Noch steht guten Teils der Ring ihrer mittelalterlichen Bewehrung, ein sehr weit gezogener übrigens, denn die südliche Vorstadt hat ihn nur locker gefüllt. Sie war, als der Markgraf sich so neu befestigte, nicht mehr des Willens, die Konkurrenz aufzunehmen. Die moderne Fortifikation hätte sie auch nicht besser geschützt als die alte, es lag nicht an der Festigkeit ihrer Mauern, wenn sie noch fortdauern konnte, sondern an der Festigkeit – Beharrlichkeit – der Verhältnisse.

Ihr schönstes Tor steht gegen Ellingen. Da liegt nun in geringer Entfernung die Residenz eines geistlichen Fürsten, und liegt ganz offen da, denn ihre Mauern und Tore können wir nur noch als Symbole anerkennen. Stadt und Schloß, das ist wie aus einem Guß, und ist ja auch großenteils in der Spanne eines halben Jahrhunderts, der ersten Hälfte des achtzehnten, unter der Regie dreier sich ablösender Meister, Keller, Roth, Binder, entstanden. Eine lange und eine kurze Straße kreuzen sich, an der Kreuzung steht das geschmückte Rathaus, die kürzere Straße stößt auf das Schloß, das, in mächtiger Aufragung die Untertanen überschattend, frei an der Seite liegt, seine helle breite Fassade gegen

Süden wendend. An den Binnenhof ist die Kirche gestellt, ihr entzückend behelmter, ganz dem Bildhauer überlassener Turm fügt sich, heiter profanen Geprägs, so zwanglos in das Ganze des Schlosses, daß der geistliche Charakter der Residenz wenig oder nicht zum Ausdruck kommt. Eine freudige Behaglichkeit erfüllt die Gassen, und es bezeugt sich, wo man geht und steht, das alte Wort, daß sich unter dem Krummstab gut leben ließ.

Wir suchten diesen ergiebigen Standort an der Rezat aber auch nur deshalb auf, um wieder an anderer Stelle augenscheinlich die Buntfleckigkeit der fränkischen Landkarte zu erfahren. Die Markgrafschaften sind Konglomerate von Rechten und Besitzen, durchlöchert von den Rechten und Besitzen Anderer, wenn auch einigen Schwerpunkten, Ballungen der Rechte und Besitze, zugeordnet.

Die Nürnberger Burggrafschaft hätte ihren Inhabern bei dem raschen Aufblühen der sich auf die eigenen Füße stellenden Bürgerstadt nicht viel einbringen können, schwerlich die Reichsfürstenschaft. Aber diese Burggrafen verstanden sich aufs Erben und Erwerben – bewundernswert aufs Erwerben –, eine linienfeste Reichspolitik tat ein übriges, und so stufte sich ihr Weg langsam aber sicher nach oben. 1415 rücken sie dank kaiserlicher Belehnung in die Mark Brandenburg ein, und wenn das dem in Franken bleibenden Ast auch nicht viel mehr als den Markgrafentitel zubringt, so gestaltet sich das Verhältnis Brandenburg-Franken doch eng, als die beiden Fürstentümer ober und unter Gebirgs 1603 an Brandenburg fallen, das mit ihnen eine Sekundogenitur ausstattet. Seither weht so etwas wie brandenburgisch-preußische Luft in den Fürstentümern, sonderlich im Bayreuthischen.

Die fränkische Geschichte wäre ohne die Burggrafen-Markgrafen bei dem ja dann absoluten Übergewicht der Bischöfe um vieles friedlicher verlaufen. Die beiden Albrechte insbesondere, der ›Achilles‹ und der ›Alcibiades‹, sorgten für Bewegung. Der erste war eine prächtige Figur, einer, der seine Überschüsse irgendwie irgendwo absetzen mußte, den aber doch nie die Besonnenheit verließ; der zweite war eine schlimme Figur, einer, der seine Überschüsse wie ein Wildwasser austobte.

Daß dieses kämpferische Geschlecht, dessen ›Erwerber‹ sich durch die ›Frommen‹ nicht beirren ließen, in den Jahrhunderten seines Sichbegründens noch keine Kulturgüter sammelte, begreift sich. Als es im 16. Jahrhundert anfing, das stärkeren Maßes zu tun, hatte es keinen tief geschichteten Kulturboden unter sich. So haftet den Schöpfungen der Markgrafen, aber wieder sonderlich den bayreuthischen, ein Etwas von Fremdheit, der Fremdheit des nur Hereingetragenen, Unvorbereiteten, und mitunter auch ein Etwas von Mangelhaftigkeit, der Mangelhaftigkeit des nicht ganz Begriffenen, Gekonnten, an.

Die Einschränkung dieser Feststellungen zugunsten des untergebirgischen Teils weist allerdings auch auf eine tiefer liegende Begründung hin: die Kulturschichtung des später und weniger dicht und auch weniger fränkisch besiedelten obergebirgischen Franken war an sich schon eine minder tiefe.

Burgen stehen am Anfang: die Plassenburg oben, die Cadolzburg unten (sie löste die Nürnberger ab). Aber im Unterland geht man schon früh zu Tal, 1397 entsteht ein Schloß an der Südseite des 1331 erworbenen Ansbach. Auf der Plassenburg, der 1338 den Orlamünde abgewonnenen, hält man länger Hof, bis in die ersten Jahre des 17. Jahrhunderts. Dann entscheidet sich der erste brandenburgische Prinz der Sekundogenitur für Bayreuth.

Die Bautätigkeit der Markgrafen im 16. Jahrhundert, als es nötig wurde Staat zu machen, war bedeutend, bedeutender als die der Bischöfe (ohne Julius). Markgraf Georg Friedrich, der, letzter der fränkischen Linie, beide Fürstentümer vereinigte, baute, in einer langen, die ganze zweite Jahrhunderthälfte umfassenden Regierung, viel, sehr viel, und wenn die Zeit auch viel wieder weggenommen hat, so bekennt sich zu ihm doch noch ein so außerordentliches Werk wie der ›Schöne Hof‹ der Plassenburg.

Die alte meranische Plassenburg, immer noch herrscherlich niederblickend auf das sehr betriebsame kulmbachische Gewerkel unter ihr, ist außen nur Burg, Festung, ja vor allem Festung – sie hatte den Ruf einer unbezwinglichen. Aber innen schließt sie, der drohenden Gebärde starrer Quadermassen überhoben, diesen von den Arkaden in Doppelreihe umhegten Hof ein,

der altersher den ihm wohl anstehenden Namen des
›schönen‹ trägt. Dieser Hof ist ein ›Theatrum‹: die
Umführung einer Arena mit Rängen. Das vergängliche
Tribünengerüst eines Festplatzes wurde ins Dauerhafte,
Monumentale übertragen. Was aber diesen Turnierhof
von anderen seinesgleichen, etwa dem Stuttgarter oder
dem Münchner, unterscheidet, ist der seinen Wandungen aufgelegte Schmuck. Da ist kaum eine Handbreit
Fläche, die nicht ornamentales Relief trüge; nur der
(auch ganz neutral gemeinte) Sockel ist leer.

Dieser wahre Reliefteppich stimmte, Werk der 60er
Jahre, nicht mehr so recht in die Zeit, die sich eben jetzt
vom *horror vacui* löste; man mag von Verspätung reden
und auch versucht sein, diese Verspätung aus der Randlage der Landschaft zu begründen. Eine hohe Freude
am Schmückenden ist aber sonderheitlich fränkisch, und
so mag die Verspätung auch dieser Sonderheitlichkeit
zugemessen werden.

Der Baumeister des Schönen Hofes war Caspar Vischer (vorher in Heidelberg), der Bildhauer war Daniel
Engelhardt, der sich später in Bamberg, am Neubau
der Alten Hofhaltung, nachweisen läßt; beide von nicht
sicher zu ermittelnder, aber wahrscheinlich fränkischer
Herkunft.*

In Ansbach beherrschen unter Georg Friedrich die
Schwaben die Baudomäne. Der Weg ins Schwäbische war
ja nicht weit und die enge, auch schwägerliche Verknüpfung der beiden Höfe, des Ansbacher und des Stuttgarter, machte ihn gangbar. Schwäbische, Nördlinger Meister waren schon gegen Ausgang des 15. Jahrhunderts

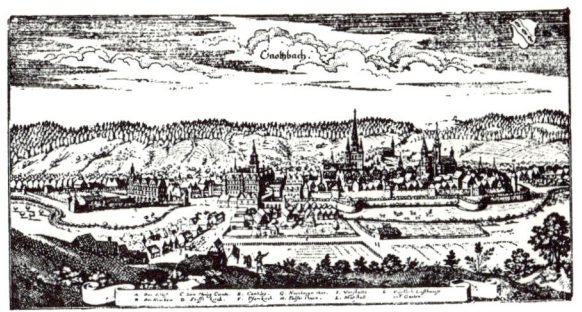

beim Bau von St. Gumbert tätig. Nun sinds die beiden
Stuttgarter, Vater und Sohn gleichen Namens, Blasius
Berwart, und zwischen ihnen der Ulmer Gideon Bacher. Sie sind die ersten Umformer, Neuformer des Ansbacher Stadtbilds, voran Bacher, dessen beste Werke –
bis auf das vom älteren Berwart begonnene Schloß und
das einst sehr berühmte Lusthaus – auch noch groß und
an prominenten Stellen aufrecht stehen. Ihm dankt die
Stadt ihr ›Wahrzeichen‹, den dreiteiligen Turm von St.
Gumbert – ohne ihn nicht Ansbach –, von ihm ist der
an die Nordseite der Stiftskirche angelehnte massige,
doch zu sieben Giebeln aufgereckte Block der Kanzlei,
und von ihm auch das ähnlich gestaltete Gästehaus am
Unteren Markt, der sogenannte Neue Bau. Eine geschlossene blockhafte Fügung ist das bestimmende Merkmal, mit Schmuck ist gespart, seine Refugien sind die
Giebel.

Die sehr bedeutende städtebauliche Funktion der Ba-
cherschen Bauwerke ist uns nun Anlaß, der Stadt als
solcher näherzutreten, eigentlichen Sinns in sie einzu-

treten, und zwar von Westen her, auf der Würzburger Straße.

Diese Straße, vorstädtisch einfach, nichts Sonderliches anbietend, biegt nach längerem Verlauf plötzlich links ab. Die Einbiegung hat ihren Grund in einem Tor, es steht zwar nicht mehr, aber man spürt es an der Enge, die man nun durchschreitet, der Blick voraus ist immer noch Blick durchs Tor; ein überraschender Blick, denn gleich stößt er in die Mitte des Stadtwesens vor, er durchmißt den sich lang, von West nach Ost dehnenden Oberen Markt, haftet, ehe er weitereilt – aber natürlich hat er schon gleich, noch ungesondert, das Ganze ergriffen –, an der links, parallel zur Marktachse aufgestellten gotischen Johanniskirche mit ihrem ungleichen Turmpaar, bricht aber nun ohne Aufenthalt in die Tiefe vor, bis zur dreifältigen Turmgruppe von St. Gumbert, die er nur in ihren befreiten Hochgeschossen ergreift, denn quer vor die Front stellt sich das Landhaus, nur einen schmalen Paß zu seiner Linken offen haltend, der auf den Portikus der Stiftskirche trifft.

Streift man nun die Platzwandungen ab, sichtet man wohl noch da und dort, vereinzelt, einen Giebel; bei weitem vorherrschend ist aber das in Traufseite zur Straße stehende, mit Walm oder Mansarde gedeckte Barockhaus, das freilich eine auffällige Lust an Giebelmotiven in der Dachregion, Gauben oder Zwerchhäusern, bekundet. Das Dach, insbesondere das Dach, hat wieder einmal dafür gesorgt, daß die Linie, trotz der eben zu ihrer Berichtigung ausgeteilten ›Baugnaden‹, in Bewegung blieb. Reihen sich nun die Häuser auch ganz ordentlich aneinander, so ist die Resultante der Reihung doch nicht die Schnurgerade; eine atmende Bewegung, ein wenn auch nur leises Schwellen und Schwinden ist auch noch in der Grundlinie. Es ist aber auch ein Reihenabschnitt da, zwischen der Johanniskirche und St. Gumbert auf der Nordseite, der ganz nach der Schnur ausgerichtet ist; hier hatte ein Brand, 1719, die erwünschte Korrektur ermöglicht. Daß es aber nicht so scheine, als würden wir jegliche Regularisierung immer nur mit Bedauern vermerken, sei ausdrücklich gesagt, daß diese Reihe an der Nordseite des Oberen Marktes dem Rathaus gegenüber hohen Lobes würdig ist, dank insbesondere des als dominierende Mitte gesetzten ehemaligen Gasthauses zur Sonne, eines vorzüglichen Werkes Gabrielis.

Beim Landhaus mündet die Uzstraße in den Markt, die, kurzen, aber bei ihren mehreren Krümmungen wechselvollen Verlaufs, am Herrieder Tor entspringt. Fränkischer als diese kann eine Gasse nicht wohl sein. Denn hier ist sozusagen alles in Bewegung, jedes Haus ein Individuum, das sich zum wenigsten eine Sonderlichkeit gestattet. Da springt's vor, da wieder zurück, da schmiegt sich ein Ausweichplätzchen ein, Fachwerk breitet sich aus, Geschosse kragen vor, die Gasse weitet sich, verengt sich – der kurze Weg vom Tor zum Markt ist so vielbildig, so gefüllt mit rasch wechselnden Bildern in beiden Richtungen, vom Tor und zum Tor, daß viel längere Straßen wie etwa die vor dem Tor ansetzende Maximilianstraße – barocke Avenue, von der nur Gutes zu sagen ist – neben ihr kurz erscheinen.

Der Herrieder Torturm, der die Uzstraße zum Markte hin entläßt, hat ein Innen- und ein Außengesicht. 1750 erneuert, ist er, gedrungenen Achteckkörpers, den ein Kuppeldach mit zierlicher Laterne beschließt, natürlich ganz barock; nach innen, zur Uzstraße hin, will das aber nicht so viel besagen, denn er hält, seitlich etwas abgerückt, nicht die Achse; das rechts stehende dreigeschossige Giebelhaus schneidet ihn an und so nimmt ihn die Gasse gleich so kräftig in ihre Verschränkungen auf, daß ihm die barocke Parure nicht sonderlich zustatten kommt. Sein zweites, sein eigentliches Gesicht wendet er gegen die Maximilianstraße, und hier darf er sein, was er sein will: ein städtebauliches Monument, als einheitliches Ganzes erdacht und vollendet, Ordnung verkörpernd und Ordnung setzend. Zwei gleich gestaltete Häuser, zweigeschossig, im schönsten Verhältnis zur Turmhöhe, flankieren den mit seinem klassizistischen Rahmenbau leicht vorgezogenen Toreingang, ihre inneren Ecken sind gerundet, es ist, als habe sie die vom Sog des Tores erfaßte Strömung abgeschliffen. Von rechts her trifft die weiträumig angelegte, der ehemaligen Umwallung abgewonnene Promenade ein, voraus, in der Achse des Tores, liegt die auch aus Planung erwachsene Maximilianstraße.

Wir kamen von Würzburg her in die Stadt herein durch die Würzburger Straße, längten den Markt und ließen uns, am Riegel des Landhauses angelangt, durch die Uzstraße, so eng sie auch heranschluchtet, südlich in die Neustadt, die ›Neue Auslage‹, ablenken. Bleiben wir aber jetzt in der eingeschlagenen West-Ost-Rich-

tung, passieren wir am Landhaus rechts vorbei. Da ist
der Untere Markt, wie der Obere durch eine lange
Achse bestimmt, doch geringerer Ausdehnung, zusam-
mengefaßter, geschlossener infolgedessen auch, zudem
an der Nordseite durch die Länge der Stiftskirche bewandet.

Es gefalle uns, am Eingang zum Unteren Markt, der
Südwestecke der Stiftskirche gegenüber, stehen zu bleiben. Die lange, in zehn Fensterabschnitten abfluchtende
Kirchenflanke – von 1736 und Werk des Italieners Leopold Retti – schließt den Platz nördlich fast in der ganzen Länge, die Bürgerhäuser der entgegengesetzten südlichen Platzwandung nehmen sichtlich erstaunt von dieser irgendwo, nur nicht hier, gewachsenen Architektur
Kenntnis, ein vertrauliches Zwiegespräch über den Platz
hinweg ist nicht wohl möglich, auch das Dach *à la Man-
sard* verringert nicht die Distanz. Der eingenommene
Standpunkt gewährt zugleich auch die Sicht auf die
gegen Westen gerichtete Turmfassade Gideon Bachers
und die nördlich anliegende Kanzlei. Bei aller Präten-
tion, die der korpulente Kanzleibau stellt, er ordnet
sich doch, schon durch seine altdeutschen Giebel, zwanglos in die bürgerliche Stadt ein, und der ›gotische‹
Turm der Stiftskirche bezeugt ja seine Hiesigkeit in
aller Ausdrücklichkeit. Die Turmgruppe des Ulmer Meisters ist posthume Gotik, jene nach- oder wiedergebo-
rene, von der schon der Würzburger ›Juliusstil‹ reden
ließ, die auch hier nicht einer Not, einem Nichtanders-
können, sondern einer Wahl, einem Willen entsprang.
Gegeben waren Bacher zwei spätgotische Fronttürme;

auf die sie trennende Stirnmauer setzte er nun einen zunächst, in zwei unteren Geschossen, rechteckigen, dann ins Achteck übergehenden und in eine Helmpyramide ausstrahlenden Mittelturm, dem sich jetzt die älteren (deren einer aber neu aufgeführt werden mußte) als Trabanten zuordneten. Erst durch diesen Turmbau trat die Stiftskirche wirksam in die Mitte des ansbachischen Stadtbildes, empfangend, was ihrem geschichtlichen Rang gebührte: das von einem fränkischen Edlen des Namens Gundpert um oder kurz vor 748 gegründete Marienkloster war die Gründungszelle Ansbachs.

Der Untere Markt verengt sich östlich zum Durchlaß in den Schloßplatz, es ragt auch schon der Südflügel des Schlosses dank seiner den bürgerlichen Maßstab brechenden Dimension über die östliche Platzwandung herein, die aber inzwischen noch den dreimal gegiebelten Block des fürstlichen Gästehauses, den Neuen Bau, dem der Achse des Marktes folgenden Blick entgegenstellt.

Dieser dem kleinen Schloßplatz zugekehrte Schloßflügel, Werk des jüngeren der beiden Herrn von Zocha,* die, Kavalierarchitekten, das markgräfliche Bauwesen von 1715 bis 1731 dirigierten, ist so bar allen Schmuckes wie eine Kirche der Reformierten (Erlangen bietet Exempel), man möchte von protestantischer Architektur reden, und einem Protest ist sie ja auch entsprungen, dem Protest eines in Paris geschulten Klassizisten gegen – gegen Gabrieli, den Vorgänger der beiden Zocha im ansbachischen Baudirektorium.

Der Südflügel Zochas stößt an den Ostflügel Gabrielis, der der Residenz eigentliche Fassade ist. Diese Fassade blickt hinaus ins Offene, denn der Platz, der sich vor ihr, in umfänglicher Weite, ausdehnt, ist kein geschlossener.

War nun der Fortsetzer der von Gabrieli 1705 begonnenen, 1716 verlassenen Residenz, Karl Friedrich von Zocha, nicht durch den Gabrieli-Trakt in der eigenen Planung gebunden? Er ließ sich aber nicht binden, rücksichtslos gab er Dimension und Gliederungssystem des Gabrieli-Flügels preis. Gabrieli (seit 1716 in Eichstätt) habe, tadelt die Frau Markgräfin, dem Schloß eine »irreguläre Struktur und sonstige Unbequemlichkeiten« gegeben. Dieser Tadel traf nun wohl gewisse räumliche Dispositionen – Gabrieli hatte etliche Rückstände des älteren Schlosses respektieren müssen –, der so andere, ›klassizistische‹ Vortrag Zochas möchte aber den Tadel weiter reichend erscheinen lassen. Gabrieli war – gestatte man das hier nicht im engen Sinne zu verstehende Wort – zu katholisch, wofür man auch wieder setzen kann: zu barock. Er kam aus Wien, er hatte am Liechtensteinschen Stadtpalais des Italieners Martinelli mitgearbeitet, seine Herkunftssphäre war der italienisch-österreichische Barock. Die Gliederung des in 21 Achsen abfluchtenden, nur schwache Risalite vorsetzenden Traktes, die sich als eines Hauptmittels der sozusagen endlos gereihten, die beiden Obergeschosse über dem Rustikasockel übergreifenden Pilaster bedient, weckt auch die Erinnerung an Wiener Paläste wie den zweiten Liechtensteinschen, ebenfalls Martinellis; der Graubündner hat sich die unvergleichliche Monumentalität dieser Paläste zu seinem beengteren Werke nutzbar gemacht. Kommt nun ein an sich starkes körperliches Relief infolge der die einzelne plastische Schwellung neutralisierenden Reihung nicht zu vollem Ausdruck, so gewährt ihm dann der räumlich beschränkte Hof die Entfaltung: das Aufgebot an eigentlicher Plastik ist wohl nur gering, aber erstaunlich ist die plastische Kraft dieser Säulen, die in die dreiteiligen Arkaden des Erdgeschosses und die ebenfalls dreiteiligen Fenster der beiden Obergeschosse eingestellt sind. Diese drängende Körperlichkeit besitzt der Eichstätter Gabrieli noch in der Domfassade, dann aber nicht mehr, sie hörte ja bald auch auf, an der Zeit zu sein, und der ›Protest‹ des jüngeren Baudirektors, Karl Friedrich von Zochas, war nun allerdings auch schon ein Protest der Zeit. So ausgesprochen klassizistisch hätte er freilich nicht sein müssen, und für diesen, im Süden Deutschlands jedenfalls ganz unzeitgemäßen Klassizismus möchte als eine Triebfeder nun doch der Protestantismus, der konfessionelle, haftbar zu machen sein.

Der einer hessischen Familie entsprungene, doch im Ansbachischen geborene Zocha wurde durch den Italiener Leopold Retti abgelöst, der, wahrscheinlich in Wien vorgebildet, sich in Stuttgart-Ludwigsburg, unter Frisoni, die Sporen erdient hatte und später auch nach Stuttgart zurückkehrte. Der Weg führte uns schon an seinem Ansbacher Hauptwerk, dem nur an der Marktseite frei liegenden Langhaus der Stiftskirche, vorbei. Die Distanz, die diese, den ›Predigtsaal‹ in der langen Reihung hoher Bogenfenster zum Ausdruck bringende Schauseite zwischen sich und die bürgerlichen Marktanrainer legt, entspringt nun auch nicht so sehr der barocken als der barock-klassizistischen Haltung, die doch wohl in Zusammenhang steht mit dem eigenen protestantischen Anspruch der Kirche, der eine verzichtende Einfachheit fordert, eine ›Simplizität‹, die ihr ja eben der Klassizismus zur Verfügung stellen konnte.

Folgte man der West-Ost-Achse Würzburger Straße-Oberer Markt-Unterer Markt, der Richtungsachse der Stadt, so stand da nirgend ein Wegweiser, der das Wort Residenz enthalten hätte. Der Markgrafenbrunnen vor dem Landhaus trägt seine Deutung nicht schon dem ersten Blick an, wenn er auch nicht zu einer so mißverständlichen verleiten kann wie etwa der Brunnen in Windsheim, der einen sehr barocken Fürsten zur Schau stellt, der ein Landesherr sein könnte und der Kaiser ist. Erst die ja ersichtlich keinem bürgerlichen Bauwillen entwachsene vornehm prätentiöse Flankenfassade der Stiftskirche sprach das Wort Residenz aus, deren Flügel einer nun auch schon, das bürgerliche Vorgelände überragend, in den Blick trat.

Das Schloß liegt am Rande der bürgerlichen Stadt, der fürstliche Wille konnte sich der Altstadt nur noch in Korrekturen mitteilen. Unbehindert oder doch viel weniger behindert konnte er sich nur in der Umfassung des Stadtkerns betätigen, vor den Mauern, südlich, denn nördlich zog die sumpfige Niederung der Rezat, die bis heute offen geblieben ist, eine nahe Grenze. Der Südmauer entlang verläuft, vom Schlosse ausgehend, die Promenade, eine barocke Avenue, die vor dem Herrieder Tor auf die ›Steinerne Promenade‹

(Maximilianstraße) trifft. Südlich der Promenade entstand in der ersten Hälfte des 18. Jahrhunderts die ›Neue Auslage‹. Von der Promenade, gegenüber dem hier die Altstadt aufschließenden Neuen Tor, stößt die Karlsstraße ab, die sich in das von ganz gleichstimmigen, einfach noblen Bürgerhäusern umhegte Rechteck des Karlsplatzes öffnet.

Hier, am Karlsplatz, ist nun noch ein Meister zu nennen – das Herrieder Tor hätte ihn schon nennen lassen können –, Johann David Steingruber, der 1750 bis 1787 das ansbachische Bauwesen steuerte, an dem er aber schon vorher, unter den Zochas und Retti, Anteil hatte, Sohn eines Wassertrüdinger Maurermeisters und bei so bescheidenem Handwerkerherkommen auch nicht mit den Ehren seiner höher gestuften Vorgänger ausgezeichnet. Große Bauaufgaben lagen für den ›Bauinspektor‹ auch nicht mehr bereit, sein Arbeitsfeld war (neben der Landkirche) das Bürgerhaus. Bürgerhäuser hat er nun viele gebaut, und das Signum seiner Hand haftet den Ansbacher Gassen auch in einer schon fast bestimmenden Weise an. Die warme, wohnliche Behaglichkeit, die diese Gassen durchwaltet, geht ihm zu Dank, der die große, stets etwas fremde Baugebärde seiner Vorgänger, der ›Baudirektoren‹, in die kleinere bürgerliche, aber nun ganz deutsche, fränkische übertrug. Das Pathos hat sich mit der nun stärkeren Beteiligung der bürgerlichen Schicht gemindert, die fürstliche Ära neigt sich ihrem Ende zu.

Geht man Ansbach verlassend der Rezat abwärts nach, so mag man sich, in der Entfernung weniger Gehstunden auf Lichtenau treffend, wieder einmal mehr wundern über die herrschaftliche Verzettelung, denn Lichtenau war nürnbergisch, die Nürnberger hatten es nach der Schleifung ihres Schlosses durch Albrecht Alcibiades 1552 zu einer starken bastionären Festung mit ›dicken Türmen‹ ausgebaut, also daß der Markgraf diese reichsstädtische Nachbarschaft schwerlich übersehen konnte. Dem Flüßchen weiter abwärts folgend, bewegen wir uns, Windsbach und Wassermungenau berührend, auf der Straße des Markgrafen; in Spalt treten wir aber schon wieder in eine andere Landeshoheit, die bischöfliche von Eichstätt. Einer der wenigen ›frommen‹ Burggrafen, Konrad, hatte es, Minderer, nicht Mehrer seines Hauses, zugleich mit dem für sein Haus so ehrwürdigen Abenberg 1296 an Eichstätt verkauft. Zwei Kirchen überhöhen die noch gut in ihre Mauern eingepackte kleine Stadt; ein Kloster des Titels St. Salvator schlug hier schon früh, in karolingischer Zeit, Wurzel, erst benediktinisch, dann chorstiftisch; Konrad ›der Fromme‹ hielt es aber für gut, noch ein zweites Stift zu gründen, das sich in der Kirche des älteren neben dem älteren einrichtete, bis es sich, im 14. Jahrhundert, in eigener Kirche ansiedelte, die nun in der Gestalt, die ihr im 18. Jahrhundert der Ellinger Deutschordensbaumeister Matthias Binder gegeben, sehr stattlich mit ihren zwei Türmen dasteht, stattlicher als die andere, die aber auch ein sehr achtbarer, noch spätromanischer Quaderbau ist.

Erfreut uns nun dieses Spalt durch sein gutes altes Stadtbild mit einem sehr merklichen, von Eichstätt zugesteuerten Einschuß barocken Bauwesens (die Namen Gabrieli und Pedetti sind zu nennen), so erfreut es zudem noch durch diese prächtigen Hopfenspeicher, die am anderen Ufer der Rezat beieinander liegen, mit diesen steilen, einfach oder mehrfach gebrochenen Dächern über den unten gequaderten, oben gefachten Hauskörpern. Wie sich nun Hochwuchs doch mit gewichtiger, ja lastender Breite verbinden kann, mag man an dem etwas höher im Tal liegenden Hof Mühlreisig erfahren, der auf das massive Sockelgeschoß ein gefachtes Obergeschoß und auf dieses einen fünfgeschossigen, auch gefachten Giebel setzt und das Riesendach seines Trockenbodens in fünf Absätzen aufsteigen läßt.

Durch ein nur flach berandetes, walderfülltes Tal strebt die Rezat, die ›fränkische‹, ihrer Vereinigung mit der anderen, der ›schwäbischen‹, bei Georgensgmünd zu. Fortan heißt sie Rednitz, wie sie längstens (bis sie sich als Regnitz assimilierte) hieß. Georgensgmünd ist nun wieder markgräflich. Ginge man die schwäbische Rezat aufwärts, so würde man aber gleich wieder dem Krummstab des hl. Willibald begegnen, denn Pleinfeld ist eichstättisch, und auch Sandsee, die weit hinaus blickende Burg zur Linken, ist es; Ellingen ist nah, und suchten wir einen geeigneten, die Horizonte zurückschiebenden Standort auf, so würde der Blick zu den Dreien, Ellingen, Weißenburg, Wülzburg, das sind Deutschorden, Reichsstadt, Markgraf, auch noch den Bischof hinzugesellen.

Der Weg soll aber jetzt der Regnitz folgen, er bleibt nun durch eine gute Anzahl von Gehstunden markgräflich, und in Roth trifft er auch auf eine der Malsetzungen markgräflichen Regiments, das Schloß Ratibor. Der Name ist der Erklärung bedürftig, und die Bronzetafel über dem Tor beschwichtigt die Frage auch unverzüglich: der durchläuchtige hochgeborene Fürst und Herr, Herr Georg Markgraf zu Brandenburg zu Stettin, Pommern der Cassuber und Wenden auch zu Schlesien zu Jägerndorf und Herzog und Herr der Fürstentümer Opeln und Rattibor Burggraf zu Nürnberg und Fürst zu Rügen, habe, liest man da ab, anno 1535 dieses Schloß von Grund auf aus den Einkünften der schlesischen Fürstentümer bauen und ihm den Namen ›Ratibor an der Retzet‹ geben lassen. Der Baumeister des massiven, in dreigeschossigen Zwillingsgiebeln aufgereckten Hauptbaus war vermutlich der des Ansbacher Landhauses, Sixt Kornberger, die nicht hohen, aber starken Rundtürme fügte Gideon Bacher, 1585, hinzu.

Nun folgt abwärts das markgräfliche Oberamt Schwabach mit der Stadt dieses Namens am Flüßchen dieses Namens, das unterhalb der durch seinen Lauf gehälfteten, im Kern noch wohlerhaltenen, schon früh gewerbetätigen Stadt der Regnitz zufällt. Dieses seit 1364 burggräfliche Schwabach kräftigte sich gegen Ende des 17. Jahrhunderts durch den Zugang der Hugenotten, die das lutherisch-orthodoxe Ansbach – stärker als der Markgraf – nicht hatte einlassen wollen. Halten wir uns kurz auf dem Markte auf, dessen Platzwandungen durch gefachte Giebelstirnen bestimmt sind.

Der wesentliche Eindruck ist: altfränkisch. Doch steht ein prätentiös statiöser Bau in der Reihe: das schon 1488 begründete Gasthaus zur Goldenen Gans, später, dank vielfachen erlauchten Zuspruchs, Fürstenherberge genannt. Zur Goldenen Gans konnte das 1726 errichtete Palais auch nicht mehr heißen. Und gar nicht bürgerlichen Stils ist auch der Marktbrunnen, der ›Schöne Brunnen‹, der 1716 nach dem Entwurf des markgräflichen Baudirektors, des älteren der beiden Herren von Zocha, aufgeführt wurde, ein Residenzbrunnen. Daß uns aber niemand des Purismus bezichtige: wir weigern uns nicht der Einsicht, wie gut sich das Alte doch mit dem Neuen verträgt, es steht in einem immer noch vertraulichen Verhältnis zu ihm, einem Untertanenverhältnis wohl, das aber ein gesundes, durch das Bewußtsein der eigenen Würde erhelltes ist.

Daß man nun im Schwabach vor den Toren Nürnbergs ist, erspürt man allenthalben. Wir gehen aber jetzt der Regnitz folgend westlich an der Reichsstadt vorbei, um in Fürth abermals einen Wechsel des Landesherrn – hier regierte Bamberg – festzustellen, alsbald aber wieder ins Markgräfliche einzutreten. Das nun erreichte Erlangen ist allerdings nicht ansbachisch, sondern bayreuthisch, die Teilung des fränkischen Zollernbesitzes hatte es der obergebirgischen Hälfte zugeordnet. Unterscheidet sich nun das Oberland wie in der Naturlandschaft auch in der Kulturlandschaft vom Unterland durch eine härtere herbere minder süddeutsche Haltung, so möchte schon Erlangen dieser Unterscheidung zustimmen.

184

Durch Kaiser Heinrich II. an Würzburg, von Würzburg an Bamberg gegeben, gelangte die zunächst noch wenig bedeutende Siedlung 1361 durch Kauf an Kaiser Karl IV., der ja jede Möglichkeit des Vorstoßes in die böhmischen Nachbarschaften begierig ergriff. Sein untüchtiger Sohn Wenzel, der Erlangen 1398 mit dem Stadtrechte begabte, mußte die neuböhmische Linie wieder zurücknehmen. Erlangen wird 1402 burggräflich. Etwas Rechtes wäre nun aus dieser Kleinstadt zwischen Nürnberg und Bamberg schwerlich geworden, hätte sie nicht 1686 Markgraf Christian Ernst mit Refugiés bevölkert und der Altstadt eine Neustadt zur Seite gestellt, die sich als eine fürstliche Pflanzung nun auch fürstlicher Huld erfreute.

Christian-Erlangen ist eine auf dem Reißbrett des Oberbaumeisters Johann Moritz Richter erdachte Stadt. Um die gleiche Zeit, 1686, hatte übrigens auch der Baumeister des Ansbacher Markgrafen, Georg Andreas Boeckler, eine Hugenottenstadt, und zwar auf der Grundlage eines Mühlbretts, erklügelt; sein ›Eigentlicher Grundriß und Abmessung der Neuen Ausslag‹ blieb auf dem Papier, wenn auch die spätere Verwirklichung der Neuen Auslage in Achsenkreuz und Mittelplatz auf sein Schema zurückgriff. Die Planordnung Erlangens ist die des Schachbretts, absolut ist die Herrschaft der Geraden und des rechten Winkels, die Kurve ist gebannt. Die ebene Geometrie des Grundrisses bestimmt auch den Aufriß, und wenn man von einer so rasch gebauten Kolonistenstadt auch keine Investierungen für das Schöne erwarten darf, so hält sich doch

auch das 1706 aufgeführte Schloß an diesen Sparsam-
keitsstil; denn dieser, von dem Italiener Antonio Porta,
freilich nicht so wie gewollt, zu Ende gebrachte Bau
ist von einer nicht mehr zu überbietenden Nüchternheit.

Jean Paul, der in Bayreuth Eingebürgerte, notiert
1811 die »bettelhafte Umgebung«. Die Stadt selbst,
stellt er dann sarkastisch fest, ist »eine der glänzend-
sten, denn sie besteht aus einer Haupt- und einer Quer-
straße«. Natürlich übertreibt er, das Schachbrett enthält ja eine ganze Menge Straßen, wenn auch die der
Achse des Regnitztals folgende, durchstoßende Hauptstraße, der die beiden Plätze anhängen, sonder Zweifel *die* Straße ist. Zudem ist ja auch eine Stadt etwas
anderes als nur die Summe ihrer Straßen, es kann
schon eine genügen. Erlangen ist nun wohl keine ›schöne‹ Stadt und der von Rothenburg Kommende wird
ihr vermutlich nichts abgewinnen. Der schematische
Bauplan, die genaue Regelmäßigkeit, kann den Werk-
tag mit der Langweile eines Sonntagnachmittags be-
gaben. Geben wir aber zu, daß diese Einhelligkeit des
Gefüges ihre besonderen Reize hat. Die beschränkte
Höhe der Häuser – meist zu zwei Geschossen – teilt
den Straßenräumen eine behäbige Breite mit, der gute
Sandsteinquader drückt Gediegenheit aus, die durch
Gauben und Zwerchhäuslein gelockerten Dachwalme
oder Mansarden dürfen sich auch noch so etwas wie
Lustigkeit gestatten; so ganz am Rande mag sie auch
der Kalvinist noch zulassen.

Der herrschende Ton freilich ist trocken. Fügte sich
das Schloß eines übrigens sehr genußfreudigen Fürsten,

des Erbprinzen und späteren Markgrafen Georg Wilhelm, so gleichstimmig in dieses protestantisch-reformierte Gemeinwesen ein, so fügte es sich dem Geist des Ortes und tat gut daran, sich zu fügen. Dieses etwas frostige Klima ertrug nicht die breite Gebärde barocken Prunks. Der andere Ton wurde leicht zum Mißton.

Zum Zeugen dafür wollen wir aber nicht den zu Ehren des Gründers, Christian Ernsts, von den dankbaren Neubürgern an der Gartenseite des Schlosses aufgestellten ›Hugenottenbrunnen‹ anrufen. Die Kritik ›geschmacklos‹ schießt übers Ziel. Sagen wir lieber naiv, und räumen wir ein, daß die Naivität ergötzlich ist.* Bekleidete Bürger und unbekleidete Göttlichkeiten haben sich zur Huldigung vor der die Spitze der Brunnenpyramide besetzenden Durchlaucht versammelt, nicht achtend der Nässe, die aus vielen Röhren, auch aus dem einen Strahl entsendenden Zepter des ansehnlich beleibten Fürsten, auf sie herab sprüht. Der Bildhauer des Werkes, Elias Räntz, beteiligt sich an der Zeremonie, zu der auch der Brunnenmeister zugezogen ist. Aber erdacht mag dieses Ensemble vermutlich ein anderer haben.

Doch nur Gutes über den vortrefflichen Räntz, der als bayreuthischer Hofbildhauer eine lange, breite Tätigkeit entfaltete und dem Hofbauwesen einen begabten Sohn, Johann David, zur Verfügung stellte. Indes möchte der doch wohl zu seinen Lasten gehende, ganz verunglückte und nur noch durch seine Komik erheiternde Große Kurfürst – frei nach Schlüter – am Ende der Hofgartenachse den bündigen Beweis erbringen, daß Pomp auf dieser eben erst in Eile abgeholzten Sandkrume nicht gedeihen wollte.*

Man suche die Eigenart dieser Stadt nicht auf der fürstlichen, sondern auf der bürgerlichen Seite. Man suche sie vorab in ihren Kirchen, der französisch reformierten, der Neustädter protestantischen und der Altstädter protestantischen. Die von Süden nach Norden in der Talrichtung durchstoßende Hauptstraße führt an allen dreien vorbei, die Neustädter liegt zwar um ein kleines zurück, gegen die Straße durch deren östliche Zeile abgeschirmt, doch keineswegs versteckt, die französisch reformierte beherrscht den vor ihr ausgebreiteten Hugenottenplatz, die Altstädter am Ende des Süd-Nordzuges, der hier die Gerade verläßt, den Martinsbühl der infolge eines abräumenden Brandes (1706) der Neustadt angeglichenen Altstadt. Eine karge Monumentalität ist das gemeinsame Merkmal, nüchtern und streng sind sie alle, insonderheit natürlich die kalvinistische, die nichts als ihren von den Emporen umringten Raum enthält, einen Rundraum von 12 Seiten, den der Außenbau rechteckig umschließt. Die beiden anderen sind freundlicher, wohnlicher innen, die Altstädter hat einen Kanzelaltar, der, die Kanzel abgerechnet, wohl auch in einer katholischen Kirche stehen könnte.

Die planbestimmt und rasch aufgewachsenen Fürstenstädte des Barock – Mannheim, Karlsruhe, Ludwigsburg – stehen alle nahe beieinander, die Schematisierung des Grundrisses, die Typisierung des Aufrisses verbinden sie. So mag die Frage gestellt werden, ob die Neustadt Erlangen anders hätte ausfallen können, als sie ausfiel, ob ihre eigentümlichen Merkmale nicht die zwangsläufigen der Planstadt sind? Sicher sind sie es. Die Meinung, daß die härtere, trockenere Prägung Erlangens ihren Grund hat in der härteren, spröderen Landschaft, der obergebirgischen, der es, der Lage nach untergebirgisch, doch *de jure* zurechnete, dürfte aber doch jedem, der den Weg Ansbach-Erlangen-Bayreuth nimmt, einleuchten. Die Markgräfin Wilhelmine sagt freilich, der Unterschied zwischen Erlangen und Bayreuth springe in die Augen: »On croirait se trouver dans deux pays différents«. Aber ohne Zweifel sind die von ihr wahrgenommenen Unterschiede eben die von Plan und Willkür. Denn warum ist Erlangen eine *ville harmonieuse*? Antwort: »Elle est tirée au cordeau selon le goût moderne«. Der moderne Geschmack konnte sich im alten, mehr oder minder frei gewachsenen Bayreuth nicht mehr *totaliter* durchsetzen. Wir sehen aber das Verbindende stärker als das Trennende: nüchterne Ernsthaftigkeit, betonte Sachlichkeit und also Schmucklosigkeit (die ins überbetonte Gegenteil umschlagen kann), ein zuweilen spürbarer Mangel an Perfektion – dergleichen Merkmale lassen sich nicht an den anderen süddeutschen Fürstenstädten abnehmen, auch nicht an der ›Neuen Auslage‹ in Ansbach, die ganz süddeutsch ist.

Süddeutsch – also wäre Bayreuth norddeutsch? Regt sich nicht der Verdacht, daß hier eine Gegensätzlichkeit konstruiert wird und daß nur die norddeutsche Dynastie den Ansatz dazu bot? Aber die norddeutsche

Dynastie ist eine beachtliche Tatsache. Hier läßt sich freilich einwerfen, daß Ansbach ja der gleichen Dynastie zustand. Und kann für die süddeutsche Orientierung der Ansbacher eine Erklärung gefunden werden, dann wohl nur in der Lage im deutschen Raum. Franken, Bayern, Schwaben sind die Anrainer. Bayreuth grenzt an Sachsen-Thüringen, der Norden ist räumlich näher.

Man braucht nur die Namen der Ansbacher und dann die der Bayreuther Baumeister des Barock zu nennen, um die gegensätzliche Richtung der Beziehungen aufzuweisen: Gabrieli, die beiden Zocha, Retti, Steingruber in Ansbach, Johann Moritz Richter, Dieussart, Dientzenhofer, Antonio Porta, Gottfried v. Gedeler, Paul Decker, Johann David Räntz, Friedrich Jakob Graël, St. Pierre, Rudolf Heinrich Richter, Gontard in Bayreuth: sie kamen, mit wenigen Ausnahmen, von Norden her.

Die Dynastie ist also doch für die vergleichsweise norddeutsche Sonderart Bayreuths haftbar zu machen. Der Fürst war es, der die Arbeiter berief, das Land verhielt sich passiv. Und wenn es als ein protestantisches Land dem französisch-norddeutschen Stil empfänglicher gegenüberstand als dem italienisch-süddeutschen, so müssen wir doch bezweifeln, ob es in eigener, bürgerlicher Initiative die gleiche Richtung eingeschlagen hätte.

Bayreuth ist keine sehr alte Stadt. Der Name spricht Rodung durch baierische Siedler aus, der baierische Ausdehnungsraum reichte ja auch nahe heran. An eine dörfliche, später Altstadt genannte Siedlung schließen die Andechs-Meranier, wahrscheinlich im frühen 13. Jahrhundert, eine städtische an, die nach ihrem Ausgang 1248 auf dem Erbweg an die Burggrafen fällt, die von dieser schmalen Basis aus nun die ihrer Nachbarn schmälern und so die breitere ihres obergebirgischen Fürstentums gewinnen. Residierten die Markgrafen der alten fränkischen Linie bis zu ihrem Ende, 1603, auf der Plassenburg, so entschloß sich gleich der erste der jüngeren, vom brandenburgischen Kurhaus ausgehenden Linie, Markgraf Christian, nach Bayreuth, als einer »der eltisten und wesentlichsten Städt«, wie es schon Markgraf Albrecht Achilles genannt hatte, umzusiedeln. Ein Schloß hatte schon Markgraf Johann, genannt der Alchimist, 1441, am Nordrande der Stadt, über der zum Roten Main hin abfallenden Böschung, errichtet, da wo nun auch noch das sogenannte Alte Schloß steht, so genannt seit ihm 1753 ein Neues Schloß zugesellt wurde.

Dieses Alte Schloß, ein Konglomerat aus verschiedenden Bauteilen, ließ nun Markgraf Christian Ernst in »eine Vierung und rechte Form« bringen, 1668 beginnend und runde 30 Jahre später beendend. Von den fünf Meistern, die er der Reihe nach bedienstete, Schwenter, Elias Gedeler, Johann Moritz Richter, Charles-Philippe Dieussart und Johann Leonhard Dientzenhofer, leistete das Entscheidende der bis zu seiner Bayreuther Bestallung 1691 in Güstrow und Berlin tätig gewesene, vermutlich hugenottische Franzose Dieussart, der die »gantze circonferentz des einwendigen Platzes auff eine modell der Architektur« brachte und auch die Nachfolger an sein Modell band, Dientzenhofer, der aber nur das Sockelgeschoß des älteren, schon von Markgraf Christian aufgeführten Achteckturms in der Hofecke umkleidete, und Paul Decker, der unter dem nächsten Markgrafen, Georg Wilhelm, die stadtseitigen Flügel vollendete. Es ist eine schwere und strenge Architektur, dieses Alte Schloß, klassizistisch, doch von einem starken plastischen Relief. Der Baumeister ist auch als ›Sculpteur‹ bezeugt, und die Medaillons mit Imperatorenbüsten über den Fenstern des einfach, aber straff durch Pilaster gegliederten Erdgeschosses, römisch gedacht und römisch wuchtig, die die Erscheinung des Schlosses so wesentlich bestimmen, sind bestenteils von seiner Hand.

Erinnere man sich angesichts der Schwere dieses Palastes der Ansbacher Residenz Gabrielis. Auch das Werk des in Wien gebildeten Italieners veranlaßte, auf das starke plastische Relief hinzudeuten. Aber von Schwere, Wucht konnte nicht die Rede sein. Schwer wirken auch die gereihten ›Kolossalpilaster‹ nicht. Man möchte das, was hier Gabrieli, dort Dieussart erstrebt, die Ansätze übertreibend, mit Pracht und Prunk ausdrücken: Pracht ist Fülle, Prunk ist Schwere; Pracht entspringt dem Reichtum, Prunk dem Mangel – er ist Entgegensetzung. Was diesen französisch-preußischen Architekten charakterisiert, ist ein Zuwenig und Zuviel, Sparsamkeit und Verschwendung. Dieser Charakter möchte sich aber an mehr als einer Stelle im ›brandenburgischen‹ Bayreuth aufzeigen lassen.

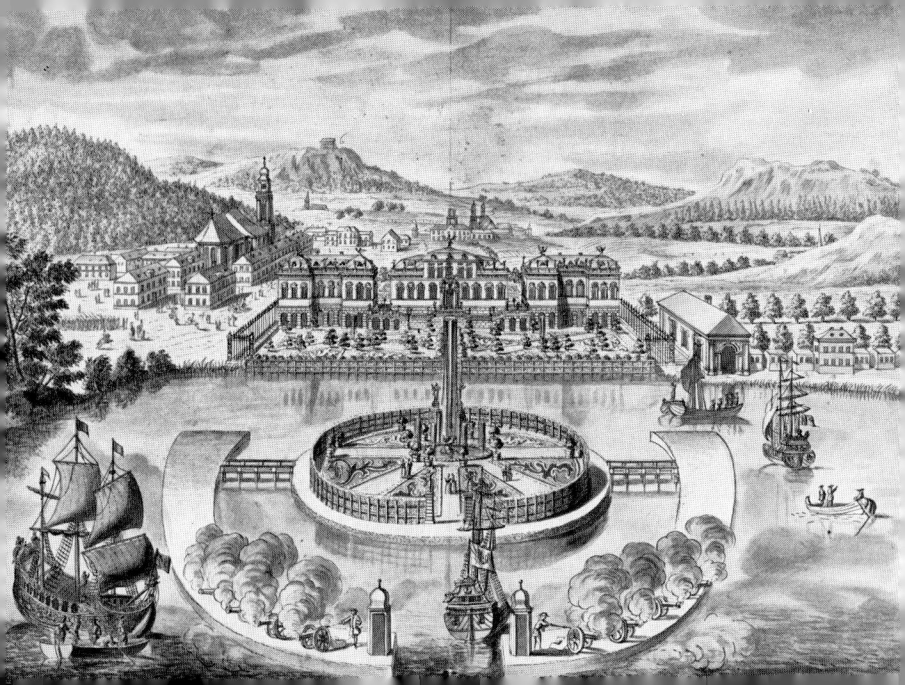

BAYREUTH *Ansicht des Lustschlosses bei St. Georgen von Paul Decker (um 1710)*

Indessen war Bayreuth, ehe es eine fürstliche Stadt wurde, eine bürgerliche, und ist es, da sich das Gegebene auch hier stärker erwies als das Gewollte, im Grunde geblieben. Eine so monumentale Mitte wie Ansbach in St. Gumbert besitzt es nicht, seine Organisationszelle war ja auch keine kirchliche. Die gotische Pfarrkirche, sehr stattlich, zweigetürmt, steht abseitig, und zeigt sie sich auch einmal im Durchblick einer Gasse, so ist ihres Mitwirkens am Innenbild der Stadt – bei bestimmender Beteiligung am Außenbild – doch nicht viel. Zwischen dem Alten Schloß und der Spitalkirche erstreckt sich die breite, in einem leichten Bogen geführte Marktstraße (ehemals ›Hauptgasse‹), die sich, unten, links wendet und durch diese Wendung räumlich schließt: in den Schluß tritt, als ein vorzüglicher Auffänger, die Fassade der Spitalkirche St. Pierres.

Oben und unten Bauten fürstlicher Initiative, französisch-klassizistischer Prägung, dazwischen die Aufreihung bürgerlicher Hausgesichter, verhältnismäßig viele noch ›altdeutsch‹ – mit Giebeln und Erkern – und den barocken fast die Waage haltend. Baugnaden, wie sie Markgraf Friedrich, kaum zur Regierung gelangt (1735), für die Baulustigen mit der üblichen Auflage, »nach einem vorher zu examinierenden Riß« zu bauen, ausschrieb, konnten hier nicht mehr sehr viel ausrichten. Eine *ville harmonieuse* ließ sich nur auf jungfräulichem Boden verwirklichen. Der erste Bayreuther Markgraf von typisch barocker Haltung, Christian Ernst, hatte das Beispiel in Erlangen gegeben.

Sein Sohn, Georg Wilhelm, schuf sich schon als Prinz seine eigene kleine Stadt, die Vorstadt St. Georgen, 1701 hatte er nordöstlich von Bayreuth am sogenannten Brandenburger Weiher ein Sommerschloß errichten lassen. Um nun »diesem seinem Aufenthalte dahier noch mehr Reiz und Annehmlichkeit zu verschaffen«, schreibt ein allerdings später, aber jedenfalls das fürstliche Motiv treffender Chronist der Pflanzung, ließ er 1702 auch das »freundliche« St. Georgen »regelmäßig und im holländischen Geschmack« beginnen. Im ersten Jahrzehnt wurde auf der über das Maintal erhöhten Fußschwelle des hinten anstehenden Berges (Hohe Warte) die lange Straße angelegt und bebaut, und an der Platzausweitung nahe ihrem oberen Ende auch schon die Kirche, die dann die Kapitelskirche des vom Fürsten gestifteten Ordens de la sincérité wurde, aufgeführt. Der leitende Baumeister war der 1702 aus Berlin berufene Gottfried von Gedeler.

Diese kleine Stadt ›St. Georgen am See‹, die also weniger einem tatsächlichen Bedürfnis – wie Erlangen –, sondern einer fürstlichen Laune entsprang, besteht im Grunde nur aus einer Straße und einem Platz. Aber sie ist so etwas Geschlossenes, Fertiges, daß man sie, bei aller Begrenztheit der Abmessungen, als ›Stadt‹ gelten lassen muß. Die Straße hat Breite, die Häuser, alle gleich schlicht, gleich hoch, zweigeschossig, eines vom andern durch eine Einfahrt geschieden, besetzen wohlgeordnet die lange Zeile, der rechteckige Platz mit der an ihn herangestellten sehr guten und sehr stattlichen, im schönsten Quaderwerk ausgeführten Sophien-

oder Kapitelskirche sammelt das Gemeinwesen, auf das auch das gleich am Anfang stehende, zwei Flügel an eine Kirchenmitte lehnende Gravenreuthische Spital hinweist.

Zog Georg Wilhelm eine Stadt an seinen Sommersitz heran, so folgte er einer entgegengesetzten Stimmung, als er später, nun Markgraf, südöstlich von Bayreuth in anmutig bewegter Landschaft, in einer von guten alten Buchen und Eichen bestandenen Schleife des Roten Mains, eine ›Einsiedelei‹, die Eremitage, begründete. In dieser geselligen Zeit konnte eine Einsiedelei nun allerdings auch nur eine gesellige, eine Gesellschaft von Einsiedlern, sein, und ohne das die Klausner zu rechter Zeit aus der der Kontemplation dienlichen Einzelhaft ihrer Klausen zum Colloquium versammelnde Refektorium wäre den Teilnehmern des romantischen Spiels, den Eremiten und ihrem ›Superior‹, sehr rasch der Mut zur ›lieblichen Einsamkeit‹ entsunken.

Die nun das Alte Schloß genannte Einsiedelei ist ein rechteckiges Geviert, die den Hof umfassenden Flügel sind eingeschossig, Refektorium und Grotte besetzen die kürzeren Seiten, die Klausen die längeren. Die Mauern, und noch die Schornsteine über den Dächern, sind felsenhaft; nur das Refektorium verzichtet auf den Anschein der gewachsenen Felsennatur, vorzüglich steht das kräftige Relief des Portals und der Fensterumrahmungen auf der glatten Quaderfläche. Das Eremitorium spricht sich hier, im Refektorium, nicht aus. Das ist vielmehr ein Gartenschlößchen, und auch der reich ausgestattete Saal weiß nichts von Klausnerei.

196

Erst die beiden leicht vortretenden seitlichen Anbauten gebärden sich wieder naturhaft felsig. Sie aber kamen erst 1735 hinzu, durch die Markgräfin Wilhelmine, die eben in diesem Jahre von ihrem Gatten, Markgraf Friedrich, mit der Eremitage beschenkt wurde und nun auch sogleich anfing, diese Park- und Waldoase zu beseelen.

Die Königstochter, die eine Königin werden wollte und durch böses Geschick einem der vielen kleinen Fürsten zugewiesen wurde: sie mußte sich eine Traumwelt in der wirklichen einrichten, um diese beengte in einem glücklichen Vergessen ertragen zu können. Wir meinen aber, Grund dazu, bittere Memoiren zu schreiben, hätte sie wohl überall gefunden, denn ein Bodensatz von Bitterkeit war ihr schon durch die Umstände ihrer Jugend mitgegeben. Die Markgräfin von Bayreuth konnte sich verewigen: hätte sich die Königin von England verewigen können? Markgraf Friedrich war, nach dem eben noch ein Restchen Schätzbarkeit gelten lassenden Urteil seines großen preußischen Schwagers gleichen Namens, ein ›guter Kerl‹, den die königliche Prinzessin in jeder Hinsicht überglänzte und also auch unschwer gängeln konnte.

Dieses kleine Bayreuth sagt ihr, begreiflicherweise, wenig zu, die Residenz war ja auch recht bescheiden, trotz aller Bemühungen der Markgrafen Christian Ernst und Georg Wilhelm, das Schloß malt die Prinzessin ganz schwarz und die *commodité* dürfte auch viel zu wünschen übrig gelassen haben. Sie richtete sich also, kaum des lästigen Schwiegervaters entledigt, in der Eremitage ein, und wenn sich ihr Zubauen auch zunächst noch auf die beiden Annexe des Eremitenschlößchens beschränkte, so konnte sie in den Räumen doch den *dernier goût,* das Leichte, Elegante, Intime verwirklichen.

Die Eremitage war aber vor allem ein Stück Landschaft, zwar im Kern schon durch Georg Wilhelm zum Park umgeschaffen, im umfassenden Gürtel indessen doch nur leichthin geregelt. Diese keiner Mauer bedürftige, in die Umarmung des Flusses geborgene Landschaft trug nun so viel an eigentlichen Sinnes landschaftlichen, natürlichen Werten an, daß der Gärtner mehr zu ihrem Interpreten als zu ihrem gestaltenden Ordner werden mußte. Das Naturhafte lag ja schon in der Idee ›Eremitage‹, und so hatte auch schon der Gründer das Kunsthafte zurückgehalten. Die Markgräfin erlebte nun diese des Zutuns kaum mehr bedürftige Landschaft schon durchaus sentimental, ›fühlend‹. Da sich aber das in die Natur gelegte und von ihr zurückerstattete Gefühl mit Vorstellungen des Bildungsbesitzes verknüpfte, erwies sich diese Natur doch wieder einigen Zutuns bedürftig: zu ihrer völligen Ausstattung empfing sie sinnfällige Hinweise auf diese, insonderheit um das Erlebnis der Vergänglichkeit kreisenden Vorstellungen – die Ruine, die Grotte, das Denkmal. Die in den Lebensraum der Persönlichkeit einbezogene Landschaft hört zwar nicht auf, Park, d. h. gelenkte, überwachte und auch verbesserte Landschaft zu sein, aber sie beginnt doch schon, die künstliche Formung ihres Wildwuchses zugunsten einer natürlichen abzulehnen. Man muß sich der Tatsache erinnern, daß die französische Parkarchitektur aus der Schule Lenôtres, geometrisch im Grundriß, stereometrisch im Aufriß, ja noch in voller Blüte stand – die Gärten von Veitshöchheim bei Würzburg oder Seehof bei Bamberg sind, in ihren Endgestalten, zeitlich später als die Bayreuther Schöpfung der Markgräfin. Der Landschaftspark wurzelt nicht im Süden, sondern im Norden, der sehr geliebte Bruder der Fürstin, Friedrich der Große, entschied sich in gleicher Weise für ihn, die stärker geistige (literarische) als sinnliche (künstlerische) Bildung des Nordens leistete der Freimachung der Landschaft Vorschub.

In der zweiten, etwas späteren Parkschöpfung, in Zwernitz, am Nordrande der Fränkischen Alb, konnte die Markgräfin ihr passives-aktives Verhältnis zur Landschaft ersichtlicher noch zum Ausdruck bringen. Passiv ist dieses Verhältnis insofern, als es das Gegebene, Gewachsene als ein an sich schon Gelungenes, Geformtes hinnimmt, aktiv, als es das Gegebene dann doch wieder, durch Zutun, interpretiert. In Zwernitz ragt, auf einem Felsenkopf, eine mittelalterliche Burg, ein Dorf legt sich der Burg an, ein Buchenhain dem Dorf, und dieser mit Felsgetrümmer bestreute Hain bot eine Szenerie so bizarr schon an sich, daß es nicht mehr viel Zulegens bedurfte, um ihn zu romantisch beziehungsreicher Naturbühne auszustatten. Hier nun meldet sich die Bildung, die literarische, ganz ausdrücklich zum Wort: es gefiel der Markgräfin, den Naturpark mit den Gestalten der, nach einem Halbjahrhundert, immer noch so hoch geschätzten Telemachie des Fénelon zu bevölkern. Der Lustwandelnde, der die am Eingang liegenden kleinen Baulichkeiten, der Beherbergung und Verpflegung, passiert hatte, stieß zunächst auf das ›Referentenhäuschen‹ (des auch in dieser Sommerfrische seine Referenten hörenden Fürsten), dann auf den Felsen der Liebe, die Mentorgrotte, den Regenschirm, das Dianenhäuschen und die Dianengrotte, das Penelopemonument, die Kalypsogrotte und so fort – der Plan führt 29 Nummern auf. Man sieht wohl, wie sich die Geselligkeit der Einsamkeit bemächtigt, wie sich das ›geistreiche‹ Spiel in die Andacht mengt. Die ›reine‹ Natur kann noch nicht bestehen. Aber der Weg ist beschritten, der zu ihr hinführt.

Die kleinen Baulichkeiten am Eingang dieses Parkes ›sans pareil‹ sind, bezeichnenderweise, einem Blumenparterre zugeordnet. Denn doch nur vorbehaltlich der Rückkehr in die Kunst-Symmetrie gab man sich der Natur-Asymmetrie hin. Für den Vorbehalt mag auch das ›Neue Schloß‹ der Eremitage berufen werden, das die Markgräfin 1749 durch ihren französischen Architekten St. Pierre beginnen ließ. An einen Achteck-Pavillon in der Mitte, den ›Sonnentempel‹, legen sich, durch kleine Intervalle getrennt, zwei je einen Viertelkreis beschreibende Arkadenflügel, und dieser Halbkreis öffnet sich gegen ein tiefer liegendes, elliptisch umgrenztes Parterre, das ein großes kurvig umfahrenes Bassin einschließt. Nur der Bewurf der Mauern mit farbigen Steinen, Glasflüssen und Kristallsplittern hält am Charakter der ›Eremitage‹ fest.

Dieses Neue Schloß wirkt nun so zwecklos, zweck-
frei, daß man die ihm natürlich doch verbundene
Zweckbestimmung, ›Schloß‹, fürstliche Wohnung, übersehen kann, und es ist auch nicht zuletzt diese Entbun-
denheit, dieses scheinbare Freisein von Dienstbarkeit,
diese Traumleichtigkeit, die den Anschauenden beglückt.
Nur eine des gemeinen Dienstes entlastete Architektur
kann entlasten. Die großen Treppenhäuser – Pommersfelden, Ebrach, Würzburg – bezaubern durch ihre Maß-
losigkeit, durch ihr grandioses Mißverhältnis zum
Zweck.

Daß diese Architekturphantasie von der Markgräfin
ersonnen wurde, ist zu vermuten. Der Architekt ihrer
Wahl und ihres Vertrauens, St. Pierre, hatte wohl die
Hand, den Traum zu befestigen, aber kaum den Kopf,
den Traum zu träumen. Seine freieigenen Werke weisen
ihn als einen Klassizisten aus, und als Klassizist paßt
er sich auch vortrefflich in den protestantischen Habitus der obergebirgischen Residenzstadt ein. Nennen wir
die für das Bayreuther Stadtbild wesentlichsten seiner
baumeisterlichen Leistungen – die Oper, das Neue
Stadtschloß, die Spitalkirche –, so verbeugen wir uns
zugleich auch vor ihrem Veranlasser, dem Markgrafen,
der doch etwas mehr gewesen sein muß als der ›gute
Kerl‹ seines großen Schwagers in Potsdam. Markgraf
Friedrich, einer der wenigen übrigens, die die Memoiren seiner Gemahlin ohne Brandmal durchwandeln
durften, prägte sich am stärksten von allen, die hier
herrschten, dem bayreuthischen Stadtwesen auf; die mit
allem Rechte nach ihm benannte Friedrichstraße möchte

schon genügen, für die Dauer seines Namens zu sorgen.

Es geht dieser großzügigen Straße nur eines ab: die gute und ihrem Range entsprechende Verbindung mit dem Stadtkern. Sophien- und Kanzleistraße, sie treffen ja nur wie zufällig auf sie, und die Ludwigstraße, die von der Platzerweiterung vor dem Waisenhaus in schönster Gerade abstößt, sieht sich alsbald zu einem Winkelsprung genötigt. Aber lassen wir die Friedrichstraße wie sie ist. Ihren Ausgang nahm sie vom Waisenhaus, das sich vortrefflich zur Beschließung eines Platzraumes eignete, dem sich die Straße nach beiden Seiten anlegen ließ. Dieses in zwei kräftigen, einander nahe gerückten Risaliten gegliederte, noch unter dem Vorgänger Friedrichs, 1732, von Johann David Räntz errichtete Waisenhaus ist ansehnlich, aber lakonisch. Wenn nun der des Landes übliche Lakonismus auch im allgemeinen die Straße bestimmt, so ist ihre Haltung doch eine repräsentative, der ›Residenz‹ bewußte. Häuser wie das ehemals Liebhardsche (heute Steingräbersche) ganz am Anfang der Straße, das von Gontard ist, und das schräg gegenüber liegende, ehemals des Ministers von Ellrodt, ebenfalls von Gontard, überschreiten auch schon das Maß des Bürgerhauses, der ihnen zustehende Name ist ›Palais‹, und ihr Lakonismus ist weniger Wortarmut als Wortzucht.

Vom Jean Paul-Platz in die Ludwigstraße eintretend, wird man nicht ohne Bedauern das Fehlen eines *Point de vue* zur Kenntnis nehmen; denn das Hoftor des Schlosses, das dem geraden Lauf der Straße entgegensteht, ist nicht anspruchsvoll genug, um dem Mangel abzuhelfen, und so fühlt man sich auch kaum versucht, seiner ›Einladung‹ zu folgen – ihr folgend, würde man in den Hofgarten im Rücken des Neuen Schlosses gelangen. Man läßt sich also durch die dem Hindernis Schloß in Abwinkelung ausweichende Ludwigstraße weiterführen, um den Schloßplatz mit der ihn rechts begrenzenden sehr langen Schauseite des Neuen Schlosses zu erreichen.

Das von seinen fürstlichen Bewohnern längst ersehnte Neue Schloß hatte ein Brand des Alten, 1753, endlich ermöglicht. Aber rühmenswertes hat da St. Pierre nicht geleistet. Halten wir ihm zu gut, daß er den Bau sehr rasch, in kaum mehr als Jahresfrist, und auch in der Beengung durch ältere bauliche Gegebenheiten aufführen mußte. Ein sich triumphal gebärdender Mittelbau verbindet sich mit Kasernenflügeln, und dieser Widerspruch von Aufwand und Armut ist hart und häßlich, und ein böses kränkendes Wort des nicht immer taktvollen großen Friedrich (›Schafstall‹) traf nicht so ganz vorbei. Läßt sich dergleichen ›Ungereimtes‹ in Bamberg oder Würzburg denken? Läßt sich die Oper in Würzburg denken? Man könnte fortfahren, so zu fragen, und durch solches Fragen das andere, eigene Kulturklima des Ortes mit seiner Gegensätzlichkeit, seinem Schwanken zwischen Zuviel und Zuwenig zum Ausdruck bringen.

Die Oper steht im Zeichen des Zuviel. Aber dieses Zuviel ist nun allerdings doch ein köstliches Zuviel. Wir denken dabei natürlich nicht an den Außenbau St. Pierres, sondern an den Innenbau der beiden Galli Bibiena,

Giuseppe und Carlo, Vater und Sohn, aus der berühmten Bologneser Familie, die den Kontinent mit Theaterdekorateuren versorgte. Was nun die beiden Galli hinter der streng-pompösen Fassade des Franzosen Gestalt werden ließen, konnte gegensätzlicher nicht mehr sein: eine rauschende Pracht, ein Gedröhn wie von Posaunen, höchsten und schwersten Maßes barock – wie sehr, wie schwer noch barock, das kann man wohl erfahren am nur wenig späteren Münchner Residenztheater Cuvilliés'.

Die Straße, in deren Zeile sich die Oper mit ihrer Fassade, eingeschlossen von guten und ansehnlichen Bürgerhäusern etwa gleichen Alters, einfügt, führt in leichter Krümme von der Böschung niederwärts. Hier fängt sie der ›Neue Weg‹ (Luitpoldplatz) ab, der sich auch in der Friedrichszeit anschickte, eine große, ›harmonische‹ Straße zu werden. Die Reiterkaserne (des Schlüter-Nachfahren Graël), einige Palais wie das römischen Palazzi nachgestaltete Reitzensteinsche Gontards erweisen oder erwiesen (der Krieg hat das Beste vernichtet), daß hier eine Straße monumentaler Art entstehen wollte. Aber der Uhrzeiger des letzten Markgrafenjahrhunderts war schon zu weit vorgerückt. Das Todesjahr des Markgrafen Friedrich, 1763, ist ein Bayreuther Endjahr.

Der Neue Weg stößt, da er den Anschluß an die Opernstraße nicht direkt findet, an die Böschung der die Stadt tragenden Terrasse, und von oben her treten blickauffangend in ihn ein, neben einander gestellt, doch durch ein Spatium getrennt, das Wohnhaus Gontards und das des Grafen Athanaris, später ›Harmonie‹, und, als starke wirkungsvolle mittlere Überhöhung, der Achteckturm des Alten Schlosses. Diese aus der Begrünung des Bodensockels wachsende Gruppe ist außerordentlich reizvoll, und da sie sich dem durch die Lage des Bahnhofs bestimmten modernen Zugang zur Stadt entgegen wendet, erfüllt sie auch aufs schönste den Auftrag einer die Neugier spannenden Begrüßung.

Man verdankt sie Gontard, dem letzten der barokken – barock-klassizistischen – Baumeister der Markgrafenzeit, der, wie Steingruber in Ansbach, die Reihe beschließt. Er kam, sehr jung, aus Mannheim nach Bayreuth, sattelte vom Ballettänzer zum Baumeister um, ging durch die Schule St. Pierres, und wenn ihn nicht schon sein französisches Geblüt, die Schule und das örtliche Kulturklima zum Klassizisten gemacht hätte, so hätte ihn doch die Zeit zum Klassizisten machen müssen. Indessen wird man sich kaum einen liebenswürdigeren, beschwingteren Klassizismus denken können als den an seinem eigenen Hause vorgetragenen. Was ihn aber von dem letzten namhaften Ansbacher, Steingruber, unterscheidet, ist sein anderes Verhältnis zur Tradition der Landschaft: er nähert sich ihr nicht wie der Ansbacher, er entfernt sich von ihr, und man konnte nicht zu Unrecht von einem seiner besten bayreuthischen Werke, dem vorhin genannten Reitzensteinschen Palais, sagen, daß es, an den Corso in Rom versetzt, kaum aus der Reihe treten würde.

Klassizistisch ist auch die Prägung des durch die Zocha, Retti, Steingruber geformten Ansbach. Die Quelle ist, wie in Bayreuth, die französische, nur daß sie nicht, wie in Bayreuth, über den Norden zugeleitet wurde. Die preußische Note fehlt dem Ansbacher Klassizismus, und so konnte er sich in der Hand eines eingesessenen Meisters wie Steingruber lockern und erwärmen. Vergleiche man nur den Retti und Steingruber zu dankenden Karlsplatz der Neuen Auslage in Ansbach mit dem der Bayreuther Friedrichstraße anliegenden ehemals so genannten Waisenhausplatz. Der eine ist freundlich, bürgerlich behaglich, er könnte nicht auch in Potsdam so entstanden sein – der andere könnte es. Als Markgraf Friedrich, einen unheimlich gehäuften Schuldenberg hinterlassend, aus dieser Zeitlichkeit schied, wanderten die besten seiner nun brotlos gewordenen Künstler nach Berlin-Potsdam ab, fast möchte man sagen, zurück, unter ihnen Gontard, der nun einer der entscheidenden Baumeister des friderizianischen Berlin wurde und es auch ganz ohne Wandlung werden konnte.

Als Friedrich der Große für die am Tage von Hochkirch heimgegangene Bayreuther Schwester in seinem Potsdamer Schloßpark den Tempel der Freundschaft errichtete, war es Gontard, der seinen Gedanken ausführte. Und die Statue der Fürstin schufen Johann David und Lorenz Wilhelm Räntz, die Enkel des Elias.

JOHANN CASIMIR

Der sächsische Annalist des 11. Jahrhunderts spricht vom Thüringer Wald als dem Franken und Thüringen trennenden. Zur Frankengrenze war der Wald schon früh, im 6. Jahrhundert, geworden. Seit 531, dem Katrastrophenjahr der in die Zange der Sachsen und Franken geratenen Thüringer, rechnete das südliche Vorland des Waldes, gegen den Main hin, zur *Francia orientalis.* Da galt auch fränkisches Recht – gab einer seinen Acker dahin, dann tat er es *manu et calamo,* und nicht, wie drüben, *incurvatis digitis* –, da folgten auch später die Städte einem der diesseits des Waldes geltenden Stadtrechte, dem Schweinfurter, dem auch unsere Stadt Coburg, 1331, zugeteilt wurde.

Dieses südliche Vorland des Waldes schloß nordwestlich Coburg noch ein: Hildburghausen, Meiningen, Römhild, die alle später als Coburg an die sächsische Herrschaft im und jenseits des Waldes gediehen, das erste 1374, das zweite 1452, das dritte gar erst 1555. Dieses Vorland des Waldes fiel zu Zeiten der frühmittelalterlichen Gauverfassung in einen der fränkischen Großgaue, das Grabfeld, das von der Itz im Osten bis in die Rhön im Westen, vom Wald im Norden bis zum Main im Süden reichte.

In diesem Grabfeldgau erhob sich zu Besitz und Macht sonderlich ein hochfreies Geschlecht, das sich, als die Burgen den Namen gaben, nach einem Burgsitz bei Meiningen nannte: Henneberg. Vielleicht war der Stammvater jener Graf, auch Markgraf (der Sorbenmark), Poppo, der in der ersten Hälfte des 9. Jahrhunderts lebte, der Ahnherr auch der Babenberger. Der Besitz der Henneberg lag jedenfalls geballt im Umfang der alten Grafschaft des Grabfeldgaues, und dieser Besitz war so reich, daß er Henneberg zu einem starken, ja langhin dem stärksten Gegenspieler der Würzburger Bischöfe machte. Henneberg bevogtete das Hochstift St. Kilians, Henneberg besetzte auch die Burggrafschaft der Stadt St. Kilians. Aber die geistlichen Herren zeigten sich der Aggression gewachsen, es gelang ihnen, die gefährlichen Grafen als Vögte wie als Burggrafen abzuschütteln, und wenn es nun auch ihrer Aggression nicht gelingen konnte, die Grafen unter ihr Landgericht zu zwingen, so hatten sie doch diese schweren Widersacher in die Grenzen ihrer Grabfeld-Territorien zurückgedrängt. Henneberg wurde nun wohl, 1310, vom Kaiser gefürstet, und als Reichsstandschaft konnte es auch seinen herrschaftlichen Rang behaupten. Aber die Kraft des erlauchten Geschlechtes zersplitterte in Erbteilungen, und als über dem letzten, 1581, der Schild mit der Henne zerbrochen wurde, war schon so mancher gute Besitz, weggeheiratet, in fremder Hand. Und das war auch, und längst schon, seit 1353, die sogenannte Neue Herrschaft, die Coburger.

Henneberg, schon im 12. Jahrhundert da und dort in dieser östlichen Randzone des Grabfeldes ansässig, hatte sich um die Mitte des 13. Jahrhunderts, vermutlich in der Nachfolge der Herzöge von Meranien, in den Besitz Coburgs und der zugehörigen Herrschaft gesetzt. Die ältere Geschichte des Platzes zeichnet sich nur in dürftigen Umrissen ab. Am Anfang steht Richeza, Witwe des Polenkönigs Miszislaw, Tochter des lothringischen Pfalzgrafen Ezzo und einer kaiserlichen Prinzessin. Sie überläßt 1056 Coburger und Saalfelder Güter ihrem Bruder, Erzbischof Hermann von Köln. Der Vater, Ezzo, kann diese entlegenen Güter nur aus der Hand des Königs, Ottos III. oder Heinrichs II., empfangen haben. So war also der König der erste Grundherr des Coburger Landes.

Der Nachfolger des beschenkten Erzbischofs, Anno, einer der großen Kirchenmänner der Zeit, verstiftete die Richeza-Güter an das von ihm gegründete Saalfelder Kloster. Coburgs Herren sind also jetzt Mönche, Benediktiner. Aber was ist ›Coburg‹ damals, zu Zeiten der Richeza und des Anno, 1056 und 1077? Die Siedlung unten am Burgberg? Oder eben dieser, der Burgberg selbst? Der tritt auch in Urkunden der Jahre 1125 und 1126 namentlich hervor: *mons qui dicitur Coburg*. Doch sind die letzten Historiographen der Stadt nicht gewillt, die Burg voranzustellen. Die Burg ist ihnen eine späte Gründung, nicht älter als das 12. Jahrhundert, und so lassen sie den Namen, der ja schon einige Menschenalter zuvor aufklingt, vom Tal zum Berge gehen. Aber ihre Gründe sind keine Beweise, wir halten uns lieber an das natürliche Gefälle und lassen den Namen, umgekehrt, vom Berg zum Tale gehen. Dieser Name reicht ja sicher um ein gutes Stück Zeit über seine erste Nennung zurück, und so stellt er sich zu den alten, sehr alten burg-endigen, wie etwa Hammelburg oder Würzburg. Und wie da die Höhenburg jüngerer Ordnung erst spät, in der Frühzeit des 13. Jahrhunderts, aus der germanischen Volksburg herauswächst, so wird sich auch hier eine germanische, thüringische, voraussetzen lassen. Daß die Siedlung unten einmal anderen Namen trug, erhellt aus der Urkunde des Jahres 1217, in der es heißt, daß der *burgus Choburg* in alten Zeiten *(antiquitus)* Trufolistat genannt worden. Dieses Trufoli- oder auch Trufalistat läßt sich schon in einer Urkunde des Jahres 1075 greifen, hier zusammen mit mehreren Nachbarorten, zwischen Ketschendorf, südlich, und Cortendorf, nördlich. Der Schluß liegt nahe, daß man im 11. und bis ins 12. Jahrhundert Coburg oben von Trufalistat unten unterschied, daß dann im Laufe des 12. Jahrhunderts eine befestigte Siedlung, Marktsiedlung, neben dem Dorfe Trufalistat gegründet wurde, auf die der Name des Burgberges überging. Bald nach 1217, spätestens um die Mitte des 13. Jahrhunderts, dürfte sich der *burgus* zur *civitas,* zur Stadt, entwickelt haben, der dann, 1331, in einem Akte der Rechtsmehrung, das bessere, exemplarische Recht der Stadt Schweinfurt zuerkannt wurde.

Die Stadt liegt an der Itz, die nur ein kleines Wasser ist, aber doch von nicht zu enger Talfurche begleitet. Sie kommt vom Norden, vom Walde her, und sie hält südliche Richtung, dem Maine zu, den sie etwas oberhalb Hallstadt trifft. Dieses Hallstadt ist einer der frühen, schon um die Mitte des 8. Jahrhunderts bezeugten fränkischen Königshöfe, einer der Stützpunkte, Etappenplätze an der großen Nord-Südstraße, deren Endpunkte das Diedenhofener Capitulare Kaiser Karls

(805) mit Bardowick an der Elbe, nördlich, und Lorch an der Donau, südlich, angibt, an der nun Hallstadt zwischen Erfurt einerseits und Forchheim andererseits liegt. An dieser, nach der kaiserlichen Verfügung den Waffenhandel ostwärts, zu den Slawen, sperrenden, Nord und Süd verklammernden Straße, und das heißt nun auch: dank der Straße, erwuchs und wuchs die fränkische Stadt Coburg.

Betonen wir, schon im Begriffe, das nächste, längste, das sächsische Blatt ihrer Geschichte aufzuschlagen, dieses ihr Wurzelverhältnis anzeigende Adjektiv ›fränkisch‹. Das politische Schicksal mochte die Hennebergsche Herrschaft anderen, ›ausländischen‹ Gewalten zuteilen, die thüringisch unterschichtete, doch, und bestimmend, fränkisch überschichtete ›Landesart‹ blieb sich gleich. Die Menschen sprechen fränkisch, und was sie im Zeitenlaufe im aushältigen Werk ihrer Hände geschaffen haben, spricht, auf die Breite hin gesehen, nicht anders. Indessen mußte die politische Orientierung die kulturelle tangieren und also auch tingieren, und diese thüringisch-sächsische Tinktur sei auch keineswegs verschwiegen.

Am Eingang der Geschichte Coburgs und des Coburger Landes steht also das Saalfelder Benediktinerkloster, das aber schon um die Mitte des 13. Jahrhunderts nicht mehr viel zu sagen hat. Denn die Herrschaft liegt jetzt in den Händen Hennebergs. Der Saalfelder Propst sitzt unten, in der Stadt, bei St. Moriz, und nicht mehr oben, auf dem Berg. Da thront und dräut die herrschaftliche Burg, die wohl schon die ganze runde Fläche des Dolomitrückens besetzt, wenn auch der größere westliche Hof noch kaum bebaut (aber schon bewehrt) ist. Doch Henneberg regierte nicht so lange, um Greifbares, Sinnfälliges zurückzulassen, es sei denn das schöne Grabbild der Anna Henneberg im nahen Sonnefeld. Denn schon 1353 brachte eine Henneberg, Katharina, ältere Schwester des Sonnefelder Fräuleins, die seit einigen Jahrzehnten, nach Verlust und Wiedererwerb, sogenannte Neue Herrschaft an ihren Gatten, Markgraf Friedrich von Meißen. Und damit beginnt die lange sächsische Zeit der Stadt und des Landes, die erst 1920 ihr Ende findet, als das zur Wahl aufgerufene Volk sich für Bayern und gegen Thüringen entscheidet. Die Spötter (deren es bei den Franken viele gibt) redeten von einer ›Kartoffelwahl‹. Da nun der Mensch nicht nur vom Brote, und der Kartoffel, aber doch auch vom Brote, und der Kartoffel, lebt, ja wohl auch leben muß, sei das materielle Motiv nicht unterschätzt. Aber nur dieses war es nicht. Die Volksstimme bewertete das Ereignis von 1353 als ein politisch-willkürliches, zufälliges und widerrufliches. Der Coburger trat in den politischen Verband seines fränkischen Herkommens zurück.

Die neuen wettinischen Herren benannten den so glücklich und leicht erworbenen Besitz vor dem Walde – wettinisch gesehen: jenseits des Waldes – als ihr ›Ortsland in Franken‹. Coburg ist der ›Ort‹, das ist das Eck, die vorgetriebene Spitze ihrer thüringischen und sächsischen Länder. Dieser fränkische Ort rechnet nun wohl seit der Kreiseinteilung des 16. Jahrhunderts zum Obersächsischen Kreis, liegt aber nach wie vor, männiglich weiß es, in Franken, was so geradehin zu sagen freilich nicht jedenfalls rätlich war – wir erinnern an die oben, in der Einleitung, zitierte Vorsichtsklausel im Text der Merianschen Topographie –, da ja ›Franken‹ auch politisch als das mit verjährten Rechten drohende Herzogtum der nachbarlichen Fürstbischöfe von Würzburg begriffen werden konnte.

Die wettinischen Markgrafen, Herzöge, Kurfürsten bauten die Burg im fränkischen Eck ihrer Territorien zu einem starken Bollwerk aus, in dessen Bering sie bis ins späte Mittelalter freilich nur dann und wann einmal auch längerhin Wohnung nahmen. Erst 1541 bezog Herzog Johann Ernst, einer der Söhne des Kurfürsten Johann Friedrich, die Veste, um nun für die Dauer in Coburg zu bleiben, zu ›residieren‹. Aber die Zeit achtete die alten Berg-Burgen schon nicht mehr hoch, und so beginnt der erste Herr des der wettinischen Landesteilung entsprungenen Sonderherzogtums Sachsen-Coburg auch unverzüglich mit dem Bau eines rechten Fürstenschlosses unten in der Stadt, der ›Ehrenburg‹, die er seit 1547 bewohnt, nicht lange freilich, da er schon 1553 am Ende seiner Tage ist. Er stirbt erbenlos, und so folgt nun wieder der Kurfürst selbst, Johann Friedrich, genannt der Großmütige. Der Nächste ist Johann Friedrich, genannt der Mittlere, der aber die ›Pflege‹ seinem Bruder Johann Wilhelm überläßt. Dieser tritt 1567 anstelle des vom Kaiser nach dem bösen Ausgang der ›Grumbachschen Händel‹ gefangengesetzten Bruders die Nachfolge im Kurfürstentum an, überläßt aber Coburg 1572 seinen Neffen, den beiden Söhnen Johann Friedrichs. Die beginnen 1586 gemeinsam zu regieren, teilen aber dann, 1596, doch. Der Ältere, Johann Casimir, erhält das Coburger Herzogtum, das er bis 1633 rühmlich verwaltet. Aber die Herzöge sterben immer wieder söhnelos, und so hält sich keine Coburger Linie. Erst im letzten Jahrhundert kann sich das ›Haus Coburg‹ befestigen und nun knüpft es seine vielen europäischen Allianzen. Auf dem Markte steht, in Bronze, Albert, der Bruder des Herzogs Ernst, der *Prince Consort*. Wollte man sagen, der Prinz, mit Coburg doch nur durch seine Geburt und sein Haus verbunden, stehe nicht eben selbstverständlich an dieser Stelle, so möchte das ja zutreffen. Ungleich besseren Rechtes stünde hier Herzog Johann Casimir. Aber welcher andere Coburger erwiese die europäische Geltung des Hauses und damit des Namens Coburg so augenfällig wie dieser ›englische‹ Albert?

Memorieren wir doch rasch einige Daten der Geschichte des Hauses, das an der Schwelle des vergangenen Jahrhunderts mit Herzog Franz Anton einsetzt und in der nächsten Generation seine glücklichen Ausflüge beginnt. Der älteste Sohn folgt als Ernst I. dem Vater, seit 1826 auch Herzog von Gotha. Der zweite, Leopold, gewinnt 1831 die Krone des eben geborenen Königreiches Belgien. Die Tochter, Victoria, heiratet in zweiter Ehe den englischen Prinzen Eduard von Kent, Bruder König Georgs IV. Die Frucht dieser Ehe ist

Victoria, die 1840 ihren Vetter Albert von Coburg heiratet, nachdem sie 1837 als Letzte des Hauses Hannover den englischen Thron bestiegen, die Queen. Der ältere Bruder Alberts, Herzog Ernst II., regiert in Coburg und Gotha seit 1844. Er stirbt 1893 ohne Söhne, und so folgt ihm ein Sohn der Queen und des Royal Husband, Alfred, dessen Erbe sein Neffe Carl Eduard ist, der letzte der Coburger Herzöge.

Aber wozu dieses Exzerpt aus dem genealogischen Handbuch (dessen Geburtsort ja bekanntlich das kopulierte Gotha ist)? Muß man es in der Tasche oder gar im Kopfe haben, wenn man durch eines der alten gotischen Tore, Ketschentor oder Spitaltor, in die, wie sich dann gleich herausstellt, geprägt bürgerliche Stadt hereinkommt und ihren sinnfälligen Memorabilien nachgeht? Tritt man aber, am Markte links hinten, in die Herrengasse einbiegend, durch diese dann in den weiten Platzraum vor der Ehrenburg hinaus – an dem noch ein unvertilgbares Quentchen vom Fluidum des Hofes haftet –, so ist's doch allenfalls nützlich, das Coburg-Gothaische Exzerpt aus dem Gothaer in der Tasche und ein paar Daten im Kopfe zu haben.

Coburg war die rechte Fürstenstadt, die kleine Residenz, wie sie im Buche steht. Aber am Gesicht der Altstadt läßt sich das nicht ablesen. Das ist bürgerlich. Darin steht ja nun Coburg nicht allein. Denn Stadt und Stadtherrschaft setzten sich doch stets recht genau voneinander ab. Der Herr stieg meist erst spät von seiner Burg oben in die Bürgerstadt unten herab. Und tat er's, meist in der Endzeit der Burgenherrlichkeit, im 16. Jahrhundert, dann setzte er sein, immer noch festes, grabenbewehrtes Haus, sein ›Schloß‹, fast regelmäßig an den Rand der Stadt. Denke man aber nicht: deshalb an den Rand, weil in der Mitte doch längst schon aller Platz vergeben und verbaut war. Ein starker Wille hätte sich den Sitz in der Mitte erzwungen. Daß sich der Stadtherr nicht etwa unwillig, sondern freiwillig an den Rand seiner Stadt setzte, erweisen die ganz neu gepflanzten Städte, in denen der Stifter nach Belieben den Platz hätte wählen können. Aber er wollte die randliche Lage, die Eingliederung des Burg-Schlosses in den Wehrgürtel der Stadt, der es stärkte, wie er von ihm gestärkt wurde. Da ist unter den für die Randlage sprechenden Gründen freilich auch noch ein anderer: daß der Stadtherr des Gehorsams seiner mit einem trotzigen Selbstgefühl begabten Bürger-Untertanen doch nie so sicher war, so ganz sicher, um sich mit der Seelenruhe des Grafen von Württemberg der Ballade inmitten seiner Lieben und Getreuen schlafen zu legen.

Als die Stadt neben dem Burgflecken Trufalistat begründet wurde, saß die Herrschaft (Andechs? oder schon Henneberg?) auf der Burg, und da sie da auch noch lange blieb, konnte sich die Stadt nach der einzigen Richtschnur des Bürgers entwickeln. Der Herr, der natürlich die Hand über ihr hatte, gab ihr doch nicht die sichtliche Spur seiner Hand. Das ›Bleiben‹ der Herrschaft auf der Burg bedarf nun wohl der Abschwächung. Die sächsischen Fürsten behausten ja die

Burg nur gelegentlich, nie auf die Dauer, und der erste, der sich für die Dauer in Coburg niederließ, Herzog Johann Ernst, zog, kaum war er da, schon zu Tal, an den Rand der Stadt. Diese Platzwahl wurde nun freilich nicht mehr durch die vorhin aufgeführten Gründe, sondern durch die Verfüglichkeit des Platzes bestimmt. Der Herzog nahm sich den Grund des 1525 aufgehobenen Franziskanerklosters. Das war seinerzeit, um das Jahr 1250, noch innerhalb der Mauer, aber hart an ihr, im Winkel zwischen Steingasse und Rückertgasse, aufgeführt worden. Indessen sah die Ehrenburg nicht nach außen, sondern nach innen, sie sah, wie das Kloster vor ihr, in die Steingasse, die ziemlich geraden, leicht ansteigenden Verlaufes vom Marktplatz her heraufkommt.

Dieses geräumige Geviert, der Markt, liegt in der Mitte des annähernd rund geschlossenen Stadtkörpers, dessen Ur-Grenzen westlich und nördlich durch die massiven, im Strunk wohl noch spätromanischen oder frühgotischen Quadertürme des Judentores und des Spitaltores abgesteckt sind. Die längst abgeräumten beiden anderen Tore, Ketschentor (halbwegs der Ketschengasse) und Steintor (halbwegs der Steingasse) schlossen südlich und östlich. Die Stadt trat also noch nicht an das noch wenig befestigte Ufer der Itz heran. Die führende Verkehrsader war die dem Süd-Nordpfeil folgende, die Ketschengasse, die das Südosteck des Marktplatzes trifft, und die Spitalgasse, die ihn am Nordwesteck verläßt. An dieser Linie setzten sich dann auch vor den Toren, Ketschentor südlich, Spitaltor nördlich, die stärkeren Vorstädte an. Die Mauergrenze der südlichen ist durch das äußere Ketschentor, die der nördlichen war durch das Hahntor (nächst dem prächtigen Fachwerkbau der Hahnmühle) gegeben. Der von Westen her den Markt treffende und ihn dann wieder östlich verlassende Verkehrsweg stand an Bedeutung sehr zurück, es zieht keine Trift in die Steingasse hinein. Die Judengasse gegenüber, westlich, öffnet sich wohl breiter. Aber vor dem Tor siedelten die Juden, denen ja stets nur der arge Boden gelassen wurde, hier die sumpfige Niederung des Flusses. Östlich und westlich lagen auch keine Fernziele, die nährende Straße zielte nördlich oder südlich. Der Markt, der die Verkehrszüge empfängt, staut und wieder freigibt, ist ein reguläres Geviert, das freilich erst im späten 16. Jahrhundert zu dieser seiner endlichen Größe gedieh, aber doch schon anfänglich so, nach dem rechten Winkel, abgesteckt war. Gar nicht glaublich ist's übrigens, daß dieses planvolle, vier Achsen ausstoßende Mittelgeviert etwa schon im 11. Jahrhundert entstanden sein könnte. Setzen wir die, durch kein geschriebenes Wort bezeugte, Entstehung doch besser ins 12. Jahrhundert und, noch einmal besser, ins späte als ins frühe.

Ehe der Blick des in diesen wohlgefügten Platzraum Eintretenden das umgebende Feste, die Wand, abtastet, fesselt ihn der Turm, der höhere des ungleichen Türmepaares der Pfarrkirche St. Moriz. Die also doch, wenn auch abseitig, hinter dem Markt, mit dem Anspruch ihrer geistlichen Würde präsent ist. Erst nach dieser Begegnung mit dem gotischen Turm (dem eine ungotisch korpulente, barocke Dachhaube aufsitzt) mag dann der zurückkehrende Blick das Einhegende, die feste geschlossene und schließende Wand des Platzsaales, angehen. Er trifft die anspruchsvollen und ja auch wirklich Ansprüche, politische, verkörpernden, starken Gebäudeblöcke an den Flanken, das Regierungsgebäude, alten Namens die ›Cantzley‹, links, und das nicht so breite, aber um so höher aufgehende Rathaus, rechts. Ein Amtshaus der Herrschaft, eine Vogtei, stand schon im 15. Jahrhundert (1437) zur Linken, wenn auch noch nicht in der, die ganze Platzflanke begleitenden, Länge der Kanzlei. Auch der Rat hatte sich damals schon an der Flanke rechts, im Eck zur Ketschengasse, angesiedelt.

Die Kanzlei, in ihrer beherrschenden platzschließenden Breite, wird dem baufreudigsten der Coburger Herzöge verdankt, Johann Casimir, der wie kein anderer vor und nach ihm in das körperliche Gefüge der Stadt eingriff. Er bediente sich bis in die späten Jahre seines langen, 1586 bis 1633 währenden Regiments des vortrefflichen Maler-Architekten Peter Sengelaub, thüringischen Herkommens, der wohl auch seinen Architekturverstand nördlich des Waldes, im sächsischen Mitteldeutschland, gebildet hatte. Seine Kanzlei steht auch einem der exemplarischen sächsischen Renaissance-Bauten, dem Leipziger Rathaus, nahe genug. Träten wir nun, fremd und ›ahnungslos‹ auf den Markt: spräche uns da nicht das Amtshaus des Herzogs (das, wohlgemerkt, nebenher auch die Aufgabe eines Kaufhauses erfüllte) an, als sei es das Amtshaus, Rathaus, der Bürgerstadt? Möchte nicht das große barocke Gebäude gegenüber, rechts, als der kenntlichste Repräsentant fürstlicher Obrigkeit erscheinen? Hätte aber die Stadt nicht im 18. Jahrhundert (1750), in einem Zeitalter eindeutig fürstlicher Prägung, ihr Haus barock, nach dem Modell ›Palais‹ überholt, stünde noch das aus zwei Gebäuden verschiedener Ausrichtung konglomerierte der 70er Jahre des 16. Jahrhunderts – die Frage: Was ist das? beantwortete sich wohl so geradehin als stünde ein *Senatus populusque* oder dergleichen breit sichtbar auf der Giebelstirn. Von diesem altdeutschen Rathaus, des Ratsbaumeisters Paul Weißmann, ist außen nur der Erker am Eck zur Ketschengasse übrig geblieben, der aber nicht dem eben genannten Weißmann, sondern, im Schmuck des Steinwerks, dem Überlinger Steinmetzen Hans Schlachter zu Danke geht, der auch am Stützpfeiler unterhalb des die Stadt symbolisierenden Mohrenritters anwesend ist, in ganzer Figur, doch in der Bescheidenheit des Werkmannes, kniend und mit dem Schlegel bewehrt. Dieser Rathauserker, achteckig und zweigeschossig, ist der erste in der Reihe der unserer Stadt so sonderlich zugehörigen, füglich auch gern so genannten Coburger Erker. Er wirkte exemplarisch fort und blieb auch dem 1597 angefangenen Kanzleibau Peter Sengelaubs nicht vorenthalten. Jede der beiden Marktecken der Kanzlei ist mit einem hohen, doppelgeschossigen Erker geschmückt und zugleich auch gefestigt, die langen Horizontalen der Marktfront bedürfen ja der standhaltenden, stabilisierenden Gewichte. Und dann erfüllen diese ausgehängten Schwebe-Polygone vorzüglich den Dienst des Gelenkes, der gleitenden Überleitung des der Traufseite anliegenden Marktplatzes in die der Giebelseite anliegende Spitalgasse einer- und der Herrengasse andererseits. Diese Runderker, keine Fremdlinge in der deutschen Renaissance, örtlich eigenartig aber doch, sitzen mit dem unteren ihrer zwei Geschosse auf einer dem Eckkant vorgesetzten Pfeiler- oder Säulenstütze, die viel zu schlank ist, als daß sie leisten könnte, was sie zu leisten vorgibt, nimmt sie auch einen Teil oder ein Teilchen der Last auf sich. Aber der Begriff der Last will sich ja mit diesen anscheinend so schwerelos leichten, wie schwebenden, Gehäusen kaum verbinden.

Die Kanzlei, sagten wir, bedürfe der Festigung ihrer lang dahinlaufenden Horizontalen. Die deutschen Baumeister hatten unter dem Zwang der nun schon allenthalben vorschriftlich gewordenen neuen, welschen Manier die Horizontale, die starke Horizontale, aufgenommen, die alte zähe Vertikale aber doch nicht so resolut, wie sie das selber meinen mochten, abgelegt. Sengelaub kränkte den dreigeschossigen, in den langen Waagrechten der Geschoßteilungen breit abfluchtenden Langblock seiner Kanzlei durch keine ›offene‹ Senkrechte. Aber in den drei Zwerchgiebeln vor dem Dachsattel kränkte er sie dann doch, aber sicherlich ganz unbewußt, er folgte nur den stärkeren Bildungsgesetzen der ihn umgebenden, führenden und verführenden gotischen Stadt (und hätte man ihm so etwas wie ›Treue‹ zum, ja doch gar nicht mehr geschätz-

ten, Gestern vorgehalten, er hätte sich's hart verbeten).
Denn natürlich hatte er das stolze Gefühl des Neuerers,
der überhaupt erst wieder den einen rechten, von den
›Alten‹ gewiesenen Weg der ›Kunst‹ beschritt. Und wirklich neu, und grundsätzlich von allem Mittelalterlichen
geschieden, ist ja die runde Einheitlichkeit des durch
die, doch nie schematisch absolute, Symmetrie der Teile
geordneten Ganzen. Würde uns nun dieser eigentümlich neue, eigentümlich neuzeitliche Charakter des mit
seinem Plane, seiner Idee identischen Hauses im Dohlenblick, wie ihn die Höhe des Morizturmes gewährt,
am faßlichsten, und so wie im Modell, entgegentreten,
so würde dieser den Markt suchende, auf seinem Wege
dahin Giebel und Steildach der Hofapotheke streifen-
de Blick doch auch wieder das verbindend Gleichgerich-
tete ergreifen und begreifen, das Gleichwüchsige, das
Gleichförmige. Diese deutsche Renaissance schöpft wohl
mit allem Eifer, Adepteneifer, aus dem nun schon überall breit zur Hand liegenden Vorrat der welschen oder
antikischen Manier, aber sie verliert doch nie, bei allem gut deutschen Respekt vor dem Fremden (und
folglich Besseren), die Bodenhaftung. Das Neue, das
sie bringt und das doch viel weniger die einzelne, entlehnte modische Form, als das Begreifen idealer, das
ist ideell vorgegebener, Ganzheiten ist, wurzelt noch
so fest im Alten, daß es sich ohne Bruch in dessen ›gewachsene‹ Zusammenhänge einfügt.

Der Dohlenblick vom Turm herab fiel auf die Hofapotheke. Sie steht in der, wie die westliche, von Bürgerhäusern besetzten östlichen Breite des Marktes; ein

fester guter Quaderbau des späten 15. Jahrhunderts, der seinen steil aufgerichteten Giebel gegen die Steingasse stellt, vielleicht (eine Vermutung und nicht mehr) das erste Rathaus der Stadt, aber schon lange, bei vierhundert Jahren, Apotheke, seit Cyriacus Schnauss, der sich hier in den 40er Jahren des 16. Jahrhunderts einrichtete. Schwenken wir nun bei der Apotheke, mit dem spätgotischen Steinbilde der Muttergottes am Eck und dem des hl. Christoph an der Wand zur Steingasse, in diese – der Name sagt es – früh gesteinte, gepflasterte Gasse ein, biegen wir aber wieder rechts in die Kirchgasse ab, dann erreichen wir gleich den Kirchplatz um St. Moriz. Die Pfarrkirche der Stadt zeigt sich urkundlich erst 1323, das ist spät, denn ins 12., wenn nicht ins 11. Jahrhundert greift sie, in der Gründung, ja sicher zurück. Als man im gotischen 14. Jahrhundert an den Neubau ging, griff man in der, nicht mehr gerade zeitüblichen, Wahl der Zweitürmefront auf den romanischen Vorgänger zurück. Die Doppelung der Türme gedieh nun freilich nicht ans gewünschte Ziel, der südliche, der ›Rabenturm‹, blieb im Aufgehen stecken, nur der nördliche, der ›Moriztturm‹, schwang sich zu einer guten Höhe empor, wenn ihm auch erst 1588 der Knauf der dreifältig gegliederten Haube aufgesetzt wurde. Wir wollen nun nicht die Gestalt dieses großen grauen Quaderkörpers im einzelnen beschreiben, sagen wir nur, daß sie außen reinblütig gotisch ist, schönen, straffen, steilen Wuchses vor allem der Chor (älter als das Schiff) – doch inwendig ein barocker Predigtsaal dank der verwandelnden

COBURG *Haupttor der Veste*
gestochen und lithographiert von
C. Pantzschke (datiert 1849)

Manipulationen des Ansbacher Bauinspektors Steingruber (1740 – 42), der nur dem Chor einige Schonung
angedeihen ließ. Da steht aber in der Brechung dieses
Chores das erstaunliche, riesige Monument fürstlicher,
und fürstlich prunkender, Selbstdarstellung, das in
fünf Geschossen zu zwölf Metern aufsteigende Alaba-
sterepitaph, das der Herzog Johann Casimir durch den
Thüringer Nikolaus Bergner, wahrscheinlich nach der
Idee seines Sengelaub, zu Feier und Gedächtnis seiner,
doch viel mehr beklagens- als rühmenswerten Eltern,
implicite aber natürlich auch der eigenen Person, auf-
richten ließ. Auf der Bühnenrampe kniet in Lebens-
größe der Vater, Herzog Johann Friedrich der Mittlere – gestorben 1595 in der Gefangenschaft des Kaisers –,
knien hinter dem Vater die Söhne, voraus zwei früh
verblichene, dann die Brüder Johann Casimir und Johann Ernst; knien zur Rechten die beiden Gemahlin-
nen, die früh verstorbene Agnes von Hessen und, hinter ihr, die Mutter der Söhne, Elisabeth von der Pfalz,
Tochter des Kurfürsten Friedrich III. – gestorben 1594
in der von ihr freien Willens geteilten österreichischen
Gefangenschaft. Das Monument vertritt die Stelle des
Hochaltars. Es ist Epitaph und Retabel. Kann ihm die
Wahl des kultischen Platzes vorgeworfen werden? Die
protestantische Kirche ist Versammlungsraum der Gemeinde und also doch nur Haus unter Häusern, kein
Fanum, und so kann sie, im genauen Sinne des Wortes,
auch nicht ›profaniert‹ werden. Und hat die Kirche
einen Kirchenherrn, das ist der Landesherr, der einmal ›oben‹ rechenschaftspflichtig sein wird, dann darf

dieser Verantwortliche hier ›unten‹ auch aus der Gemeinde hervortreten und, *in effigie,* auf der Rampe der Himmelsbühne niederknien. Doch lassen sich dergleichen Monumente *ad maiorem dei et principis gloriam* auch, wenn nicht erstens, so doch zweitens, als die Fanfarenstöße der jetzt so stark von den *(dei gratia)* Mächtigen beanspruchten Fama, der wirkliche und vermeintliche Titel, wirkliche und vermeintliche Tugenden häufenden Ruhmrede ansprechen, wie denn auch das fürstliche Voranknien in den Proszenien des Allerheiligsten seine katholischen Parallelen hat.

Johann Casimir war ein lobenswürdiger Landesherr, sagen wir auch Landesvater, einer der lobenswürdigsten, der sich sehr wohl mit seinen größeren, aber auch auf breitere Podeste gestellten Zeitgenossen, Herzog Maximilian 1. von Bayern und Fürstbischof Julius Echter von Würzburg, vergleichen läßt, auch in der Leidenschaft des, doch immer zweckvoll, keineswegs durch die *Luxuria* gelenkten Bauens.

Wir stehen im Portal der Morizkirche und grüßen das Standbild des Herzogs schräg gegenüber am Eck des Gymnasiums. Der natürliche, schon gilb gewordene Kranz, den der steinerne Herzog vor sich hat, wurde ihm am letztvergangenen Jahrtag der Stiftung seiner Schule von ihrem *Primus omnium* dediziert. Was diese rühmliche Stiftung veranlaßte, war der bei den vielen, zu vielen sächsischen Herzögen selten auslassende Familienhader. Johann Casimir war es müde, seine Landeskinder auf die Jenaer Universität des weimari-

schen Vetters zu schicken, er kündigte also die bestehen-
de ›Kommunion‹ und ging mit der ihn auszeichnenden
Tatfreude daran, seine Landesuniversität aufzurichten.
Das gelang freilich nicht. Indessen trat doch, 1606, das
Gymnasium Casimirianum ins Leben und war auch,
dank des seine Geburt überschattenden Ehrgeizes, kein
gemeines, sondern ein *Gymnasium accademicum,* ein
Vorrang, der ihm erst 1804 genommen wurde.

Das stattliche Haus, das der Stifter-Herzog schon
1601 zu bauen begann, wozu er sich wieder Peter Sengelaubs bediente, kehrt sich mit der nördlichen Giebelseite dem Kirchplatz zu, mit der langen, östlichen
Traufseite grenzt es gegen die südlich gerichtete Gasse,
die, ohne Bedeutung, nur seine, des Gymnasiums, Gasse
ist. Wieder führen die Horizontalen, aber wieder sorgen auch die Zwerchgiebel, sechs auf der Gassen-, acht
auf der Hofseite des zweigeschossigen Blockes, für die
aufrechte Entgegnung, die auch noch im Achteckturm
der Hofseite, mit dem den Schultag einläutenden
Glöcklein, einen Beistand findet.

Es geschah nun alsbald das Übliche: das eifervolle
großzügige Bauen des Fürsten steckte an und riß mit,
es wurde in der goldenen Casimir-Zeit viel von den
wohlversorgten Bürgern gebaut oder doch umgebaut,
und wenn dieser wie über Nacht aufspringende Bau-
ehrgeiz die alte Stadt auch lassen mußte, wie sie nun
einmal war, so verjüngte er doch ihr Antlitz: es ist
reich an geschmückten Architekturen der Renaissance
(wie arm an solchen des Barock); der Betrachtende
wird immer wieder vor einem dieser bei aller modisch

welsch-antikischen Novität so vertraut altfränkischen Hausgesichter Halt machen, in der Rosengasse etwa, in der Judengasse, in der Herrengasse, in der auch wieder einer der repräsentativen Bauten des Renaissance-Herzogs (noch einmal Sengelaubs) steht, das Zeughaus. Das ist nun einer der schönen und reichen Blickwege: um die nordöstliche Marktecke herum zur Herrengasse hin, mit dem Erker der Kanzlei als Abstoß im Vorder- und der geballten Rustika des Zeughauses im Hintergrund der Perspektive.

Die Herrengasse stößt geraden Verlaufs auf die Ehrenburg, die wir jetzt nur in ihren bejahrtesten Teilen sehen, sehen wollen, in den Flügeln, die der Rükkertgasse, in die wir aus der Herrengasse rechts einbiegen, und der Steingasse, in die wir aus der Rückertgasse links einbiegen, anliegen. Das erste Schloss, die, angeblich zur Feier eines Kaiserbesuches, 1547, so genannte Ehrenburg der 40er Jahre des 16. Jahrhunderts – gebaut der Reihe nach vom Nürnberger Paul Beheim (doch geringsten Anteils), vom Thüringer Nickel Gromann und vom später so ergiebig an der Plassenburg tätigen Caspar Vischer (entscheidenden Anteils) – steckt noch im Grundriß und jedenfalls auch noch im Kern der Quadermauern. Aber die *Facies* ist doch ganz casimirianisch. Das alte Gebäu, das indessen noch keine fünzig Jahre zählte, scheint den die Anlässe zum Bauen ja wohl leicht findenden Herzog schon wieder recht altfränkisch angesprochen zu haben, er ließ es in den 90er Jahren, nun aber nicht vom Sengelaub, sondern von dem aus Straßburg gekommenen Michel Frey, gründlich überholen. Von diesem Casimir-Schloss stehen nur mehr die beiden vorhin genannten Trakte westlich und südlich und die (doch erst in den 20er Jahren des 17. Jahrhunderts durch den welschen Bamberger Bonalino hinzugefügte) Altane östlich, da das den Binnenhof nördlich schließende Hauptgebäude einem Großfeuer (1690) zum Opfer fiel. Der südliche, das ist der Trakt gegen die Steingasse, die eigentliche, stadtzuwendige Gesichtsseite – ausgezeichnet durch den Runderker am Eck zur Rückertstraße und das, wie üblich, exzentrisch eingefügte, Tor und Törlein verbindende Portal – betont, selbstverständlich, die Horizontale (die um so kräftiger, trotziger gleichsam, erscheint, als ihr der Anstieg der Straße zuwider läuft), befreit sich aber auch wieder im Aufragen der Zwerchgiebel, die ihre Geschwistrigen zudem auch innen, an der Hofseite, haben. Merken wir noch an, was wir dank alter Stadtveduten wissen: daß auch der um ein Geschoß höher aufsteigende nördliche Hauptblock an beiden Seiten des Dachsattels je vier dieser Giebelädikulen hatte – daß man also insgesamt sechzehn davon zählte. Da liegt's auf der Hand, wie sehr dieses Motiv den *genius temporis,* und dann natürlich auch den von ihm aufs beste bedienten *genius loci,* befreundete! Der Zwerchgiebel fügt sich, im Aufriß, dem Gesetz der Horizontale, hebt sich aber doch höhenfroh, höhenschaffend über sie hinaus. Zugleich bringt er, durch die senkrechte Stellung seiner Achse zu der des von ihm angeschnittenen Dachsattels, eine erregende Komplizierung der Richtungen ins Spiel, und so ist er der beste und folglich auch immer wieder angerufene Helfer bei der Eindeutschung des hochbewunderten, und doch nicht im Wesenskern begriffenen, neuen Stiles. Diese ›Renaissance‹ hat keine fremden Züge in das Antlitz der alten Stadt eingetragen.

Die werbende, anziehende Kraft geht nun aber weniger von der Stadt selbst aus als von dem Bergsitze ihrer Herrschaft, der Veste, die sie kronengleich überhöht. Es gibt viele Burgen, die nicht minder mächtig, oder auch noch mächtiger sind, und auch so hohen freien Thronens wie diese, und doch nicht so starken Wirkens. Was ist das sie sonderlich Auszeichnende? Der tragende Berg ist von mäßiger Höhe, beherrscht aber die Talung, die ihn auf zwei Seiten umfaßt. Auch die dritte, südliche, ist durch eine breite Furche abgetrennt. Nur die östliche ist ›schwach‹, da hängt er, ein schmaler Sattel verbindet, am Anstieg des Rückens hinter ihm. Annähernd rund strebt er, zweimal leicht gestuft, und in den Stufen sich gleichsam stemmend, aufwärts, ein breit gesetzter, nur im letzten Viertel geteilter Kegel, dessen durch den anstehenden Fels, Dolomit, gefestigte Höhe den sich nach natürlichen Sicherheiten, ›bergenden‹ Zufluchten umsehenden Menschen ja gleich zur Nützung auffordern mußte. Entschieden einzig die Zufallsfunde, die den Tafeln unserer vor- und frühgeschichtlichen Atlanten zugrunde liegen, es würde die Fundleere davon abhalten, diesem Berg mehr Geschichte zuzutrauen, als das die erste Nennung seines (noch keiner sicheren Deutung zugeführten) Namens zulas-

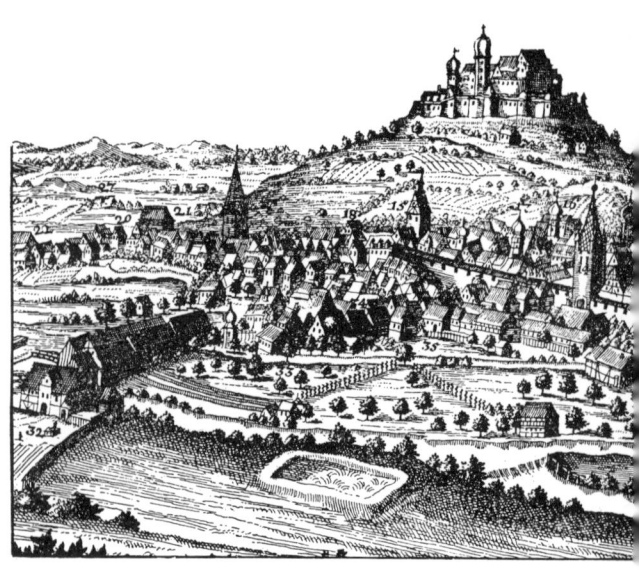

sen will. Indessen möchte doch ganz einfach *ex situ*
zu schließen sein, dieser ›Coberg‹ habe weit früher
den hier siedelnden und sich von der Ackerkrume nährenden Menschen das erwünschte notzeitliche *Refugium*
geboten. Eine Coburg muß der Coberg doch jedenfalls
schon zu Zeiten der ihn vom Vater her besitzenden
Königin Richeza gewesen sein, denn anders nicht hätten die Saalfelder Benediktiner eine Kapelle zu Ehren
ihrer Klosterpatrone Peter und Paul und eine Be-
hausung ihres die Richeza-Güter verwaltenden Prop-
stes auf diese freie Höhe setzen können. Schließen wir
aus der Tatsache der Bewohnung auch auf eine Bewehr-
rung des Berges, so doch noch nicht auf eine Mauer-

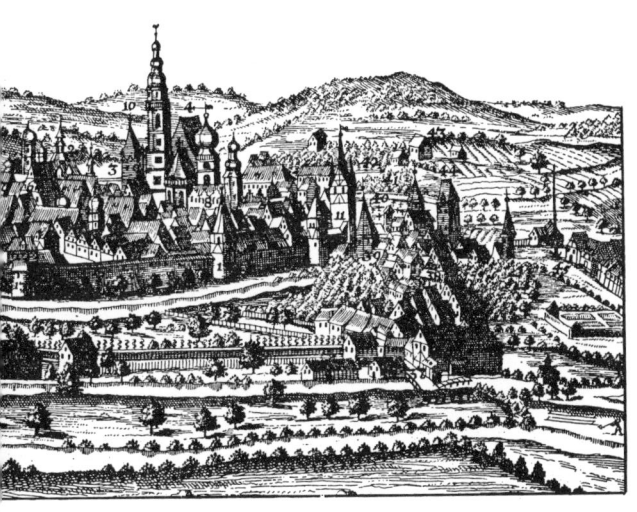

burg gleich der mittelalterlichen Veste, die nach dem
Zeugnis ihrer ältesten Steine, mit diesen in Palas und
Kemenate steckenden Steinen, ins späte 12. Jahrhun-
dert zurückweist.

Der Charakter der Veste, zu der wir jetzt auf einem
der Hofgartenwege, vorbei an Herzog Franz Antons
Mausoleum, hinaufsteigen, ist ein rein spätmittelalter-
licher. Wir sagen ›rein‹ trotz der einigen Supplemente
des 16. und 17. und, nicht zuletzt auch, 19. Jahrhunderts, da die Konturen den von Meister Lucas 1506
gezeichneten doch sehr nahe geblieben sind. Indessen
möchte der den Eindruck so stark bestimmende Ring
seine älteren frühgeschichtlichen Voraussetzungen ha-

ben. Aber die Wiederholung, die dreifache Staffelung des Ringes, ist spätmittelalterlich. Sie erst erhob den Ring zu diesem augenfälligsten Merkmal der Veste; dieser ovale, doch zentrisch und konzentrisch wirkende Ring gab auch immer wieder die (von welchem Rühmer der Veste nicht gebrauchte?) Kennzeichnung als ›Krone‹ ein.

Unser Weg trifft auf die Südostseite des äußeren Ringes, der die schweren Böschungsmauern zweier Bastionen, Rautenkranz und Bunter Löwe genannt, entgegenschiebt, so mächtiges wie prächtiges Quaderwerk, das erst Herzog Johann Casimir durch den Ulmer Gideon Bacher – wir kennen ihn von Ansbach her – auftürmen ließ. Auch die etwas ältere Bärenbastei, die sich dem westlichen Pol des Ringes vorlegt, ist ein casimirianisches Supplement. Der Herzog bereitete sich, zu rechter Stunde noch, auf die schon nahe gewußte Mars-Zeit vor.

Das jenseits des Grabens einlassende Tor, 1690 aufgerichtet, steht barock, anspruchsvoll, reich vor dem so gar nicht anspruchsvollen nackten Gefels der alten Mauerwuchten, in die sich der Torgang einhöhlt, durchhöhlt bis zum Hof, dem ersten, östlichen, der der älteste und der Haupthof ist. Da stand auch links der starke runde Bergfried (der um die Wende des 15. Jahrhunderts abgetragen wurde) und steht, dem Zugang gegenüber, der Palas, Fürstenbau genannt, an den sich, getrennt durch die Burgküche, im rechten Winkel die Steinerne Kemenate anlegt, die ihre Rückseite dem westlichen Burghofe zukehrt. Der ›Gästebau‹ rechts

und die Kapelle, ›Lutherkapelle‹, neben dem Fürstenbau, sind Spätlinge, zugebracht vom letzten Herzog,
Carl Eduard, und dem Burgenjungmacher Bodo Ebhardt, der auch die Fachwerkfassade des Fürstenbaues
mit nicht zu eng gefesselter Phantasie wiederherstellte.

Wir deuten noch auf die ›Hohe Bastei‹ am östlichen
Ende des Hofes hin, die sich gegen die Bergseite vorschiebt, erster, in den 30er und 50er Jahren des 16.
Jahrhunderts unternommener Versuch, die alte Veste
auf das neue Geschütz abzustimmen, und wechseln,
zwischen dem Bergfried (der im Fundament noch da
ist) links und der Kemenate rechts, in den großen
äußeren Hof hinüber, der gegen Westen liegt, der alte
Wirtschaftshof der Veste, den schon im 13. Jahrhundert
der Ring umschlossen haben muß, denn der ›Blaue
Turm‹ am westlichen Pol weist sich in seinen starken
Buckelquadern als Zeitgenosse des frühen 13. Jahrhunderts aus. Sonst führen die Anlieger des Hofes nicht
über das späte 15. Jahrhundert hinaus. Das ›Hohe
Haus‹, das in seiner steilen Aufreckung ein so wesentlicher, wirkungsvoller Teilhaber am Umriß der Veste
ist, wurde gegen Ausgang des Jahrhunderts aufgeführt,
›verneut‹, sagt die Inschrift der schönen Wappentafel,
woraus wir aber doch nur ›neu‹ herausheben können.
Das Hohe Haus ist nach seiner Bestimmung Zeughaus,
ein Zweckbau ohne Eitelkeit: ein viergeschossiger Recht-
eckkasten, Sandstein, verputzt, der nicht den Ehrgeiz
hat, mehr zu scheinen, als er ist, es sei denn, wir rechnen die Erkertürmchen hoch oben über der Traufe des
Dachsattels, je zwei zu Seiten der Giebel, ein fünfter

in der Mitte der ins Tal blickenden Südseite, dem schönen Scheine zu – was wir nun doch wohl dürfen, unbeschadet des Dienstes, den auch diese Zierlichen als Wächterwarten zu erfüllen hatten. Von den anderen Bauten dieses großen Hofes ist nicht viel Aufhebens zu machen. Der ›Kongreßbau‹ ist eine Zusteuer des Restaurators, und der aus dem alten Schafhaus erwachsene ›Herzoginbau‹ ist's größtenteils auch. Nur der kleine Renaissance-Überbau, Trog und Pfeilergerüst, der Zisterne, von der Hand des zuvor unten, am ›Westchor‹ der Morizkirche, tätigen Kunz Krebs (1531), ist ein gutes altes Ding. Weisen wir noch hin auf den Tunnel, den um die Mitte des 16. Jahrhunderts Nickel Gromann schrägab in den Fels bohrte, um bequeme Zufahrt zum tiefer liegenden westlichen Tor zu schaffen, das eben damals wieder geöffnet wurde. Denn an die Stelle des westlichen zu Seiten des ›Roten Turmes‹ war im 15. Jahrhundert das südöstliche getreten. Das wurde also jetzt – lag's an der Nähe der empfindlichen Bergseite? – aufgegeben. Die rechtfertigenden Gründe scheinen aber hundert Jahre später nicht mehr gegolten zu haben, da man nun, wieder, das westliche Tor schloß, um, wieder, das südöstliche aufzutun.

Damals hörte die Veste freilich schon auf, eine Macht zu sein. Sie hatte 1632 den Ansturm der Wallensteinschen ehrenvoll bestanden, sie hatte 1635 ohne zwingenden Grund kapituliert. Weitere Proben wurden ihr nicht mehr abverlangt, die Zeit der Höhenvesten war auch längst vorbei, und als das letzte Jahrhundert des Heiligen Römischen Reiches zur Neige ging, nahm ihr der Herzog, Franz Anton, weg, was einen Feind etwa noch gegen sie hätte aufbringen können; er ließ die Wälle vor den Mauern einebnen, und so tat auch Napoleon – der doch auf der Plassenburg einiges zu zerstören gefunden hatte – unserer Veste nichts zuleid. Gut, daß man jetzt begann, dergleichen Vermächtnisse des Mittelalters zu schätzen. Herzog Ernst I. fand denn auch bald die romantische Seite der ›uralten‹, inzwischen schon recht ruinös gewordenen Burg seiner Väter heraus und überantwortete sie dem Restaurator Heideloff. Der hätte ihr nun wohl mehr Mittelalterliches zugebracht, als sie je besessen, er gelangte aber nicht über die Instandsetzung, ›Wiederherstellung‹, der Räume in Fürstenbau und Kemenate hinaus. Erst in den 50er und 60er Jahren wurde auch das Außen angegriffen, sehr zum Leid der nächsten Generation, als deren berufener Anwalt schließlich Bodo Ebhardt, gefeierter Wiederbringer der Hochkönigsburg im Elsaß, auf den Plan trat. Der brachte zu den Sünden seiner Vorgänger im zeitgebundenen Metier des Restaurierens wieder seine eigenen hinzu. Aber schreiben wir Sünde klein und Leistung groß. Denn tatsächlich ist es doch gelungen, die alten Mauern wieder fest zu machen, fest genug, um ihnen wieder neue Zeitenlasten aufzubürden. Was tut es, daß manches neu und nicht alles exakt richtig ist, daß also, zum Beispiel, die aus altem Holzwerk zurechtgezimmerte ›Lutherstube‹ im ersten Stock der Steinernen Kemenate nicht die von Luther im Sommer und Herbst des Augsburger Reichstages 1530 bewohnt ist?* Und wenn die alten erleb-

ten Mauern auch viel Haut haben lassen müssen; das
schöne, so feierliche Bild der Veste, wie wir es im Aufblick von der Stadt her empfangen, hat fast alle jene
Umrisse, die sich schon der sächsischen Kurfürsten fränkischer Hofmaler Lucas Cranach notiert hatte, be-
wahrt, und sagen wir nun nicht trotz, sondern: dank
des um die Bewahrung bemühten Herzogs, des letzten
von Sachsen-Coburg-Gotha, Carl Eduard, und seines
Baumeisters Bodo Ebhardt.

Wir treten, von der Veste an den durch den Grüngür-
tel des Hofgartens offen gehaltenen Rand der Stadt
zurückgekehrt, auf das Rund des Platzes vor der Ehrenburg, das einerseits, östlich, die Arkaden, andererseits, nördlich, Landestheater und Palais Edinburgh begrenzen und dem sich von Süden her der von zwei
ausgreifenden Flügeln beschlossene, gegen den Platz
zu offene Cour d'honneur des Schlosses zuwendet. Bisher war nur von der Renaissance-Ehrenburg der Herzöge Johann Ernst und Johann Casimir, den stadt-
zugekehrten Fronten südlich und westlich, die Rede
gewesen, der Zuwachs des späten 17. Jahrhunderts,
nördlich, wurde noch verschwiegen. Das durch einen
Brand 1690 veranlaßte und gerechtfertigte neue Schloß
Herzog Albrechts trat an die Stelle des casimiriani-
schen Hauptstocks, über dessen Grundfläche es nun
aber, mit Blickwendung entgegengesetzt, nördlich, in
den beiden Flügeln hinausgriff. Doch erzeugte dieser
Ausgriff noch nicht den Platz, der erst in den 30er Jahren des 19. Jahrhunderts durch Abräumung geschaffen

werden konnte. Aber das Schloß hatte nun jedenfalls die Wendung hinaus ins Offene vollzogen und sich dem *comme il faut* der barocken Ära angeglichen. Wie es jetzt, in der ihm zuletzt noch übergestreiften gotischen Maske, dasteht, verbirgt es den barocken Kern – soweit es ihn verbergen kann, der Grundriß gibt ihn ja aufs schnellste zu.

Dieses von den Thüringern Justus Bieler und Christian Richter in den 90er Jahren des 17. Jahrhunderts gebaute Schloß, zwar ohne besondere Vorzüge in Grund- und Aufriß, aber doch mit besonderen Vorzügen in der Gestaltung und Schmückung der Räume – wie des heroischen Riesensaales oder der nun schon leichtgewichtigen (auch erst nahe Mitte des nächsten Jahrhunderts vollendeten) Hofkirche –, dieses barocke Schloß erwies sich kaum strahlungsfähig, es entsandte keine erregende mitreißende Welle in die Bürgerstadt; der neue Stil, in Bamberg, Würzburg, Ansbach, Bayreuth so bereitwillig auch ›unten‹, von den Untertanen, ergriffen, prallte an der ihre alten Kleider auftragenden Bürgerstadt ab. Die fürstliche Initiative griff auch kaum über die eigene höfische Sphäre hinaus und währte auch nicht lange genug, um den zur Austeilung nötigen Speicher von Traditionen zu schaffen.

Die barocke Allüre der Ehrenburg wurde in den Frühjahrzehnten des vergangenen Jahrhunderts wieder abgelegt oder, recht gesagt, durch eine andere, die jetzt gewollte, verdeckt. Die jetzt gewollte würde nun allerdings, um das Jahr 1800, zuvörderst die klassische, klassizistische gewesen sein, und die anfängliche

Absicht zielte auch auf sie. Indessen setzte sich dann, erstaunlich früh, die von Schinkel empfohlene Gotik ins Recht. Die Ehrenburg kleidete sich in ihren barokken Teilen durch ein den Wänden aufgelegtes Gegitter schmächtiger Reliefstäbe ins Gotische um. An Bodenhaftung hatte dieser ›teutsche‹ Stil nichts vor dem (heimlich auch in ihm enthaltenen) neuantiken voraus. Aber die Zeiten der Bodenständigkeit waren ja vorbei. Und welcher Rahmen hätte dem Hause Coburg besser angestanden als die *Revival Gothic* seiner Ehrenburg?

Die sich nun auch, in den 30er Jahren, den zugehörigen begrünten Platz schuf, der ein ganz eigentümlicher, typischer des die geschlossenen Stadträume sprengenden, die Natur verwüstenden und die Natur liebenden 19. Jahrhunderts ist. Sein wahrlich wunderschöner Prospekt östlich, über den (einmal die Schloßwache beherbergenden) Arkaden, ist der Kronenreif der Veste.

Wir wenden uns noch einmal zur Stadt zurück. Nur wenige Schritte, um das nordwestliche Eck der Ehrenburg herum, in die Rückertgasse hinein, und wir gewinnen einen der glücklichsten Blickpunkte auf die bürgerliche Altstadt: ein barocker Brunnen im Vordergrund, dann wachsen, schmal, die Giebel in der südlichen Zeile der Steingasse auf, und darüber hebt sich der steingraue Turm der Stadtpfarrkirche St. Moriz – im Ausschnitt ein Inbegriff fränkischer Stadtlandschaft.

S.LAVRENCIVS S.SEBALDVS

Mögen zuvor ihre Namen sprechen. Zwei, Weißenburg und Rothenburg, benennen klärlich ihre Wurzel: die weiße, die ›rote‹ Burg, die dritte, Nürnberg, benennt sie nur mittelbar, in Berufung auf den Burg-Berg. Windsheim wurzelte offenbar anders, ›heim‹ deutet auf eine frühe, hier jedenfalls fränkische Siedlung, und der Augenschein der nur wenig über die ebene Fläche des breiten flachen Aischgrundes erhöhten Stadt widerstreitet nicht. Schweinfurt beruft sich auf den Flußübergang, die Straßen sammelnde Furt war seine Wurzel, wenigstens mittelbar, denn der Stadt ging eine ›Altstadt‹ voraus, die sich an die Grafenburg auf der ›Peterstirn‹, etwas oberhalb, nördlich des Marienbaches, anlehnte. Schweinfurt erwuchs, als einzige unter den fränkischen Reichsstädten, nicht auf Königsboden. Der Boden, allodialer der Schweinfurter Grafen, der ›jüngeren Babenberger‹, kam erst spät, im 12. oder 13. Jahrhundert, an das Reich, das ihn auch gegen Henneberg und Würzburg, die hier 1259 die Neustadt, das Schweinfurt von heute, planmäßig gründeten, behaupten konnte.

Die Stadt Schweinfurt ist also die jüngste unter den fränkischen Reichsstädten, und ihr wohlgeordneter, durch eine zügig durchstoßende, mainparallele Achse (Spital- und Rückertstraße) bestimmter Grundriß, mit dem großen, annähernd rechteckigen Markt in der Mitte, erweist das auch deutlich.

Weißenburg ist die älteste. Nicht daß unmittelbarer Zusammenhang mit den römischen ›castra‹ bestünde. ›Biricianis‹ lag westlich der heutigen Stadt. Aber die

›weiße‹ Burg – weiß ist der helle Stein – kann ja nur
auf die Trümmer des Römerwerkes Bezug nehmen, die
noch ragten, als die Franken das Land nahmen.

Um einen Königshof erwuchs die mittelalterliche
Stadt. ›Am Hof‹ heißt noch ein Platz südlich der am
Rande liegenden Pfarrkirche, der nur schmale Zugänge
hat. Daß hier der Siedlung Keimzelle lag, dürfte die
Straßenführung bezeugen. Die von Ellingen kommende, durch das Ellinger Tor eintretende Straße stößt genau auf diese Kernzelle, die sie aber nicht mehr an-
nimmt; der einströmende Verkehr sieht sich zu scharfer
Linksdrehung genötigt, um durch die Rosengasse gegen
den Markt hin abzufließen.

Nicht so früh bezeugt ist die ›rote Burg‹, Rothenburg. Seine Chronisten sind allerdings in graue Zeitenfrühe hinauf gestiegen, und die Relikte entlegenster Vergangenheit, wie sie die der Stadt gegenüberliegende Engelsburg in ihren Keltenwällen anzubieten hat, konnten ja auch die Phantasie entzünden und beflügeln. Aber heute schätzen wir dürftige Gewißheiten höher als die Geschichten vom Herzog Pharamund, der 419 die Burg gründete, und Pluvemund, der den Essigkrug hinzufügte, um – dieser schwabenfeindliche Zug der Rothenburger Überlieferung verdient Hervorhebung – den Schwaben ein scharfes Essigkrüglein hinzustellen. Was wir wissen, ist: daß hier im 11. Jahrhundert Grafen sitzen, des Herkommens wohl Gaugrafen, daß diese Grafen zugleich auch auf der Komburg bei Hall sitzen, die sie dann verstiften, daß sie 1108 erlöschen und nun der Kaiser, der Salier Heinrich v., die Rothenburg als erledigtes Reichslehen einzieht, sie aber wenig später, 1116, an seinen Schwestersohn, den Schwabenherzog Konrad von Staufen wieder ausgibt. Konrad, seit 1137 König, baut auf dem so vortrefflich dazu geschaffenen, von der Tauber umfaßten Bergvorstoß neben einer älteren Burg die ›Vorderburg‹, und dieser Burg wächst die Stadt zu.

Das Bestimmungswort meint keine Farbe, jedenfalls nicht, wie man einmal meinte, das Rot der Dächer. Aber was meint es? Hat es eine rechtliche Bewandtnis und zielte dann doch auf die Farbe, die symbolische des Gerichts? Oder drückt es doch nur die Tatsache Rodung aus?

Offener und folglich weniger zu Ausflügen in mythi-
sche Dämmerung ermutigend, liegt die frühe Geschichte
der mächtigsten unter den Fünfen, Nürnbergs. 1030
nächtigt Kaiser Konrad II. noch in Mögeldorf, ganz
nahe bei Nürnberg, 1050 versammelt Heinrich III.
einen Hoftag in Nürnberg. Die Anfänge liegen offenbar zwischen beiden Daten. Was nun den Salier zur
Schaffung eines Stützpunktes auf dieser trockenen Sand-
fläche bewog, war ohne Zweifel die Absicht, das noch
vorhandene, durch die Munifizenz Heinrichs II. noch
nicht verstiftete Reichsgut um eine Mitte zu sammeln
und es (zu Lasten Bambergs) auch wieder zu mehren.

Die Örtlichkeit hatte allerdings einen Vorzug in dem
die sonst flache Landschaft überhöhenden Felsenkopfe,
der, befestigt, die Reichsdomäne – die Forste – sichern
konnte. An den befestigten ›Nuorinberc‹ lehnte sich
die Siedlung an, eine Burgsiedlung also. So die ältere
Annahme.

Die neuere verweist auf einen Königshof jenseits,
südlich der Pegnitz bei St. Jakob, und nimmt diesen
für das Erste, die Ursache, die Burg nördlich der Pegnitz, für das Zweite, die Folge. Nun steht die ursprüngliche Zweihälftigkeit Nürnbergs ja fest. Daß aber der
südlichen Hälfte der zeitliche Vorrang gebühre, der
Königshof die Burg nach sich gezogen habe, steht nicht
so fest, und man möchte der Meinung, daß der Hof für
die Burg, ihre Versorgung, und nicht die Burg für den
Hof begründet wurde, um so eher beipflichten, als ja die
Kräfte des Wachsens bei der Burg und nicht bei der
Talsiedlung lagen.

Was die freien Städte von den fürstlichen, den Residenzen, äußerlich so augenfällig unterscheidet, ist ihre mittelalterliche Prägung. Sie bestimmt den Eindruck, bestimmt ihn trotz eines verhältnismäßig geringen Anteils der auch noch wirklich mittelalterlichen Bausubstanz, bestimmt ihn trotz der zahlreichen Einsprengungen von Renaissance, bestimmt ihn dank des früh eben so und dann nicht mehr anders geknüpften Netzes der Verkehrsadern, bestimmt ihn dank der den kleinen Maßstab des Alltags tief unter sich lassenden Aufragungen der Monumente, der kirchlichen vor allem, die ja fast ausnahmslos mittelalterlich sind.

Das einmal gelegte, mehr oder minder frei gewachsene und also regellose Netz der Wege war nun allerdings auch in den fürstlichen Städten als ein fast unveränderliches hinzunehmen. Aber der Aufriß, die körperliche Erscheinung, wandelte sich doch wesentlich. Man stelle sich nur vor, Bamberg oder Würzburg hätten an gleicher Zeitstelle Halt gemacht, um den Weg, der hier noch durchschritten wurde, abzumessen. Es sei auch, und nicht zuletzt, auf das Fernbild dieser fürstlichen Städte verwiesen, auf die so stark daran beteiligten Kuppeln in Würzburg oder die großen wuchtigen Blöcke der Residenz und des Michelsberger Klosters in Bamberg.

Das Unterscheidende zwischen diesen und jenen Städten ist also nicht der Grundriß, sondern der Aufriß. Hält man diese Feststellung an die Landstädte, die nicht das Glück hatten, des Landes leibhaftige Verkörperung zu beherbergen, so stellt sich allerdings heraus, daß sie fast alle, und nicht nur die kleinen und kleinsten, wie etwa die vielgenannten am Main, Frickenhausen oder Sulzfeld, oder, im Ansbachischen, Wolframs-Eschenbach, sondern auch die größeren, wie Ochsenfurt oder, im Bambergischen, Forchheim, zu einer bestimmten Zeit aufgehört haben, die weiterfließende Zeit in sich einzulassen. Das will nun heißen: daß die Städte nur noch durch den >höheren< Willen des Stadt-, des Landesherrn aus einem Zustande der Winterruhe befreit werden konnten. Da dieser höhere Wille aber doch nur die bevorzugten Örtlichkeiten seines Residierens überschattete, blieben die minder begünstigten sich selbst, ihrem genügsamen Erbensinn überlassen. Es ist, äußerlich, doch nur der, natürlich sehr viel kleinere, Maßstab, der Frickenhausen von Rothenburg unterscheidet. Wir dürfen also schließen, daß im Zeitalter der Städte, das im 14. und 15. Jahrhundert blühte und im 16. ausblühte und zu welken begann, das Maß der bürgerlichen Selbstverwaltung ein gemeinhin so reichliches war, daß auch die landsässigen abhängigen Städte einen vollen und starken Ausdruck für ihr Dasein finden konnten. Sehe man nur die Rathäuser! Welche Rolle spielen sie in den fränkischen Städten bis zu ihren Zwergen, ja bis zu den Dörfern hinab; Beispiele zu nennen: Segnitz, am Main gegenüber Marktbreit, oder Merkendorf im Ansbachischen.

Die Erstarrung der Städte am Ausgang der bürgerlichen Ära war also ein allgemeines, nicht nur den Reichsstädten vorbehaltenes Schicksal. Es wäre mithin auch falsch, die Reformation für die Erstarrung des reichsstädtischen Stadtbildes haftbar zu machen. Der Protestantismus hat fürstliche Städte, Bayreuth beispielsweise, nicht daran gehindert, barocke Städte zu werden. Aber wie fremd steht am Markt von Windsheim das barocke Rathaus, ein pompöser Palast und als Rathaus sozusagen erst zu erfragen. Würde man es mit dem Ansbacher vertauschen, man würde berichtigen.

Es wurde oben gesagt, daß die bauliche Substanz der alten und alt gebliebenen Städte im großen und ganzen wohl gar nicht so alt ist, als es den Anschein hat. Es wurde auch der beachtliche Einschuß von Renaissance angemerkt. Schweinfurt, Rothenburg, Nürnberg, ihre Rathäuser stehen so mächtig da, daß ihr Anteil an den Stadtbegriffen ein wesentlicher ist. Doch dürfte für das Nürnberger eine Einschränkung nötig sein: es ist nicht Stadtmitte wie die beiden anderen und es fügte sich auch nicht mehr ›organisch‹ in den Stadtkörper ein. Diese Einfügung trifft für die beiden anderen aufs schönste zu. Wie traditionell bestimmt das Schweinfurter ist, wurde ausgeführt. Und das Rothenburger, Werk des eingesessenen Meisters Leonhard Weidmann, stellt sich dem älteren gotischen Rathausbau bei allem modisch-antikischen Gehabe doch so zwillingshaft gleichwüchsig an die Seite, daß der Eindruck eines ›Umbruches‹ kaum vordringlich wird. Die Renaissance hatte von unten her, aus des Bodens Tiefe, so viel in sich einwachsen lassen, daß ihr langhin etwas von Mode, nur Mode, die man morgen wieder abstreifen konnte, anhing. Diese deutsche Renaissance verband sich willig mit den Partikularismen der im Mittelalter zugeschnittenen Baugründe, sie eiferte nicht für eiserne Symmetrie, sie schwor zwar auf die Waagrechte (die war ihr am stärksten eingegangen), aber wenn sie dann eine Waagrechte über die andere legte, ergab deren Summe doch wieder eine Senkrechte.

Man spricht, wie von einer deutschen Renaissance, auch von einem deutschen Barock. Wir stellen seine Deutschheit ganz und gar nicht in Frage, es muß aber zugegeben werden, daß er die Willigkeit der Renaissance, ihre Nachgiebigkeit gegen die örtlichen Gewohnheiten, nicht mehr hatte, er forderte die Symmetrie, die Regularität um jeden Preis, und wenn er auch nicht immer in der Lage war, den höchsten zu zahlen, so setzte er doch seine Forderungen in den Grenzen des Möglichen durch. Überblickt man die Entwicklung vom Mittelalter abwärts bis ins 18. Jahrhundert, dann ergibt es sich, daß sie das Eigene, Bodenständige, Traditionelle in einer immer stärkeren Weise ausstieß, bis sie es, um die Wende des 18. Jahrhunderts, gänzlich ausgestoßen hatte.

Die Grenzscheide im Leben der Städte ist der Große Krieg. Ihre sichtbare, körperliche Erscheinung nahm nun keine neuen Züge mehr in sich auf. Ausnahmen wie die Egidienkirche in Nürnberg können diese Feststellung nur bestätigen. Etwas Fremderes konnte dem Platze, an dem, in der oben, bergseits schließenden Wandung, das Pellerhaus stand – späteste Renaissance schon und doch noch einstimmig mit seinen älteren Nachbarn –, nicht hinzugefügt werden, es sei denn, das Nürnberg der Zeiten des Restaurators Heideloff würde sich etwa dazu entschlossen haben, das barocke St. Egidien durch ein ›gotisches‹ auszuwechseln.

Der Große Krieg ist aber nicht die Ursache der Erstarrung, er beschleunigte nur einen säkularen Ablauf. Das 16. Jahrhundert zeigte ja schon, und um so merklicher, je weiter es vorrückte, Müdigkeit – das Erlahmen der bodenständigen Kräfte, wenn auch das, was eben das 16. noch in das Geschmeide, und als Geschmeide, einfügte, den Anschein einer doch noch starken Vitalität erwecken kann.

Nürnberg, das noch um die Mitte des 16. Jahrhunderts – seine letzte große, aber schon nicht mehr voll bestandene Bewährungsprobe – dem Markgrafen Albrecht Alcibiades getrotzt hatte (wie waren ihm die Bischöfe von Bamberg und Würzburg erlegen!), errichtete wenig später seine berühmten vier ›dicken‹ Türme, die so charakteristisch sind, daß sie der Begriff ›Nürnberg‹ schon nahe seiner Mitte enthält. Diese runden Quaderkolosse sind die letzte gestalthafte Machtgebärde der Reichsstadt. Sie wollen schon mehr scheinen, als sie sind: sie prunken mit einer Verteidigungskraft, die sich bei geringerer Augenfälligkeit besser befunden hätte. Aber sie wollen ja eben diese Augenfälligkeit. Diese Scheinhaftigkeit haftet aber, mehr oder weniger, allen Machtbezeugungen der sich langsam zu Ende lebenden Städte an.

Nehmen wir den Blick von dieser Spätzeit. Der Beitrag der Städte zur Kulturgeschichte Frankens ist ein hoher, der Beitrag Nürnbergs darf über alle anderen gestellt werden, und es ist schon so, daß unsere Vorstellungen von Fränkisch immer zunächst einmal um Nürnberg kreisen und zu diesem inneren Kreis auch immer wieder zurückkehren, dann jedenfalls, wenn sie auf die Kultur der fränkischen Landschaft zielen, nicht auf ihre Natur, denn der rauhe Boden, den schon die die Reichsfreiheit begründende Urkunde Kaiser Friedrichs II. ausdrücklich hervorhebt, ist nicht mit Anmut bekleidet. Noch im 16. Jahrhundert reichte der Wald, Sebalder Forst im Norden, Lorenzer im Süden, bis nahe an die Tore heran. Auf einer alten Ansicht aus der Vogelschau schließt sich der grüne Ring um Nürnberg als Lichtung.

Stadt und Burg sollen *ein* Ding sein, entschied der König 1313. Es hätte nicht der Entscheidung bedurft, wenn diese Einheit eine selbstverständliche gewesen wäre; es war auch noch ein rundes Jahrhundert nötig, um diese Einheit auf die ganze Burg, nicht nur auf die kaiserliche, auch auf die burggräfliche, auszudehnen. Burg und Stadt wurden nun wohl auch andernorts *ein* Ding. Aber wie wars in Würzburg? Die Burg nahm die Stadt. Hier wars nun umgekehrt: die Stadt nahm die Burg.

Beim Niederblick auf die Stadt wird man der trennenden Flußfurche kaum gewahr, die Hälftung des Stadtkörpers ist keine sinnfällige. Es mußte aber doch eine geraume Zeit vergehen, bis sich die linke, Lorenzer Seite – die *civitas* – und die rechte, Sebalder – die *urbs* – zu ›einem Ding‹ verbanden. Die sumpfige Beschaffenheit des rechten Pegnitzufers wirkte isolierend, die Besiedlung drang nicht so rasch in diese Senke zwischen Burg und Fluß vor, der Pfuhl war eben noch für die Juden gut, und erst die Ausschaffung der Juden 1348 fügte diese Uferbreite, die sich nun zum Markte anbot, in den Organismus der beidhälftigen Stadt ein.

Der Niederblick von der Burg trifft auf zwei, die Dächerebene unter sich zurücklassende Aufragungen, die beiden Hauptkirchen St. Sebald und St. Lorenz; beide doppeltürmig, beide mit stark überhöhten, schwer bedachten Chören, beide so gleich einander, daß man sie für gleichen Alters halten könnte. Aber die Gleichheit ist das Ergebnis einer Angleichung, denn es ist doch immer ein Halbjahrhundert, das ihre ältesten und ihre jüngsten Bauteile trennt.

St. Sebald ist doppelchörig, der ältere zweite Chor im Westen bleibt allerdings in den Abmessungen weit hinter dem jüngeren östlichen zurück, und so wird ihn der von der Burg Niederblickende auch nicht gleich erstens zur Kenntnis nehmen. Mit diesem zweiten Chor setzt sich aber St. Sebald wesentlich von St. Lorenz ab. Stadtkirchen sind nicht doppelchörig, das sind Kloster-, Stifts-, Domkirchen, oder sie waren es, denn um die Mitte des 13. Jahrhunderts, als man St. Sebald zu bauen begann, hatte die Doppelchörigkeit ihre Zeit beendet. Die Anlage von St. Sebald entsprach also der einer Klosterkirche, und etwas Abgeschlossenes, Abgerücktes, Innenwendiges hatte sie bis zu uns her, stieß nun auch der weiter vorgreifende spätgotische Ostchor an die stark begangene Burgstraße an.

St. Sebald ist die Kirche der Burgstadt, sie wurzelt in der vorbürgerlichen herrschaftlichen Zeit, man muß sie mit der Burg zusammen sehen, um ihres Wurzelgrundes inne zu werden. Auch die Umbauten des bürgerlichen Spätmittelalters haben die ihr einmal verliehene Prägung nicht getilgt.

St. Lorenz ist außenwendig. Da wo sich die andere mit einem zweiten Chor verschließt, öffnet sie sich in einer Fassade, deren hohes reichgeschmücktes Tor, über dem die Rose kreist, sich der belebtesten Ader dieser Stadthälfte entgegen wendet. Mag diese Fassade auch noch vom Erbe der Kathedralen zehren: St. Lorenz war von Anfang an eine Stadt-, eine Bürgerkirche. St. Sebald mußte es erst werden. Das Altersverhältnis der beiden Stadthälften drückt sich sinnfällig in ihren Kirchen aus.

Der Weg von St. Lorenz nach St. Sebald, wie man ihn einmal, vor dem Verhängnis, ging, war einer der großartigsten, die man gehen konnte. Schon auf der Höhe von St. Lorenz stand die in einen flachen Bogen gespannte, mit ihren verschiedenen Türmen bestellte Burg im Blick. Die Gasse senkt sich zur Pegnitz, man überschreitet sie auf einer der beiden guten alten Brükken, der Barfüßerbrücke, hält da an, um die sehr bewegte, wieder einmal so recht fränkisch-altfränkische Sicht, flußauf bis zur Insel Schütt, flußab bis zur Fleischbrücke, mitzunehmen, läßt sich durch die kurze Plobenhofgasse auf das Platzgeviert des Marktes hinaus führen, steht vor dem zierlichen Prunk der Frauenkirche, der Schöne Brunnen schräg gegenüber in der

Nordwestecke des Marktes ist der nächste Richtungs-
weiser, zwangsläufig strebt man ihm zu, hier stößt die
Burgstraße ab, der Ostchor von St. Sebald ragt vor in
die breite, langsam ansteigende Bahn, auf der Gegen-
seite wuchtet das Rathaus, seine langen schweren Horizontalen gegen den Berg stemmend, höher stellt sich,
in vorgreifender Ecklage, die steile Giebelwand des
Fembohauses in den Weg, abriegelnd und seitlich, in
nun engerer Spur und schärferen Anstiegs, weiter lei-
tend zum felsigen Burgfuß.

Man schaffte die Juden aus und legte über das Ghetto
den Markt. Diese große zentrale Platzfläche wäre der
gegebene Platz gewesen, um hier das Rathaus zu begründen. Aber der Judenbrand heischte Sühne, der bil-
lige Gewinn seine Steuer: man bewog unsere liebe Frau,
auf der Brandstatt zu wohnen. Der Rat setzte sich
schließlich an der Burgstraße fest, St. Sebald gegenüber,
etwas abseitig – man denke an die anderen Reichsstädte, Rothenburg vor allem, aber auch Schweinfurt,
Weißenburg, Windsheim. Da steht das Rathaus inmitten, im Kreuz der Achsen.

Vielleicht sprach der Kaiser, Karl IV., bei der Ver-
gebung des Platzes, vormals der Judenschule, das entscheidende Wort. Er muß, nach allem was wir wissen,
diesem Kirchenbau auf dem Markt ein sonderliches Interesse zugewendet haben, und es spricht auch alle
Wahrscheinlichkeit dafür, daß es böhmische Bauleute
waren, die den ›Saal‹ errichteten. Böhmen trat ja eben
jetzt, unter seinem Erzvater, in seine Hochblüte, Böhmen wollte auch weit über seine Grenzen wachsen, und

seine territoriale Ausweitung, ›Neuböhmen‹, rückte es näher und näher an Nürnberg heran. Der ›böhmische Einfluß‹ wurde stark. Böhmisch, das ist aber, selbstverständlich, deutsch-böhmisch. Das große Bauen, das durch Karl in Prag anhob, lag in der Hand der Parler, die, über Gmünd in Schwaben, von Köln herkamen. Aber die westdeutschen Meister wandelten sich auf der anderen Erde, durch die andere Erde, sie wurden Ostdeutsche, Böhmen. Die geballte Wucht der Prager Bildwerke Peter Parlers, wie sie sich in den Grabtumben der Przemysliden so großartig äußert, gründet in der Erde Böhmens. Man spürt, wie eine Drohung, hinter dem Geformten das Ungeformte: der Stein gibt sich nicht gänzlich preis, er rettet sich noch in seine Schwere. Etwas Wild-Mächtiges, Ungefüges, auch Dumpfes, aber auch wieder etwas sehr ›Modernes‹, persönlich Beseeltes ist dieser böhmischen Kunst der Parler-Zeit eigen, auch der großen Maler von Hohenfurt und Wittingau.

Das Böhmische, das die ›Junker von Prag‹ wieder ins Binnendeutsche zurücktrugen, fand in Nürnberg offenbar eine sehr bereitwillige Aufnahme. Der Hallenchor von St. Sebald ist böhmisch, die Frauenkirche, der Schöne Brunnen und manches andere. Und erstaunlich lang hält das Böhmische vor. Als die von Karl begründete Machtstellung Böhmens in den Hussitenstürmen unterging, versank auch die durch sie ermöglichte Kultur ins Wesenlose. Aber das, was sie gespendet hatte, lebte und wirkte in Nürnberg fort, weit über die eigentlichen Sinnes böhmische Zeit hinaus.

Eines der letzten Zeugnisse der Befruchtung von Böhmen her ist der Tuchersche Altar der Frauenkirche, der durch dieses Verhältnis den Eindruck des Altertümlichen erweckt, ihm aber auch die feierliche Gebärde eines Kultbildes verdankt, wie sie die (sonst ja schon vorbildliche) realistische Kunst der Niederländer nicht mehr erreicht.

Von den Gestalten des Tucher-Altars führt ein Weg zu den Aposteln Dürers. Nicht daß Dürer dem alten, von ihm schon nicht mehr erlebten Meister auch nur eine brauchbare Linie hätte abnehmen können; mehr als fraglich, ob diese Kunst überhaupt noch Gnade vor ihm fand. Aber die Gebärde eines schweren, von Leidenschaft hinterfangenen Ernstes ist die gleiche.

Ein Zeitgenosse dieses Unbekannten ist der auch unbekannte Meister des Schlüsselfelderschen Christophorus von 1447, der bis zur Bergung ins Museum am Westchor von St. Sebald stand, eine der stärksten Gestaltungen des vor dem jähen Tode schützenden heiligen Riesen, der, leidvollen Antlitzes, der unbegreiflichen Last des Kindes erliegen will.

Innen, in der Chorhalle, an einem Pfeiler, steht die Muttergottes in der Glorie, wohl etwas älter, noch ›weichen Stils‹: ganz lächelndes Glück, selig in der Betrachtung des Kindes, und doch ersichtlich zugehörig der gleichen Sippe der Schwergliedrigen und Schwerblütigen, die zu Nürnberg gehören; auch der ›weiche Stil‹, wie ihn etwa die Tonapostel des Germanischen Museums vortragen, konnte den Nürnberger nicht von der ihm eigenen spröden Ernsthaftigkeit entbinden.

NÜRNBERG *Altstadt mit Henkersteg*
Ansicht von Lorenz Strauch (dat. 1579)

Im Jahrzehnt nach der Mitte des 15. Jahrhunderts zeigt sich, wie allenthalben, auch in Nürnberg eine Müdigkeit im künstlerischen Schaffen. Eine Auffrischung von außen her war nötig. Ihr Bringer, Hans Pleydenwurff, war der neuen niederländischen Malweise kundig, er führte eine neue Epoche herauf, an deren Ende der ihr noch als Lernender verpflichtete junge Dürer steht. Das Erbe des Pleydenwurff übernahm Michel Wohlgemut, der Lehrer Dürers.

Dieser Lehrer eines Großen hat viel Beachtung und wenig Achtung gefunden. Im letzten Jahrhundert brachte man so ziemlich alles auf seinen Namen, was in den späten Jahrzehnten des 15. Jahrhunderts in und um Nürnberg an Altären geschaffen wurde. Die Persönlichkeit, die man dann aus dieser Summe abzog, war die unerfreuliche eines geschäftstüchtigen Unternehmers, und so las man auch aus den durch Dürer überlieferten Gesichtszügen des greisen Meisters den Beckmesser heraus. Inzwischen hat sich das Quantum des Wohlgemutschen Lebenswerkes erheblich verringert, und dieser Schwund war nicht abträglich. Der Maler Michel Wohlgemut, der uns geblieben ist, war ein guter Maler-Handwerker, der sich auf sein Handwerk verstand und dessen Lehre einem Jünger, bis zur Flugfähigkeit der Schwingen, nur nützen konnte.

Wohlgemut ist ein echter Nürnberger, einer von der zähen, tüchtigen, nüchternen, rechnenden Art. Aber nur auf dem Unterbau solchen Nürnbergertums konnte der Oberbau des anderen, das sich in einem Dutzend großer Namen ausdrückt, erwachsen. Wohlgemut, das ist eine gesunde, etwas nüchtern-solide Handwerklichkeit.

In den drei letzten Jahrzehnten des 15. Jahrhunderts sammelten sich die Kräfte, die Nürnberg zu Nürnberg machten, zu einem Inbegriff hoher und höchster Leistung. In den 70er Jahren setzte Veit Stoß zum Werke an, etwas später Peter Vischer, wieder etwas später Adam Kraft. Ihre Lebenskreise überschneiden die Jahrhundertwende, Stoß und Vischer beschreiten noch mit Lebenshälften das neue Jahrhundert, Kraft tritt früher, noch vor Ausgang des ersten Jahrzehnts, ab.

Man nennt sie gern selbdritt, in einem Atem, und zwei von ihnen, Vischer und Kraft, waren sich auch Freund. Der dritte, Stoß, der früh, 1477, durch einen großen Auftrag gerufen, die Stadt verließ und erst 1496 in sie zurückkehrte, steht für sich, und wenn wir uns auch hüten müssen, seine spätere, durch einen Rechtsbruch verschuldete Vereinsamung schon auf seine weniger erhellte Vergangenheit zu übertragen, so möchte doch aus dem, was uns die Akten vermitteln, auf eine schwierige Natur zu schließen sein.

Vischer und Kraft, von deren Lebensschicksalen wir viel weniger wissen, kennen wir aber sehr gut durch ihre Bildnisse: Kraft kniet, wie er leibte und lebte, unter seinem Sakramentshaus in St. Lorenz; Peter Vischer, auch wie er leibte und lebte in der Stunde der Arbeit, steht in einer Sockelnische seines Sebaldusgrabes. Veit Stoß kennen wir nicht im Bild. Das kann Zufall sein, wir besitzen ja nicht mehr alle seine Werke. Es kann aber auch in der Alterslage begründet sein. Stoß war der Älteste unter den dreien, er wurzelte tiefer im spät-

gotischen Jahrhundert, und das einzelne Menschenge-
sicht hatte noch nicht das Interesse für ihn wie für die
jüngeren. Er fügte sich auch nicht den Neuerungen des
neuen Jahrhunderts, Renaissance und Reformation.

Wie hoch erstaunlich nun sind die Bildnisse der beiden Meister, die in den Grenzen ihrer Handwerke, der
Rotschmiede und der Steinmetzen, lebten und wirkten
und eben diese Bindung in ihren Bildnissen mit einer
schlichten Selbstverständlichkeit zum Ausdruck brach-
ten, ohne einen andern Anspruch zu stellen als den, der
ihnen als bewährten Meistern gebührte. Bezeugt sich
in den Bildsetzungen der eigenen Person ein hohes
Selbstbewußtsein, so bezeugt es sich in einer immer noch
mittelalterlichen Einschränkung: durch das Werk selbst,
innerhalb dessen es sich bezeugt, durch den Dienst am
Werk, das aber heißt, in der Ehre dessen, dem das
Werk dient: des Fronleichnam, der im Sakramentshaus, des Stadtheiligen, der im Sebaldusgrab rastet.
Eine beziehungslose, nicht mehr dienstbare Selbstdarstellung – wie schon die erste Dürers – möchte diesen
Meistern als etwas nicht zu Rechtfertigendes, ja vielleicht Gottloses erschienen sein.

Erblühte um die Wende des 15. zum 16. Jahrhundert
allenthalben in deutschen Landschaften die Kunst des
Bildnisses, so doch am reichsten und reifsten in den
beiden großen Reichsstädten, Augsburg und Nürnberg. Aus Augsburg kommt der größte aller deutschen
Porträtgestalter, Hans Holbein. An ihm liest man die
schwäbische Eigenart der Menschendarstellung aufs reinste ab: eine kühle und genaue Beobachtung der Er-

scheinung. Der große Porträtgestalter Nürnbergs ist Dürer. An ihm liest man die fränkische Eigenart aufs reinste ab: die Erhöhung der Erscheinung durch ein ihr mitgeteiltes Ethos, das sie aus der Zuständlichkeit zu ausdrücklicher Gebärde, und sei es auch nur, wie meist, Blickgebärde, drängt. Die älteren Meister durften sich dieses sittliche Pathos erlassen, erst das beziehungslose Porträt bedurfte dieses Inhaltes. Aber das Pathos war doch schon da, ehe es in das Bildnis einging, schon beim Unbekannten des Tucherschen Altars, ja schon – es ist ein weiter und wagender Schritt, aber wir haben ihn schon einmal, in umgekehrter Richtung, gewagt – beim Jonasmeister der Bamberger Chorschranken.

Trocken, nüchtern, solid, anschlägig – solche und ähnliche Prädikate eines achtbaren und gesunden Mittelstandes konnte einer seiner typischen Vertreter, Michel Wohlgemut, herausfordern. Es muß aber betont werden, daß diesem Nürnbergischen Mittelstand stets eine Neigung zur Extravaganz, zu Aus- und Aufflügen in eine höhere, entlastete und entlastende Sphäre, kurz in die Geistessphäre, innewohnte. Der erfundene, sicher gut erfundene Beckmesser ist einer dieser Extravaganten. Warum ging er zum Meistersingen? Aber auch Hans Sachs ist einer, er brachte es nur viel, allerdings sehr viel weiter. Schwang er sich bei seinen Aus- und Aufflügen aus der Schusterstube so hoch hinauf, daß die Schusterstube außer Sicht gekommen wäre? Aber Hut ab vor Hans Sachs! Der Witz des werkelnden Volkes gewann in ihm eine kräftige Stimme, mehr noch – denn diese Stimme spricht nicht mehr so recht zu uns –, der Nürnberger Handwerker gewann in ihm die beispielhafte Figur, und die ist noch unser Besitz. Und war es nicht seltsam: wenn man in den ersten Jahren nach dem Krieg über die jammervolle Schutthalde im Osten des Marktes hinsah, da saß, da war sitzen geblieben, vergnüglich listig lächelnd, ausgespart wie der Kruzifixus in der zerschossenen Kirche, Hans Sachs.

Auf ihn hat uns aber, sei's zugestanden, nur ein Gedankensprung geführt: es ist etwas in Adam Kraft, was Hans Sachsisch ist. Es ist etwas von Sprüchwört-lichkeit, von der derben Volksrede, von Mundartlich-keit in Adam Kraft. Man höre nur genau hin, wenn man vor der Steintafel, weiland über dem Tor der Neuen Waage, steht. Wie da der Warenballen des Kauf-manns gewogen wird, und immer noch setzt der Waag-knecht ein Gewicht auf, und wie der Kaufmann, als einer der weiß, wie sauer sichs verdient und also hoch bekümmert, seinen Säckel lupft – das ist nürnbergisch gesprochen und nürnbergisch gelacht.

Am Markt hinter der Frauenkirche stand das ›Gän-semännchen‹, Werk eines der den Vischer folgenden Gießer der zweiten Hälfte des 16. Jahrhunderts.* Es liegt zwischen diesem in seinen Brunnenkäfig einge-schlossenen Bauersmann und dem Waagmeister Krafts mehr als ein Halbjahrhundert, aber ersichtlich sind die beiden eines Herkommens – des zweiten Ahne ist der erste. Da das Motiv des Bauern vom Geflügelmarkt schon in einer Zeichnung Dürers vorkommt, könnte es ja wohl von ihm am Markt erhascht worden sein. Man erinnere sich an seine Bauern in den Kupferstichen, die tanzenden Bauern etwa, diese kurzen knorrigen Personen, die freilich schon den ›Schimpf‹ des Städters leiden müssen. Gemeiniglich hatte der Bauer ja anderes und nötigeres zu tun, als in burlesken Sprüngen herumzuhopsen. Aber mit der Abbildung des anderen und nötigen – des harten Bauerntages – hätte man keinen Hund hinter den Bürgerhöfen hervorgelockt.

Es steckt in allen diesen Bauerndarstellungen eine Portion Spott, und es muß den Franken auch eine nicht ganz gewöhnliche Spottlust angekreidet werden. Angesichts des Waagmeisters oder des Gänsemännchens wird man allerdings von einem gutmütigen Spott sprechen dürfen. Für Spott kann man da Humor sagen. Der Humor, das befreiende Lachen wurde ja nun bekanntlich erst seit und dank der Entdeckung der Persönlichkeit bildfähig, und so bedarf sein völliges Fehlen bei älteren Meistern wie Stoß oder Riemenschneider nicht der persönlichen Begründung. Humor (wie Spott) hat eine scharfe Beobachtung des Menschen, seiner Sonderlichkeiten, Absonderlichkeiten zur Voraussetzung. Es gründet im illusionslosen Wirklichkeitssinn des Nürnbergers, wenn er den Humor früher und stärker als andere Deutsche bildfähig werden ließ. Es gründet wohl auch in seiner Schwere, die des entlastenden Ventils bedurfte.

Denn etwas Erdschweres haftet diesem auf karger Scholle gesiedelten Menschenschlage an, etwas lastend Gewichtiges kennzeichnet die Formungen seines We-

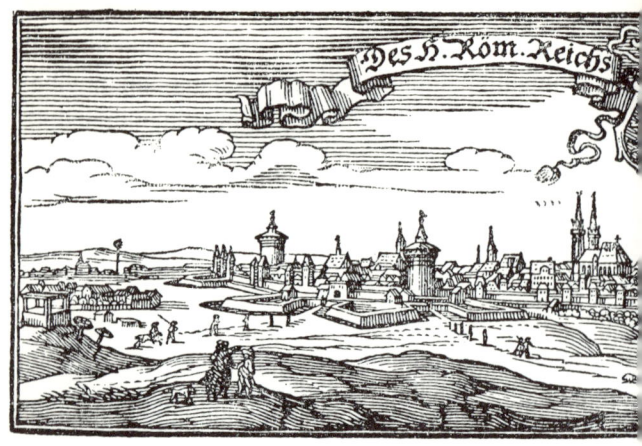

sens. Man darf auf die Stile hinweisen, die in Nürnberg ›anschlugen‹: den spätgotischen böhmischen der Parlerzeit, den spätgotischen burgundischen der Witzzeit, Stile, deren Wucht-Gebärde als verwandt empfunden werden konnte. Entschwerungen wie der Bamberger Hohenlohe lassen sich kaum in Nürnberg denken. Stile, die sich der Wirklichkeit näherten, schlugen an. So mußte auch die Renaissance, als die Bejahung dessen, was man von jeher zu bejahen guten, aber gehemmten Willens war, leichten Eingang finden. Der letzte, ›ekstatische‹ Stil der Spätgotik kam dem Nürnberger jedenfalls wenig entgegen. Wenn nun die großen Nürnberger der Wendezeit mit den Mitteln dieses Spätstils schlechthin exemplarische Werke schufen, so erhellt das die außerordentliche, polare Möglichkeiten umgreifende Spannweite, deren der Nürnberger fähig

war, schränkt aber nur ein und hebt nicht auf. Denn
eine schwere Wucht kennzeichnet die riesigen Apostel
im Schrein des Krakauer Altars wie die dem Holzschnitt übergebenen Gestalten des apokalyptischen Dürer, die gleiche schwere Wucht, die auch in den Spät-
werken, im Englischen Gruß des Stoß und in den Aposteln Dürers ist.

»Gewaltiglich aber unbedächtlich« nannte Dürer
das Schaffen der älteren Meister. Bedächtiglich, beden-
kend, fragend und beantwortend, war das seine, und
wenn die Geschichte seiner geistigen Bemühungen, seines Strebens eine so einzige ist, daß man ihrer nie und
nimmer entraten möchte, so waren doch die Unbedäch-
tiglichen um vieles besser gestellt, die »allein nach dem
Brauch«, nur vertrauend der Weisheit ihrer Hände, zu
Werke gingen.

Stoß, der sehr lange lebte, lieh nichts von der neuen Kunstlehre aus, er wird sie kaum höher als eine ›Manier‹ bewertet haben. Die Werke eines halben Jahrhunderts trennt kein Bruch. Blieb er aber bei den Mitteln, die ihm die Lehrer zugereicht hatten, so blieb er doch nicht bei den Gehalten. Er stand nicht still, er wuchs, er hörte nie auf zu wachsen. Daß nun diese neuen Gehalte eben die waren, die bei den jüngeren auch zu neuen Mitteln führten, bezeugen die beiden großen Werke seines Alters, der Englische Gruß (1518) und der Bamberger Altar (1523). Die formale Gebärde ist nicht neu, das Flattern, Wehen, Rauschen der Gewänder, denn noch hat das Gewand die Führung, war schon im Krakauer Altar so da, und man kann auch nicht sagen, es habe mit dem Alter an Leidenschaftlichkeit des Ausdrucks abgenommen. Die Gebärde ist nicht stiller, aber sie ist größer, einfacher geworden. Und mit dieser Vereinfachung erreicht der alte Meister ›gewaltiglich‹, was sich Dürer langen Wegs und Umwegs ›bedächtiglich‹ erobern mußte, eine von allen Beiläufigkeiten befreite Monumentalität.

Wenn nun zu solcher Reifung die bewußt oder unbewußt wahrgenommene Nähe des die Bahn brechenden jungen Meisters vielleicht doch als eine neues Wachstum fördernde Befreiung nötig gewesen sein sollte, so hat man bei Adam Kraft gar keinen Anlaß, nach irgend einem Erreger außerhalb seiner selbst zu suchen. Denn auch sein naher Freund Peter Vischer beschritt den Weg vom Alten ins Neue nicht so rasch, so unbewußt getrieben. Am Anfang steht das Sakramentshaus, das, gänzlich entschwertes, pflanzenhaft sprießendes Gebilde, eine der letzten großen Erfüllungen des 15. Jahrhunderts ist. Am Ende stehen die Kreuzwegstationen, die ehemals nach St. Johannis hinaus begleiteten. Eine irdische und auch irdisch derbe Festigkeit bestimmt diese gedrungen proportionierten Figuren, Bauern, wie man sie wohl aus den Dörfern des Knoblauchlandes zu Markte traben sah. Ist dieses Steinmetzenwerk Renaissance? Nein und Ja. Der Steinmetz Adam Kraft steht doch noch in zu starken Bindungen, als daß der Begriff auf ihn Anwendung finden könnte. Das Bindende ist die Architektur: keine der Kraftschen Gestalten ist aus ihr entlassen. Aber die Bindung hindert sie nicht mehr daran, mit beiden Füßen den Boden zu gewinnen. Und dies, daß sie ihn gewonnen haben, ist (so schlecht das Wort zu ihnen paßt) ihre Renaissance, eine gänzlich deutsche, die dem erdeschweren Nürnberger ja einmal zuwachsen mußte.

Auch die Wurzeln Peter Vischers haften im spätgotischen 15. Jahrhundert und das 1488 von ihm entworfene Sebaldusgrab hätte sich, ausgeführt, dem Kraftschen Sakramentshaus innerlichst verwandt an die Seite gestellt. Der zur Ausführung bestimmte Entwurf von 1508 bedeutete keine Abkehr, die Abkehr vollzogen erst die Söhne Hermann und Peter. Aber die Lösung vom ›Brauch‹ vollzog sich bei währender Arbeit auch im Vater. Wie sie sich vollzog, bekunden die Apostel an den Pfeilern des Baldachins. Peter Vischer der Alte suchte die Lösung, die andere, und seine Söhne voran, in der *arte nuova* suchten, in einem Rückgriff. Fragt es

sich, ob sich die vielen, mehr als dreihundert ›altfränkischen Bilder‹, die sich in seinem Besitz befanden,
wirklich so wörtlich deuten lassen, so darf doch immer
noch behauptet werden, daß ihm das ›Altfränkische‹
etwas geben konnte, und fragt man was, so kann die
Antwort nur lauten: das Einfache. Es ist schon mehr als
ungewöhnlich und ist doch so: die Anreger der Vischer-
schen Apostel stehen nicht im italienischen 16., sondern im deutschen 14. Jahrhundert. Suchte der Meister
einen Ausweg aus den wuchernden Wirrungen des letzten Mittelalters, so konnte er ihn da, wo er ihn suchte,
auch finden.*

Im Laufe der gute zehn Jahre in Anspruch nehmen-
den Ausführung trat der Vater hinter die des Neuen
und Neuesten kundigen Söhne zurück. Diese ›Modernen‹, Hochbegabten, schieden aus dem Plane aus, was
ihn noch an die späte Gotik band, ihr Werk ist die den
Aufwuchs hemmende Überkuppelung, ihr Werk ist das
in einer Fülle ohnegleichen ausgeteilte Kleingebild,
ein Ausdruck strotzenden Lebens, phantastisch, des Profanen voll und nun ganz mit ›Renaissance‹ zu treffen.

Das vieldeutige Wort möge uns nun aus der Anschauung einzelner wohlverwahrter ›Kunstwerke‹ in die
Öffentlichkeit der Plätze und Gassen zurückführen.
Von der Veste sah man (ehemals) auf die Dächer herab
– steile Dächer. Und es gab (und es gibt auch noch) einige
riesige Dächer – die Chorwalme der beiden Hauptkirchen, der Sattel der Mauthalle. Sie dürfen an das erinnern, was von der dem nürnbergischen Wesen so eigen-

tümlichen Schwere gesagt wurde. Die Prägung Alt-
Nürnbergs war, es ist männiglich bekannt, eine mittelalterliche. Aber es war doch erstaunlich, wie geordnet
seine Straßen und noch seine Gassen waren, nämlich
immer sehr geschlossen bewandet. Traufseite war die
Regel, und die Fensterreihen banden sich, bei leichten
Schwankungen auf und ab, zu Ketten. Das einzelne
Haus trieb nicht viel Aufwand, sein Aufwand war der
schöne zartrötliche Sandsteinquader, und der bedurfte
ja kaum der Zugabe. Nur eine Zugabe schien fast un-
erläßlich: das Chörlein. Dieser Auslugerker hing nun
fast stets an der Front, am zweiten Geschoß, und wenn
ihm auch in der Straßenzeile gar keine andere Wahl als
die Front blieb, so nützte er doch auch da die Ecke
nicht, wo er sie hätte nützen können. Lassen wir die
späten, meist des 17. und 18. Jahrhunderts (die meisten
waren dieses Alters), die hölzernen, beiseite; auch die
frühen steinernen, des 15. und 16. Jahrhunderts, bezeugen keine Neigung, die Ecke zu suchen. Die einfachere
Lösung wurde der komplizierten vorgezogen. Läßt das
eine Deutung zu? An sich wohl nicht. Die Regel war ja
die durch die Binnenstellung der meisten Häuser er-
zwungene Frontlage, und die Regel duldete schließlich
keine Ausnahme. Nun fiel aber in den Nürnberger Gassen die im Vergleich mit anderen fränkischen Städten
immer nur geringe Bewegung der Begrenzungen auf.
Es wurde weniger improvisiert. Aber wahrscheinlich
durfte schon nicht improvisiert werden. Man hatte
einen gestrengen Rat. Und so wären wir also doch auch
wieder gehalten, das klare geschlossene Raumbild der

Gassen an die Obrigkeit, an den ›Baumeister‹ des Rats abzutreten? Aber Straßenräume wie die Burgstraße erzeugt man nicht durch Ratsverlässe. Sie mußten ja erst einmal herangewachsen sein, ehe man sich um ihre Ordnung kümmern konnte, sie mußten schon eine Ordnung mitbringen, die sich beaufsichtigen und verbessern ließ. Kurzum: die in Grundriß wie in Aufriß stets so wohlgeschlossene Umhegung der Plätze und Gassen muß doch eine ursprüngliche sein. Was ließe sich in Nürnberg mit so stark bewegten Gassen wie der Uzstraße in Ansbach oder der Rosengasse in Weißenburg vergleichen? Beide Städte liegen so eben wie Nürnberg, je ebener noch, das ja wohl, Sebalder Seite, von seiner Hanglage hätte profitieren können – aber offenbar, anderen Sinns, gar nicht profitieren wollte. Die beiden, die Veste angehenden Straßen, Burgstraße und Bergstraße, stellen sich nicht aus der für alle verbindlichen Ordnung heraus. Aber auch die kleinen Gassen, Schmiedgasse etwa oder Schildgasse unterhalb der Burg, ließen sich nicht zu Willküren verleiten.

Nürnberg war eine der Großstädte des Mittelalters. Die Dimensionen der anderen fränkischen Reichsstädte, auch Rothenburgs, sind viel bescheidener. Die Häuser sind drei-, ja viergeschossig. Das gibt ihren Steinkörpern Wucht, und die Wucht wächst in der Reihung. Plante nun einer, seltenen Falls übrigens, Außerordentliches, so mußte er schon stark in die Höhe, um die gewünschte Überschattung seiner Nachbarn erzielen zu können. Beispiele sind oder waren: das Fembohaus an der Burgstraße, das Pellerhaus am Egidienplatz, das

Topplerhaus am Paniersplatz. Indessen, jedes von ihnen konnte auch die örtliche Situation, die Aufragung des Geländes nützen. Mit breiter übergiebelter Stirn fängt das Fembohaus den Anstieg der Burgstraße ab, das Pellerhaus* herrschte von der Höhe des Egidienplatzes, herrschte dank dieses ihm gleich einer Treppe vorliegenden Bergplatzes, und hätte das getan auch ohne den reichen architektonischen Schmuck, der seiner Fassade aufgelegt war, das Topplerhaus*, unterhalb der Burg, stellte sich als Kopf zwischen zwei Gassen und gewann so drei offene Seiten, mußte aber, auf schmaler Parzelle stehend, wie ein Turm in die Höhe, um sich die Überlegenheit zu sichern.

Es wurde schon gesagt, die Reichsstädte begannen im 16. Jahrhundert von den Zinsen ihrer gesammelten Reichtümer zu leben. Aber ein doch noch ungebrochenes Machtbewußtsein forderte eben jetzt, in einem stärkeren Maße als je zuvor, den monumentalen Ausdruck. Das mittelalterliche Nürnberg bezeugte seinen Rang in Kirchen, das neuzeitliche bezeugte ihn in seinem Rathaus. Es geschah spät, fast in letzter Stunde, knapp vor dem Ausbruch des Großen Kriegs. Hatte nun das Entlehnte, Fremde – viel mehr bezwungen als bezwingend – sich bisher doch wieder wie ein Verwandtes in den Stadtkörper eingefügt, so berief es sich jetzt ausdrücklich auf sein Anderssein, das heißt natürlich auch Bessersein, auf seine allgemeinverbindliche, vitruvianische Richtigkeit. Der Stadtbaumeister Jakob Wolf war nicht des Willens, dem älteren mittelalterlichen Umstand des Rathauses Konzessionen zu machen. Er meinte auch den

Ansprüchen der Lage, der schiefen Ebene des Baugrundes, trotzen zu dürfen. Dieser durch unerbittliche, unersättliche Horizontalen bestimmte Rathaus-Palazzo hat eine Schräge, die Schräge der ansteigenden Burgstraße, zur Basis. Diesen Vorbehalt der Örtlichkeit konnte der so frei planende Meister nicht ausschalten. Aber dieser eine genügte nicht, um das deutsche Rathaus mit dem italienischen Palazzo zu versöhnen, und auch die, sozusagen einlenkenden, der gewalttätigen Horizontale doch wieder absagenden Dachaufbauten, diese nicht eben welschblütigen Giebelabkömmlinge, reichten nicht mehr dazu aus, die Kluft zu überbrücken.

Indessen, nürnbergisch, unverkennbar nürnbergisch und also doch nicht beliebigen Ortes denkbar, ist dieser mächtige Block in einem doch noch: in dieser wuchtenden Schwere des massiven Quaderkörpers, die ihn den, zwei Menschenalter früher entstandenen, ›dicken‹ Türmen zuordnet. Stellt man das gleichzeitige Augsburger Rathaus des Elias Holl in Vergleich, so ergibt sich als *tertium comparationis* eine ganz ähnliche Blockmächtigkeit, die Mauerschwere ist aber eine viel weniger lastende. Man könnte einwenden: beachte aber den Baustoff! hier ist's Ziegel, verputzter Ziegel, dort der gehauene, offene Stein. Aber dem Stein kann Schwere gegeben und genommen werden. Seine Schwere ist relativ. Welcher Entschwerung er zugänglich ist, hat ein Nürnberger, Adam Kraft, wider die Natur des Nürnbergers, in seinem Sakramentshaus, bewiesen; die Fama wollte wissen, er habe den Stein gegossen. Mit diesem Rathaus endet die Geschichte Nürnberg.

ROTENBVRG.VF. DER.THAVBER.

MDXV

ROTHENBURG
Kupferstich von 1615

273

Keine der anderen fränkischen Städte, ob Würzburg, Bamberg, Eichstätt, Ansbach, Bayreuth oder Rothenburg, hat eine lange Fristen übergreifende kulturelle Tradition entwickeln können. Sie bedürfen immer wieder der Beleihung, sie nehmen viel mehr ein, als sie ausgeben. In den erfülltesten Jahrzehnten der Ära Kaiser Maximilians steht für Würzburg einer – Riemenschneider –, für Eichstätt einer – Loy Hering –, für Bamberg keiner. Für Nürnberg stehen viele, Nürnberg ist einer der Böden, aus denen die Kultur dieser Hoch-Zeit erwächst.

Keine der anderen Städte wirkt ins Weite. Nürnberg ist expansiv, und nicht nur sein Tand wandert durch alle Land. Seine besten Abnehmer sitzen nicht vor den Toren, sie sitzen vorzüglich im neudeutschen Osten, Schlesien, Polen. In Breslau und Krakau setzte sich Nürnberger Kunstfleiß leichter ab als in Würzburg oder in Eichstätt.

Auch die Nürnberger waren nicht alle Nürnberger, der Geburt nach. Mehr als wir vermuten können, werden von außen zugekommen sein, der Ruhm der Stadt warb. Der Vater Dürers wanderte aus dem Ungarland zu. Wir wissen nichts über den Ursprung des ersten Vischer, Hermann. Veit Stoß kam aus Schwaben. Wir wissen, daß der für die Renaissance in Nürnberg, und nicht nur in Nürnberg, so folgenreiche Peter Flötner aus Ansbach, über Ansbach, nach Nürnberg kam. Wir wissen also immer nur ausnahmsweise einmal etwas über das Woher. Es fragt sich aber, ob uns reichlicheres Wissen zu anderen Ergebnissen führen würde.

Veit Stoß kann nicht wohl anders denn als Nürnberger begriffen werden, mag er auch in Schwaben zur Welt gekommen sein.

Der Besitz an Tradition war breit genug, um den Zuwanderer zum Nürnberger zu machen. Zudem: diejenigen, von denen man, in der üblichen Geringschätzung der Nähe, sagen konnte, sie seien nicht von weit her, waren ja ohne Zweifel stets die zahlüberlegenen; die ›von weit her‹ waren (anders wäre ihr Ruhm auch nicht groß gewesen) in der Minderheit. Unter den Nürnbergern waren also doch jedenfalls viele eines Herkommens zum wenigsten aus der fränkischen Nähe, und so blieb der Tradition auch ihr nürnbergisch-fränkisches Stigma. Auch ein alle Überragender, Dürer, trägt es.

Dieses landschaftliche Stigma beginnt sich im 14. Jahrhundert abzuzeichnen, seine Deutlichkeit wächst, wachsend von einem Jahrzehnt zum andern, im 15. und vollendet sich im beginnenden 16. Jahrhundert. Dieses progressive Zunehmen an Deutlichkeit hängt offenbar zusammen mit der zunehmenden Wirklichkeitsnähe der künstlerischen Darstellung. Am Ende der auf die Erfassung der natürlichen Einzelerscheinung gerichteten Entwicklung steht die Abbildung des einzelnen Menschen, das Porträt, und der einzelnen Landschaft. Mit der wachsenden Individualisierung der Kunstcharaktere rücken auch die die Landschaft bewohnenden Menschen und endlich die Landschaftsräume selbst in den Kreis der möglichen Darstellung ein.

Nürnberger Bürger treten nun in langer Reihe, so wie

sie waren, vor uns hin. Die nürnbergische Landschaft freilich, obwohl gesehen, erlebt und auch festgehalten, gewinnt nicht den Rang des Porträts, die Autonomie. Es gibt keine reine Landschaft im gemalten oder gedruckten Werke Dürers. Es gibt sie nur in seinen Zeichnungen. Keine dieser köstlichen ›Studien‹ wurde des Rahmens und damit der absoluten Existenz gewürdigt. Diese Studien sollten, meinte man, lediglich Motive, Hintergrundsmotive bereitstellen, die der Meister gelegentlich dann in eines seiner Werke einsetzen konnte. Fraglos hat er auch von Blättern seiner Skizzenmappe diesen Gebrauch gemacht. Es fragt sich aber doch, ob Landschaften so objektiv bescheidenen Inhalts wie ›Heroldsberg‹ oder ›Kalchreuth‹ oder die ›Drahtziehmühle‹ geeignet waren, in eine Auferstehung Christi (beispielsweise) versetzt zu werden? Doch wohl nicht, und so stehen wir vor der Tatsache, daß das Auge Dürers schon nicht mehr der ›welsch pirg‹, der bizarren und phantastischen Landschaften, ›Panoramen‹, bedurfte, um sich zu sättigen, sondern, daß ihm schon jede Landschaft, auch die anspruchslose, durch keinerlei Naturkuriosa ausgezeichnete, genügte. Diese Nürnberger Landschaften sind ohne jeden Hintergedanken (der Verwendbarkeit) entstanden; nur die Beglückung durch die Natur – groß auch da, wo sie nichts aufwendet oder aufzuwenden scheint – kann sie eingegeben haben.

Es mußten runde drei Jahrhunderte vergehen, bis das wieder gesehen werden konnte, was Dürer gesehen hatte. Es wurden wohl, als die Landschaft anfing, bildwürdig zu werden, Landschaften gemalt die Fülle. Wer aber hätte Kalchreuth oder Heroldsberg der Skizze für wert befunden? Wie sich das individuelle Gesicht des Menschen unter der Maske eines Standes oder eines Ranges verschloß, so schloß sich auch das der Landschaft (die keine Götter in sich aufnehmen konnte) wieder zu.

Doch entwickelte sich nun die topographische Darstellung, die Vedute, die zwar nicht der Landschaft, sondern, in lehrhaft sachlicher Berichterstattung, der Siedlung, Stadt, Burg, Kloster zugewendet ist, über die sachlichen Belange aber doch mehr und mehr zum Reiz des Gegenstandes, des ›Stadtbildes‹ vordringt. Die Ansätze liegen schon in der Schedelschen Weltchronik von 1492, mit Holzschnitten ausgestattet von Michel Wohlgemut und seinem Stiefsohn Wilhelm Pleydenwurff. Reife gewannen aber erst die Städtezeichner des 17. Jahrhunderts, der Frankfurter Merian an der Spitze. Ihre das Wesentliche und Eigentümliche der Stadt und auch der Stadtlandschaft festhaltenden Aufnahmen sind uns ein um so kostbarerer Besitz, als ihnen ja meist keine Gegenwart mehr entspricht. Unsere Vorstellung von der alten deutschen Stadt lebt von diesen Aufnahmen.

Doch, glücklicherweise, nicht, noch nicht ganz ausschließlich. Es ist eine der Auszeichnungen Frankens, daß es Städtebilder, wie man sie in den topographischen Werken des 16. und 17. Jahrhunderts abgebildet findet, als Wirklichkeiten anbietet. Das berühmte Beispiel ist Rothenburg.

Zwei Bürgermeister versinnbilden die zwei Hälften seines geschichtlichen Daseins, Heinrich Toppler und Georg Nusch. Der erste war ein starker, kühner, wagender Mann, der seine Stadt durch schwerste Gefahren führte. Aber der Starke war seinen Ratsfreunden zu beschwerlich, er endete im Kerker. Der zweite, Georg Nusch, verdankt seinen Ruhm später Sage. Als Tilly 1631 die den Schweden verbündete Stadt nahm und nun, hoch erzürnt über die Abtrünnige, die Köpfe rollen lassen wollte, half den Rothenburgern eine »wunderbare und merkwürdige Errettung«. Dies und nicht mehr meldet ein Zeitgenosse. Anderthalb Jahrhundert später aber wußte man, das Wunderbare und Merkwürdige dieser Errettung sei der ›Meistertrunk‹ des Altbürgermeisters Nusch gewesen. Die doch wohl erfundene Geschichte hat den Vorzug, gut erfunden zu sein: durch solche Tat mochte die Reichsstadt Rothenburg noch gerettet werden, das Schwert konnte sie nicht mehr retten.

Die Unversehrtheit des Stadtbildes innen und außen – der status quo ist der von rund 1600 – sollte an sich wohl kein Ruhm sein. Sie wird keinem Willen, nicht einmal einem Beharrungswillen, verdankt; sie ist der Ausdruck einer völligen Passivität. Sie sollte kein Ruhm sein, und im Zeitalter einer vom Gedanken des Fortschritts beseelten Aufklärung war ja auch ›Kuhschnappel‹ alles andere als berühmt. Aber die Unversehrtheit mußte ein Ruhm werden, als sie, dank des nun alles ›Überholte‹ niederwerfenden Fortschritts, einen Seltenheitswert gewann, der ihr zu Postillons Zeiten noch abging. Es ist ja wirklich des Staunens wert, bei der Betrachtung eines Holzschnitts des 16. Jahrhunderts, der ›Contrafactur der Reichsstadt Rothenburg vff der Tauber‹, einen Bestand anzutreffen, der sich mit dem vor Augen liegenden fast Teil für Teil deckt. Da ist St. Wolfgang und das Klingentor, das Burgtor und die ›Burg‹ auf dem in die Tauberschleife vorgreifenden Sporn, die Pfarrkirche St. Jakob als stärkste Aufhöhung der sehr langen Erstreckung, die ›Liberey‹, das Rathaus mit seinem schlank aufgereckten Firstturm, das Galgentor, das Tanztor, die Johanniskirche, Rödertor, Faulturm, Sieberturm und Kobelzeller Tor, Sternturm, Roßmühle und Hl. Geist-Spital und – Ende dieser langen, der Tauberfurche entlang ziehenden Aufreihung – das Spitaltor mit dem Halbrund seiner Bastei.

Rothenburg war eine verhältnismäßig große Stadt, aber keine ›Großstadt‹ wie Nürnberg. Seine Abmessungen sind kleiner, enger, und es war auch nicht so ausschließlich Stadt wie Nürnberg; bäuerliches Wesen, der Ackerbürger – ganz fremd in Nürnberg – bestimmt den äußeren, vorstädtischen Siedlungsgürtel.

Die kleinere Dimension und die ackerbürgerliche Beimischung stellten die fränkischen, eigentlichen Sinnes altfränkischen Züge des Stadtantlitzes um vieles merklicher heraus; den flächigen, wenig bewegten Wandbegrenzungen der nürnbergischen Gassenräume steht hier die häufige Unterbrechung, die Staffelung, Verschränkung, der rasche Wechsel gegenüber. Am Bodenrelief lag das nicht, die Abschüssigkeit ist nicht ärger als die nürnbergische. Die Burgstraße in Nürnberg, die Schmiedgasse in Rothenburg – beide steigen oder fallen, und der Neigungswinkel möchte bei beiden der gleiche sein. Aber ruhevoll, von der Ruhe eines Platzes, will die Burgstraße vergleichsweise erscheinen. Man erlebt nun allerdings, und das ist nicht unwesentlich, beide in umgekehrter Richtung: die erste bergauf – denn man kommt vom tiefer liegenden Markt her –, die andere bergab – man kommt vom höher liegenden Markte her. Sicher, schon das Hinuntersehen, Hinuntergehen teilt Beschleunigung mit. Dazu kommt aber nun die vorherrschende Giebelstellung der Häuser, dann eine fast Haus für Haus bemerkliche Richtungsverschiebung der Grundlinien, dazu kommt ferner, als sehr wirkungsvolle, die Verjüngung der Unteren Schmiedgasse übertreibende Unterbrechung, das Vorgreifen eines Hauses, des Nusch-Hauses, von links her in die Gasse, dem von rechts her, etwas schräg gestellt, die Giebelfront der Johanniskirche entgegnet – durch diese Torenge (und tatsächlich stand hier einmal ein Tor, des ältesten Mauerrings) ergreift nun der Blick unmittelbar den die Sicht schließenden Sieberstum, der entfernter zu sein scheint, als er ist, denn die Wandungen der Unteren Schmiedgasse sind durch den Flankenvorstoß des Nuschhauses und der Johanniskirche verdeckt. Indes ereignet sich noch kurz vor dem Torturm eine der glücklichsten Komplizierungen: hier nämlich zweigt stärker, ja stark geneigt, die Kobolzeller Gasse ab – die Untere Schmiedgasse ist gegen die Obere schon kaum mehr geneigt –, und in den Winkel der beiden Gassen ist nun ein Haus oder Häuschen gestellt, dessen Giebel, den hinterfangenden Torturm überschneidend, schräg zur Achse der Oberen Schmiedgasse steht.

Ein so vielfältiges Widerspiel von Richtungen, wie in diesem Durchblick vom Markt durch die beiden Schmiedgassen zum ›Plönlein‹, findet sich auch in Rothenburg nicht noch einmal. Die gestaltenden Faktoren waren Zufälligkeiten, eine Überlegung städtebaulicher Art dürfte nicht bei einem dieser Häuser im Spiele gewesen sein. Die Häuser sind alle recht einfach, kaum geschmückt, nur das ›Baumeisterhaus‹ (Leonhard Weidmanns, des Rathauserbauers) macht eine Ausnahme mit seiner in Hermenreihen prunkenden, doch im Giebel mit der schlichtbürgerlichen Nachbarschaft sich wieder aussöhnenden Hausteinfassade. Niemand hat diese Gasse, alle haben sie geschaffen. Jeder setzte sich soweit durch, als er es, ohne den Anspruch der Nachbarn oder der die Gasse besitzenden Öffentlichkeit zu verletzen, tun konnte. Jeder, der da baute, dachte nur an sich, an sein Wohnbedürfnis, und aus den vielen disparaten Willensstrebungen entstand diese beglückende Gasse. Sie entstand ungewollt, beiläufig, als die Summe dieser Willensrichtungen: die Unzahl ihrer Verschiebungen und Verschränkungen ist ja nichts anderes als der Ausdruck dieser Willensrichtungen.

Die älteren, noch des Fabulierens frohen Chronisten Rothenburgs gebärden sich schwabenfeindlich: gegen die Schwaben sei die rote Burg gegründet worden. Ge-

gen die Franken – sagen die Dinkelsbühler von Dinkelsbühl. Sie fabeln, aber die Fabel erweist doch eines:
daß man den Schwaben, und vice versa den Franken,
schon recht nah vor den Toren hatte. Es mag sein, daß
die Tauber vielleicht schon in keltischer Zeit eine
Grenzlinie, eine Völker- oder Stammesscheide war. Der
aggressive Franke drängte die Schwaben zurück, das
Frankenbistum Würzburg stieß, dem Vorstoß folgend,
bis an den Neckar vor; noch Heilbronn war würzbur-
gisch.

Der Hochaltar der Rothenburger Jakobskirche ist,
in seinen Flügeln, ein Werk des Nördlinger Malers
Friedrich Herlin. Der ihm ehemals von der Empore
des Westchors herab entgegen gewendete Heiligblutaltar* ist ein Werk Riemenschneiders. Rothenburg war
nicht, wie Nürnberg, eine kulturelle Autarkie. Entlieh
es sich nun einmal einen schwäbischen, Nördlinger,
und dann einen fränkischen, Würzburger, Meister, so
spricht sich in diesen durch ein Menschenalter getrennten
Entleihungen gut seine fränkisch-schwäbische Grenz-
lage aus.

Die Tauber mündet bei Wertheim in den Main.
Wertheim gehört nun schon ganz der untermainischen,
vom Rhein, von Mainz her bestimmten ›rheinfränkischen‹ Landschaft an, die, im Mainviereck den Spessart umgreifend, noch ins Würzburger Bistum vor-
stößt, bis Lohr, ja bis Gemünden am nördlichen Ansatz des Maindreiecks. Wertheim verbindet sich charakterlich mit dem stromab benachbarten Miltenberg;
hier regierte – in Miltenberg auch wörtlich – Mainz.

Das aber ist uns nicht mehr fränkisch. ›Rheinfränkisch‹ ist ein wissenschaftlicher Ordnungsbegriff, und wir wollen den Begriff Fränkisch nicht zu weit fassen. Weit gefaßt, würde er alles von Franken volklich (nicht nur herrschaftlich) besiedelte Land ergreifen, und also ebensowohl Trier wie Köln einschließen. Daß aber Niederrhein und Mosel wesentlich andere Merkmale aufweisen, braucht kaum gesagt zu werden. Daß der Mittelrhein, räumlich benachbart, auch charakterlich benachbart ist, wohl auch nicht. Aber dieses mittelrheinische Fränkisch ist bei aller Verwandtschaft doch ein anderes Fränkisch: reicher, geschmückter, vielleicht darf man auch sagen: urbaner. Diese gesegnete Stromlandschaft stellte ihre Menschen auf breiteren Grund. Stadt und Dorf haben etwas von überschüssiger Fülle.

Das Taubertal lag, unteren Teils, im Kulturschatten von Mainz. In Tauberbischofsheim stand ein Altar Grünewalds. Doch höher im Tal, in der Herrgottskirche bei Creglingen, steht ein Altar Riemenschneiders, und wieder etwas höher, in der nun schluchtig verengten Talfurche, in der kleinen, sehr alten Dorfkirche von Dettwang, der Mutterkirche Rothenburgs, ein zweiter, der freilich erst spät hierher gekommen sein dürfte, exiliert aus einer der Rothenburger Kirchen. Daß sich Riemenschneider hoher Schätzung bei den Aufträge vergebenden Rothenburgern erfreute, bezeugen mehrere an ihn vergebene Aufträge und wohl auch seine vermutlich durch Rothenburg vermittelte Inanspruchnahme durch das nahe Windsheim.

Rothenburg liegt vor der Frankenhöhe, die eine natürliche Scheide zog gegen das südöstliche Franken der Rezat-Regnitztalung, eine Scheide gegen Nürnberg.

Rothenburg war kein Strahlungszentrum. Nürnberg konnte zerstört werden, ohne aufzuhören, Nürnberg zu sein. Nürnberg ist ein geistiges Vermächtnis.

Der Ruhm Rothenburgs hängt an seiner Existenz. Diese Existenz, diese Leibhaftigkeit einer längst in die Geschichte eingegangenen Lebensform ist sein hoch zu schätzender Beitrag zur lebendigen deutschen Kultur.

Kapitel 8 Der Burgenadel

Der eine der beiden Mainläufe, der Weiße Main, strebt, aus dem Fichtelgebirg entlassen, ein schmales, grün besäumtes Rinnsal, windungsreich dem andern, dem Roten, entgegen; nahe unterhalb Kulmbach, bei Steinenhausen, Schloß ehemals der Herren von Guttenberg, trifft er ihn. Der seiner Talspur Folgende verhält unwillkürlich Schritt oder Fahrt, ragt ihm bei einer Linkswendung des Tales überraschend plötzlich auf vorgreifender Höhe die Plassenburg entgegen. Es bedarf dann nicht viel des Gespürs für Geschichte, um der Tiefgründigkeit dieses Burg, Schloß, Feste vereinenden Machtbollwerks gewahr zu werden. Bezeugt, im Namen derer, die sie besitzen und sich nach ihr nennen, der Grafen von ›Plassenberg‹, ist die Burg erst im frühen 12. Jahrhundert – ein rundes Jahrhundert zuvor die Siedlung, Kulmbach, am Bergfuß – und wenn sie auch erst um diese Zeit zur starken Höhenburg ausgebaut wurde, so möchte es doch zutreffen, daß ihre Wurzel in die Zeit der erstüberlieferten Herren dieses Zweimainlandes, der Grafen, Markgrafen von Schweinfurt, der auch so genannten jüngeren Babenberger, das ist das 10., 11. Jahrhundert, zurückreicht. Von ihnen zu reden gab schon Bamberg Anlaß, die Gründungsgeschichte des Bistums, des Nutznießers ihrer Schwächung durch die Königsgewalt, die nur ihre Allode, ihren Eigenbesitz, schonte und wohl auch schonen mußte. So blieb ihnen immer noch breiter herrschaftlicher Besitz am Main oberhalb der Bischofsstadt. Der minderte sich durch Teilung, als der Letzte des Hauses, Herzog Otto von Schwaben, 1057 söhnelos starb, fiel aber zu gutem Teile, eben dem obermainischen, an einen der Schwiegersöhne-Erben, Arnold aus dem baierischen Hause der Grafen von Diessen-Andechs. Der neue Herr wandte diesem entlegenen Außenbesitz noch keine sonderliche Aufmerksamkeit zu, erst der Sohn, Berthold II., zog ihn in das politische Interesse seines an der Seite der staufischen Könige wachsenden, in der Folge zu Markgrafen von Istrien, Herzogen von Meranien, Pfalzgrafen von Burgund aufsteigenden Hauses; er zuerst nennt sich in fränkischen Urkunden Graf von Plassenberg und läßt in dieser Benennung den Burgberg und also mittelbar auch die Burg aufscheinen, die der zentrale Machtsitz seiner fränkischen Herrschaft ist und das auch unter seinen Folgern, bis zum letzten, Herzog Otto VIII., bleibt, der 1248 auf seiner Burg Niesten stirbt und in der Klosterkirche der Langheimer Zisterzienser zu Grabe geht.

Macht-, aber nicht Wohnsitz. So güterreiche, mit einer Mehrzahl von Grafschaften, einer Vielzahl von Herrschaften ausgestattete Herren »sitzen« nicht, sie reiten landauf, landab, der Königsdienst läßt sie selten zur Ruhe kommen, und wenn sie dieser so lastende wie lohnende Dienst freigibt, dann reiten sie, im Eigenen nach dem Rechten zu sehen, von Burg zu Burg, sie haben viele Burgen, die sie selbstverständlich in die Hut anderer, die ›Burghut‹ verlässiger, kriegserfahrener Dienstmannen, Lehensleute, Ritter geben müssen. Die Burghut-Ritter nennen sich dann wohl selbst nach der Grafenburg, können es, dürfen es auch, der Graf, zu hohen Rängen und Titeln, Markgraf, Herzog, Pfalzgraf aufgestiegen, bedient sich nicht mehr des Namens seiner Burgen. Plassenberger Ministerialen nennen sich schon um die Mitte des 12. Jahrhunderts nach der Burg; sie nennen sich dann später, im Herrendienst zu Lehen- und auch zu Eigenbesitz gelangt, nach ihren eigenen Burgen, den Burgen inzwischen erworbener Grundherrschaften. So die heute noch blühenden Herren von Künsberg und Guttenberg. Für deren ersten, Heinrich, der sich noch von Plassenberg nennt, liegt auch das urkundliche Zeugnis vor, daß er mit Willen des Bamberger Bischofs Wulfing, also im ersten oder zweiten Jahrzehnt des 14. Jahrhunderts, das nun namengebende *castrum* Guttenberg erbaut habe.

Die Menge der im Hochmittelalter begründeten Burgen geht auf die ritterlichen Dienstmannen des alten freien Adels, einschließlich des diesem Adel zugehörigen Königs und der von diesem Adel geführten Kirche, zurück. Bis zum Aufstieg der Dienstmannen (Ministerialen) zu einem sich abschließenden und bald auch geschlossenen Geburtsstand, dem Neu-(Nieder-) Adel der, im Spätmittelalter so genannten, Ritterbürtigen, gibt es nur einen Adel, dessen Träger vom ersten bis zum letzten ›Genossen‹ sind, eines Rechtes, eines Standes, ›ebenbürtig‹. Der Historiker nennt sie, in Anknüpfung an Termini der lateinischen Urkundensprache *(liberi, nobiles)* Edelfreie. Dieser im König gipfelnde freie Adel ist es, der das Land, Reich und Reichskirche, beherrscht und seine Herrschaftsgebiete um Burgen sammelt, die nun auch die Marken und Symbole seines Machtbesitzes sind. Doch selbstverständlich: ehe die Burg Machtzeichen ist, ist sie Machtmittel, das Instrument der Machtsicherung, Bollwerk des Schutzes und Trutzes – ja, auch des Trutzes: der Bedrohte ist stets auch Bedroher, der eine wiegt, mit seinem Recht auf die Waage gelegt, so viel wie der andere. Eine rauhe, unbändige Kraft erlöst sich von ihren Überschüssen im endlosen Kleinkrieg der Fehden, lenkt sie nicht der Dienst, Königs- oder Fürstenoder (im Falle der »lieben Reise über See«) GottesDienst auf andere, höhere Ziele ab.

Im Umgriff des nördlich vom Mainbogen, westlich von der Regnitz begrenzten, eng begrenzten oberfränkischen ›Gebirgs‹ (mit viel Stein und wenig Brot) drängten sich die Burgsitze dieser Edelherren, und wenn auch nicht jeder Burgname ein eigenes Burgherrengeschlecht bezeichnet, so ist dieses Gedränge von Burgen in den Felstälern der Wiesent und ihrer Zuflüsse doch immer noch erstaunlich, die zumeist nur kleine, ja sehr kleine Burgherrschaften genützt und geschirmt haben können. In diesen Schmalbesitzen gründet es wohl auch, wenn diese (als Krieger in schweren Waffen hoch beanspruchten) Burgherren um die Wende des 12. zum 13. Jahrhundert, und vor allem in diesem, so tief in die überkommenen Rechtsverhältnisse eingreifenden Säkulum, ihre meist nur in wenigen (letzten) Generationen spärlich erhellte Laufbahn beschließen. Fast alle treten sie ab. Die eine Ausnahme innerhalb des Gebirgs sind die Aufseß, trifft es nur zu, daß die gegen Ende des 13. Jahrhunderts ins Licht tretenden Träger des Namens dienstmännischen Standes auch wirklich dem Stamme der Edelfreien des Namens entwachsen sind. Ihre wahrlich altersgraue Burg im Engtal des Aufseßbaches, die dem in eine Talschleife vorgreifenden Felssporn »aufsitzt«, ist eine der wenigen schon früh als solche, und nicht nur mittelbar im Namen der Burgherren, aufscheinenden; schon 1136 ist sie mit Bergfried und dem anhängenden ›Meingoz Steinhaus‹ beurkundet. Diesem die Höhe des Felssockels besetzenden Burgkern, dem noch die Herkunft von der ›Turmhügelburg‹ (am Anfang der mittelalterlichen Burgenentwicklung) abzumerken ist, schloß sich später, wohl im 14. Jahrhundert, der tiefer liegende doppelte Bering mit einer Mehrzahl fester Baulichkeiten an, Neben-, Sonderburgen, wie sie die Mehrung und Teilung des Geschlechtes ja wohl nötig machte.

Eine in nordöstlicher Richtung ausgeworfene, Aufseß und Plassenburg verbindende Linie trifft halbwegs die Ruine der Burg Zwernitz. Ihr runder Bergfried steht steil vor dem Horizont des Albrückens. Seit 1163 und noch 1250 nennt sich nach ihr eines der besitzreichsten Herrengeschlechter dieser fränkischen Grenzlandschaft, das der insonderheit in den Rodungsgebieten der Grenzwälder, Fichtelgebirge und Frankenwald, begüterten Walboten, die, schon früh, bald nach Mitte des 11. Jahrhunderts, bezeugt, die ›Gewaltboten‹, Gewaltträger des Grafen (im Radenzgau) sind, dieses sie hoch stellende öffentlich rechtliche Amt aber offenbar unter den um die Mitte des 12. Jahrhunderts mit der (bambergischen) Grafschaft belehnten Andechs-Plassenberger Grafen verlieren. Die entwinden ihnen dann auch mählich ihre besten Güter, Berneck, Leugast, Nemmersdorf, Trebgast, auch den Stammsitz Zwernitz. Der letzte Walpoto, Friedrich, ist, ausgangs des 13. Jahrhunderts, Ministeriale der im Vogtland gebietenden Vögte von Weida.

Die vielen kleinen Herren verkümmern und verkommen im Schatten der einigen großen, der primi inter pares, die sich, stark und ausdauernd, Prinzipate, Großherrschaften, Landesherrschaften begründen können. Wechseln wir, um ein anderes typisches Beispiel dieses Schicksals aufzuzeigen, vom Obermainfränkischen ins Untermainfränkische. Im Odenwald nahe Amorbach, auf dem Preunschener Berg, errichtet im frühen 13. Jahrhundert Herr Konrad von Dürn, auch freien Adels, inmitten wahrscheinlich staufischer Königshuld verdanktem odenwäldischen Lehenbesitzes die Burg, die erstmals 1215 urkundlich faßbar ist und nach der er sich auch dann, so erstmals 1226, nennt: Wildenberg. Auch die von Dürn ermüden schon nach wenigen Jahrzehnten der Kraft; der sich mainaufwärts, Würzburg entgegen, vorschiebende starke, so viel stärkere Nachbar, der Mainzer Erzbischof, der um diese Zeit auch die Rienecker Grafen auf ihre dann bis ins 16. Jh. behauptete schmale Stellung zurückwirft, gewinnt ihnen, 1271, mit der sanften Gewalt des Kaufes Burg und Burgherrschaft (1272 auch ihre Stadt Amorbach) ab. Mit dem Schwinden des Besitzes schwindet auch die Lebenskraft des Geschlechtes – 1323

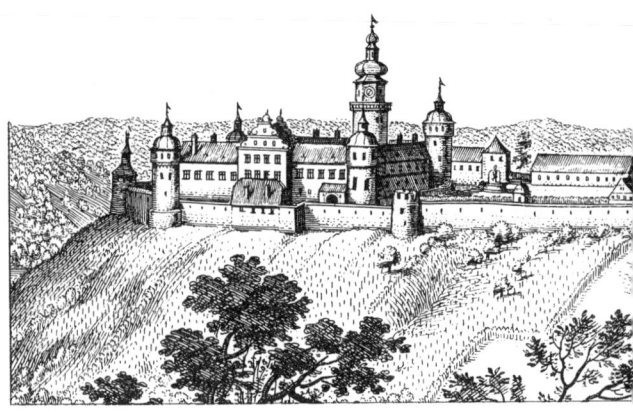

Langenberg

erlischt sie. Die Burg, nun mainzischer Amtssitz, 1525
von den Bauern ausgebrannt, 1541 vom Mainzer Amt-
mann verlassen, zerfällt zu dem Trümmerwerk, das
immer noch groß und schön ist – im Palas des Innen-
hofes mit den »staufischen« Arkaturen seiner Fenster,
dem gestuften Rundtor mit dem ziervollen Apsiden-
erker der ihm (ehemals) aufgestockten Kapelle, der
den Außenhof abschließenden hohen Schildmauer,
dem Buckelgequader des über Eck in sie eingreifenden Bergfrieds. Diese Burg Wildenberg – verlok-
kende Vermutung, sie habe der Gralsburg Montsal-
vat Wolframs den Namen geliehen – ist eine so grund-
gewachsene, will heißen durch den Wehrzweck, Schutz
und Trutz bestimmte, wie sonst nur eine der vielen anderen auch, läßt aber die vielen in der Groß-
artigkeit, Fürstlichkeit des Aufwandes weit hinter sich

zurück, er kommt dem der kaiserlichen Pfalz Geln-
hausen nahe, wie denn auch die Beteiligung Gelnhau-
sener Werkleute wahrscheinlich ist. Gemeinhin ist der
Burg kein anderes Ziel eingepflanzt als das der Zweckerfüllung. Sind nun alle diese nur auf das Nützliche
und Nötige ausgerichteten Burgen doch stets in einer
eigenen Weise schön, so ganz sicher nicht weil schön
gewollt, doch nur dank ihrer engen Bindung, bis zum
Anschein des Eingewachsenen, an die Natur ihres
Standorts, ihrer aufgipfelnd krönenden Profile, ihrer so
einfach, kunstlos gefügten felsverschwisterten Mauerwuchten – und hier sei nicht nur an die schweren, zy-
klopischen (in der an sie gelegten Steinmetzenkunst
den Zweck doch schon übergreifenden) Quaderstirnen
der Türme, Bergfriede, wie der von Miltenberg, Wertheim, Stadtprozelten, Rothenfels, Rieneck, Salzburg,

gedacht, sondern auch und sogar vorzüglich an die dem Maurer und nicht dem Steinmetzen in die Hand gegebenen Mauerschichtungen, wie sie der jeweils anstehende, nicht immer formwillige Stein, Muschelkalk am Mittelmain, Jurakalk auf der Alb, eben antrug. Wir denken an so ganz landschaftsverbundene, felsverwachsene, felsgeschaffene Burgen wie Streitberg, Rabeneck, Rabenstein oder Tüchersfeld.

Sie führen uns in die fränkische Alb, die ›Fränkische Schweiz‹ heute, aber nun auch seit rund hundertfünfzig Jahren geläufigen Namens, zurück, die die burgenreichste fränkische und wohl auch deutsche Landschaft ist, der sich folglich auch viel über Burgen und Burgherren abfragen läßt. Die beiden eben erwähnten, den Raben im Bestimmungswort führenden Burgen über den engen Talschluchten der Wiesent und des ihr zufallenden Ailsbaches gehörten einmal den hochansehnlichen Edelfreien von Schlüsselberg, die ihren zunächst namengebenden Stammsitz in Adelsdorf nahe Höchstadt an der Aisch, also im südlichen Vorlande des Steigerwaldes hatten, im Laufe des 12. Jahrhunderts sich in die Alb vorschoben und sich da nach den Burgen Greifenstein, Creussen, Gößweinstein nannten, bis sie den bleibenden Namen in der sicher auch von ihnen gegründeten Burg Schlüsselberg im Wiesenttal nächst unterhalb Waischenfeld fanden. Der Schlüssel ist die Figur ihres Wappenschildes (früh und schön in Stein gehauen auf der Grabplatte Herrn Gottfrieds in der Klosterkirche ehemals der Zisterzienserinnen zu Schlüsselau). Im 13. Jahrhundert sind sie die Gebietenden im

Umgriff der Wiesentalb und offenbar in gutem Zuge, ein territoriales Dominat, ein Fürstentum zu begründen. Aber dieser späte Versuch scheitert an der Nachbarschaft älterer und stärkerer Gewalten, des Nürnberger Burggrafen, der am Rande des Juralandes, seit 1260 in Bayreuth, seit 1340 auch auf der Plassenburg, sitzt, und des Bamberger Bischofs, der schon im frühen 12. Jahrhundert Burgherr in Pottenstein und Gößweinstein ist. Beide sind besorgte Beobachter des Schlüsselbergischen Wachstums, und wenn sonst nur in sehr wenigen Stücken miteinander einig, so doch jetzt darin, dieses Wachstum zu unterbinden. Der Anlaß zum Losschlagen findet sich, als Konrad von Schlüsselberg, ein ausgezeichneter Kriegsmann (in den Schlachten Kaiser Ludwigs des Bayern), seine Kraft überschätzend die für den Burggrafen wie für den Bischof unentbehrliche Wiesenttalstraße bei Streitberg durch eine Mautschranke sperrt. Ehe es zur Bewährungsprobe kommt, fällt der von den Fürsten – als dritter gesellte sich der Würzburger Bischof hinzu – auf seiner Burg Neideck belagerte Schlüsselberg (1347), letzter seines Hauses im Mannesstamm. Die Sieger teilen sich in die Schlüsselbergschen Güter. Nun stoßen sich die beiden ›Großen‹, Bischof und Burggraf (seit 1417 Markgraf), im engen Raume dieser Juratäler – auf der Burg Streitberg gegenüber der bambergischen Neideck setzt sich im frühen 16. Jahrhundert der Markgraf fest – und des Stoßens ist kein Ende, alle die Jahrhunderte hindurch, solange das alte Reich währte.

Indessen gediehen im Schatten der sich reibenden

Großen die vielen kleinen Herren, des Dienstadels, der um die Wende des 12. Jahrhunderts, entscheidend im 13., aus der ursprünglichen Unfreiheit zu einem Geburtsstande eigenen Rechtes, zum Ritteradel, aufsteigen konnte. Stieg er in seiner Mehrheit (wie auch in Schwaben, am Rhein und im Niederelsaß) im Laufe des 15. Jahrhunderts, formell im 16. (1577), zur ›Libertät‹, zur Reichsfreiheit auf, so trug dieses sein Selbstgefühl stärkende Frank und Frei nicht eben weit, denn auf Gedeih und Verderb hing er nun doch an den ihn allseitig umklammernden Fürsten, seinen nächsten Lehensherren (vom Reich kam ihm das Geringste zu), bei denen er zu Hofe ging, deren Ämter er verwaltete, denen er in Krieg und Fehde sein Schwert lieh, das nicht rosten durfte, wozu dann auch, ruhte einmal der Fürstenkrieg, die Fehde half. Die Burgen des Ritteradels sind es, die die Albtäler in dichter Abfolge bekränzen und bekrönen, Felsenhorste samt und sonders — Freienfels, Wiesentfels, Plankenstein, Waischenfeld, Rabeneck, Gößweinstein, Burggaillenreuth, Neideck, Streitberg, Greifenstein, Aufseß, Rabenstein, Tüchersfeld, Egloffstein, Wolfsberg, Betzenstein, alle an und über der Wiesent und ihrer Zuflüsse Leinleiter, Aufseßbach, Ailsbach, Püttlach, Truppach. Die meisten sind Ruinen, nach Zerstörungen verlassen oder dem Verfall überantwortet, als die im 16. Jahrhundert einsetzende neuzeitliche Kriegsführung den Schutzwert der Burg auf eine Kleinigkeit herabsetzte, nur dann festgehalten, wenn Boden- und Sippentreue stärker waren als die umbrechende Zeit —

so Egloffstein, Aufseß, Trockau, dieses im späten 18. Jahrhundert zum Schloß verwandelt, wie es ja wohl die 1737 in die Reichsunmittelbarkeit erhobene (mit Trockau auch Kohlstein und Tüchersfeld einschließende) Herrschaft so heischte.

Dergleichen Verwandlungen à la mode erwiesen sich freilich die Höhenburgen wenig gefügig. Auch das nach dem Aussterben der Herren von Streitberg, 1680, vom bambergischen Lehensherrn an die Schenk von Stauffenberg gegebene, von einem namhaften Baumeister, Johann Leonhard Dientzenhofer, überholte Greifenstein blieb doch viel mehr Burg als daß es Schloß wurde, zu dessen Wünschen keinesfalls die Höhe gehörte. So konnte sich die auf die flache Schwelle der Ehrenbürg gesetzte Burg Wiesenthau (des sich nach ihr nennenden, 1814 erloschenen Geschlechtes) nach Mitte des 16. Jahrhunderts als Schloß erneuern lassen, Schloß allerdings noch im alten Wortsinne des Schließens, denn die Prägung seiner starken Quadermauern ist doch noch die des burglichen Schutzes und Trutzes. So wurde aus Thurn, dieses schon draußen in der Regnitzniederung, unter den Händen des Bamberger Baumeisters Küchel das barocke Schloß, das nun kaum mehr an die Burg des Mittelalters erinnert, es sei denn in der Umfassung durch den nassen Graben, die der Bauherr einer das Element Wasser ästhetisch nützenden Zeit beflissen konservierte. Daß die Wasserburg im Gebirgslande vor der Höhenburg gänzlich zurücktrat, daß sie im Flachlande die Vorhand hatte, versteht sich von selbst. Viel weniger augenfällig als die Höhenburg, prägt sie die einhegende Landschaft in einem viel geringeren Maße. Indessen war sie ehemals, im Zeitalter der Burgen, breithin ausgestreut, überall da, wo der (doch besser »bergende«) Berg fehlte.

Fragen wir nun, was die Burgherrschaften im sozialen Gefüge ihrer Zeit zu bedeuten hatten. Geht man die Reihen der fränkischen, der Würzburger, Bamberger, Eichstätter Bischöfe, Fürstbischöfe durch oder befolgt man die *Siste Viator!*-Mahnung ihrer Grabsteine, um verweilend die Namen und Wappen abzulesen, dann klingen in diesen Namen wieder und wieder bekannte Burgennamen auf. Die jüngeren Söhne der Burgherren traten in die Kapitel der Hoch- und Nebenstifte ein, verfügten über die Präbenden, Kanonikate und stiegen auch, hatten sie das Zeug dazu und auch den Rückhalt einer starken Sippe, zu Bischöfen, und das will sagen auch Landesherren, Reichsfürsten auf. War es bis ins 12. Jahrhundert ausschließlich der alte freie Adel, der die Episkopate besetzte, seit dem 13. Jahrhundert ist es, zwar nicht ausschließlich, aber doch stark vorwiegend der Dienstadel, der in den Kapiteln sitzt und sie besitzt. Die Kapitel küren die Bischöfe und behaupten sich auch wieder gegen diese als Körperschaften eigenen Rechts. Es liegt also in den geistlichen Fürstentümern die Herrschaft bei den Sprossen des Burgenadels. Der Adel der Markgrafschaften, enger an den Fürsten gebunden, in der obergebirgischen (kulmbach-bayreuthischen) auch nie in die Libertät des Reiches entlassen, besetzte aber doch breithin die Führungsstellen, militärische und administrative, bot ihm auch der im 16. Jahrhundert aufkommende Juristenadel (›Leistungsadel‹) wachsende Konkurrenz. Denn die Stühle unterstanden sich, auf die Bänke zu springen. Dieser sprichwörtlichen Wendung bedient sich der Autor der 1507 niedergeschriebenen ›geschichten und taten des teurn und lobwerden edln ritters hern Wilwolten von Schaumberg‹, der sich zwar nicht namentlich nennt, indessen doch genugsam vorstellt als einen ›regirer und haubtman der haubtstat des löblichen alten herzogtums zu Meran‹. Sehr merkwürdig übrigens diese archaische Benennung des Fürstentums ober Gebirgs, dessen markgräflicher Hauptmann, der auch sonst wohlbekannte Ludwig von Eyb, sich also noch der längst verblichenen meranischen Herrschaft (die, wie er meint, durch große Untreue der Regenten und Pfleger an ihrem rechten natürlichen Erbherrn in seiner Kindheit ihren Namen verkehrt habe) erinnert, die er ja offenbar in einem romantisch verklärenden Lichte sieht, wie er sich denn auch mit einem mahnenden Blick auf ›die jung ritterschaft‹ als ein Verehrer der ›Ritterbücher‹, will heißen der großen Dichtung jener glücklichen meranischen Zeiten, bekennt. Die von ihm der Nachwelt überlieferten Taten seines Schwagers Wilwolt Schaumberg fallen auf der Waage der Geschichte nicht eben groß ins Gewicht. Aber sie erhellen doch vortrefflich den Lebensweg eines fränkischen Edelmannes, der für viele andere steht. Halten wir hier nur fest, daß er viele Jahre im Fürstendienste reitet, immer kurz im Hause des Vaters und der Väter, der Burg seines Namens (an der frän-

kischen Grenze Thüringens, bei Schalkau) rastend –
denn das ›hoch haus‹ ist unten leer und oben nicht viel
darin, der Vater selig hatte etwas viele Kinder hinter
sich verlassen – um alsbald auf neue ›Reise‹ zu gehen.
Und versagt sich der Fürstenkrieg, weil schließlich
jeder seine Endschaft hat, ist also »nichts zu tun«, dann
bietet sich ›die klain reiterei‹ als ein immer noch loh-
nender Zeitvertreib; es haben ja stets etliche Frei-
herren und vom Adel miteinander zu schaffen, wie
denn im Lande zu Franken solcher Zank selten ruhte.
Welche kleine Reiterei mit Dörfer brennen, Vieh wegnehmen und dergleichen freilich wenig ›ehrlich‹ erscheinen will. Hier tritt ja nun wohl gleich der ›Raubritter‹ in die Vorstellung ein. Dieser (er sei nicht, wie
meist, mit gemeinen ›Reutern‹, Buschkleppern und
dergleichen in eins gesetzt) würde sich, könnte er sich
noch rechtfertigen, auf das gute alte, jetzt, in dieser
Endzeit des Mittelalters freilich schon hart bestrittene, Fehderecht berufen, und wohl auch die Frage
aufwerfen, wie sich denn seine Fehde, gegen die Nürnberger etwa, von der des Markgrafen, gegen die gleichen Nürnberger, unterscheide? Die Nürnberger wären übrigens mit dem Raubritter leicht fertig geworden, hätte ihm nicht der Markgraf offen oder (meist)
geheim, weitergeholfen. Es steht ja wohl auch fest,
daß sich die Reichsstädte, und Nürnberg voran, aufs
Ritterlegen verstanden. In der Nachbarschaft der mit
ihren Territorien weit ins Land hinausgreifenden
Reichsstadt stand der Ritter – ›Raubritter‹, wenn er
nach angesagter Fehde in der ihm einzig gegebenen

Form der kleinen Reiterei seine Fehde führte – im härtesten Existenzkampf.

Angesichts der vielen, meist über die Tallandschaften und ihre Straßendurchzüge gestellten Burgen denke man an die ihnen einmal zugeteilte übergreifende politische Rolle, ihre Eingliederung in größere territoriale Zusammenhänge, in die Machtsysteme der Fürsten, deren Druck sich kaum einer der Burgherren entziehen konnte, dem er nur durch geschickte Nutzung der fürstlichen Rivalitäten, häufig genug aber nur durch ›Vermannung‹, Lehenshingabe seiner freieigenen Herrschaft, begegnen konnte. Welcher Druck ihn auch dann beschwerte, wenn er sich frei, unmittelbar nennen durfte. Dieses Rechtsstandes rühmte sich ja der fränkische Adel seit dem 15. Jahrhundert. Dieser Adel wird, nach einer alten Definition, für des Heiligen Römischen Reiches Adler rechten Flügel gehalten und in sechs Hauptorte (oder Kantone), nämlich Odenwald, Steigerwald, Altmühl, Gebürg, Baunach, Rhön und Werra geteilt, die alle *immediate* von Römischer Kaiserlicher Majestät dependieren, mit deren Hauptmannschaften Kaiserliche Majestät *per deputatos* verhandeln läßt, so es die Not erfordert. Er ist kein Mitstand des Fränkischen Kreises, führt kein Votum, ist dem Circulo nicht unterworfen. Mithin: es stand keine Bank für des Heiligen Reiches freie Ritterschaft im Reichstag, dessen führende Stände, Fürsten und Prälaten, doch breit dem Sockel des Ritteradels, ob nun frei oder landsässig, aufruhten.

Breuberg

Am Roten Main zwischen seiner Fichtelgebirgspforte
und dem Engtal zwischen Trebgast und Kulmbach
liegt eines der fränkischen Zisterzienserinnenklöster,
die samt und sonders Adelsstiftungen sind, Himmelkron, *Corona coeli*. In seiner in der Grundlegung frühgotischen Kirche stehen einige Grabsteine, die Bildwerke hohen Ranges sind, Erinnerungen an den Klo-
sterstifter Graf Otto von Orlamünde und seine Nachfahren, die alle hier, in der Kirche *ihres* Klosters, dem
in den Jahren um die Mitte des 14. Jahrhunderts auch
eine Grafentochter, Agnes, als Äbtissin vorstand, zu
Grabe gingen. Das noch im 13. Jahrhundert gemeißelte Steinbild des Stiftergrabmals (ehemals in der
Mitte des Chores) zeigt den Aufgebahrten, doch noch

302

im Leben Gedachten, im damals noch üblichen langen, gegürteten Leibrock, die Rechte an der Manteltassel, das Haar gespänt, ohne den, in Deutschland erst im frühen 14. Jahrhundert darstellungswürdig befundenen Panzer, doch selbstverständlich mit Schwert und Schild, welcher die ritterliche Militanz kennzeichnenden Waffen ja auch die wie Heilige in den Domchor gestellten Naumburger Stifter nicht entraten, die schon gleicher, in Frankreich kreierter Mode folgen. Merkwürdig ists, daß man einmal diesen doch unverkennbar männlichen, zudem durch die Inschrift beglaubigten Stifter-Grafen auf das Hohenzollernsche Hausgespenst der Weißen Frau bezog, die Gräfin Kunigunde, die ein anderes Frauenkloster des Grauen Ordens gründete, das gleich gottselig benannte Himmelthron (bei Nürnberg), in dessen Kirche auch ein Grabstein an die keines Fehls zu bezichtigende, ihre Wittfrauentage als Äbtissin beschließende Fürstin erinnert.

Statteten wir dem Orlamünde-Kloster einen Besuch ab, so geschah's dieser Grabbilder wegen, die so unmittelbar sinnfällig über die Kluft der Jahrhunderte hinweg mit jenen Herren und Frauen bekannt machen, die einmal hierzulande die Herrschenden waren. Es ist kein Zufall, daß in der Masse der Grabsteine (immer noch Masse trotz Minderung der einmal vorhandenen) die des edelfreien, hohen Adels bis tief ins 14. Jahrhundert voranstehen. Der Dienstadel konnte sich, solange ihm noch die Unfreiheit anhing, diese monumentale Ehrung seiner Toten schwerlich gestatten. Erst die im Laufe des 13. Jahrhunderts erworbene, im 14. stabilisierte Rechtsstellung gestattete ihm diese Angleichung. Bis ins frühe, ja mittlere 14. Jahrhundert steht uns fast nur der hohe Adel in seinen Grabbildern vor Augen. Aber auch die Reihe dieser setzt nicht vor Mitte des 13. Jahrhunderts ein, früher dürften die weltlichen Herren auch nicht mit den geistlichen in Wettbewerb getreten sein. Das älteste Grabbild ist das des Grafen Otto von Bodenlauben und seiner Gemahlin Beatrix in der Kirche des von ihnen gegründeten Klosters, auch ehemals der Zisterzienserinnen, in Frauenroth, das alle Stigmen der großen statuarischen Plastik des 13. Jahrhunderts trägt. Dieser Graf Otto, der sich nach seiner mit einigen Trümmern noch über Tag stehenden Burg bei Kissingen nannte, gehörte zum Hause der Henneberg, der Grabfeldgaugrafen aus ältestem Frankenadel; ihre Wurzel lag wahrscheinlich bei den Babenbergern. Daß Graf Otto und seine (hohem französisch-morgenländischen Geschlecht entstammende) Gattin in der Sorge um das Heil ihrer Seelen der Welt entsagten – zum Vorteil des Würzburger Hochstifts, dem sie ihren Besitz überließen –, sieht man dieser doch nur eine hochgestimmte weltliche Welt spiegelnden Malsetzung nicht ab, in die der Minnesänger und nicht der Mönch eingegangen ist.

Erscheinen nun diese großen Herren erst seit dem 14. Jahrhundert (und nicht schon dem frühesten) in voller Rüstung, Panzer, Harnisch, so deshalb, weil eben erst jetzt die Eigenschaft Ritter, die nun die Herren des hohen Adels mit denen ihres ministerialischen Gefolges zum *einen* ›ordo equestris‹ verbindet, ihre ganzheitliche Kennzeichnung fordert, welche Neuerung, wenn nicht vom aufsteigenden Ritteradel, dessen noch junges, folglich zu sichtbarer Bezeugung drängendes Standesgefühl ja vorzüglich an der Eigenschaft Ritter hing, eingeführt, doch jedenfalls in die breite Bahn gebracht wurde. Der 1341 heimgegangene Graf Otto VII. von Orlamünde trägt im ›Bildnis‹ seines Himmelkroner Grabdenkmals die ihn vom behelmten Kopf bis zum panzerbeschuhten Fuß einbergende Rüstung dieser Jahre, die gemeinhin ritterliche, wie sie jeder Ritterbürtige, der sie sich leisten konnte, trug.

Dieses hervorragende Grabmal hat seinen kunstgeschichtlichen Standort in einer Gruppe von Steinbildwerken, die unter dem Behelfsnamen ihres Schöpfers

›Wolfskeelmeister‹ zusammengefaßt werden. Sie geht vom Grabdenkmal des Würzburger Bischofs Otto von Wolfskeel (1345) aus und läßt diesem den um wenige Jahre späteren des Bamberger Bischofs Friedrich von Hohenlohe folgen, dem nun wieder die Grabsteine in Himmelkron, der eben genannte des Otto und, vornehmlich, der der Äbtissin Agnes, sehr nahe stehen. Schuf dieser (wir fragen hier nicht, ob wirklich mit dem Würzburger identische) Himmelkroner Bildhauer auch (was sich auf Grund abbildlicher Überlieferung anehmen läßt) Grabsteine in Langheim, Hauskloster der Andechs-Meranien und Truhendingen, zu dessen ›Stiftern‹ auch die Orlamünde gehörten, so ists ja deutlich, daß die Veranlasser aller dieser durch gleiche Merkmale zusammenhängenden Grabsteine samt und sonders dem engen, durch Versippungen verflochtenen fränkischen Hochadel angehören, der Hohenlohe, Orlamünde, Truhendingen, dem sich auch noch die Henneberg anreihen lassen. Der Grabstein der Nonne Anna von Henneberg in Sonnefeld bei Coburg, ehemals auch wieder der Zisterzienserinnen, berührt sich mit dem des Bamberger Bischofs Friedrich von Truhendingen (1366), der dem Wolfskeel immer noch nahe steht. Die Truhendingen, die sich nach ihrer Burg Hohentrüdingen (bei Gunzenhausen) nennen, seit 1248 als Meranier-Erben Burgherren in Giech über Scheßlitz am Westrande der Alb, erklären wohl auch das Übergreifen dieser mainfränkischen Steinbildhauer ins schwäbische Ries. Ein dem Himmelkroner Orlamünde im Harnisch abgesehener Hürnheim (edelfreien Geschlechts) steht in der Kirche ehemals der Zisterzienserinnen von Klosterzimmern, ein nächst vergleichbarer, doch dem Himmelkroner überlegener Bopfingen in der Pfarrkirche von Bopfingen – eiserner Ritter, wie er in gleich ausdrücklicher Trutzgebärde ein anderes Mal in diesem Zeitalter nicht zu finden ist.

Erst ein rundes Halbjahrhundert später treten wieder Ritter-Krieger aus dem Stein hervor, die sich in der rauhen und wohl auch bewußt rauh auftrumpfenden Wesensgebärde vergleichen lassen. Wir zielen auf die Grabsteine der Rieneck in der Pfarrkirche von Lohr und die der Hohenberg-Bickenbach, ehemals in der Kapelle der Homburg an der Wern (jetzt im Bayerischen Nationalmuseum). Die Grafen von Rieneck, rheinischen Herkommens, die sich seit dem 12. Jahrhundert nach ihrer starken Burg über der Talfurche der Sinn nennen, im 12. und noch im 13. Jahrhundert starke Gegenspieler der Mainzer Erzbischöfe im Spessart, müssen, im Rücken von Fulda und Würzburg bedrängt, dem Stärkeren weichen, dem sie schließlich auch ihre Stadt Lohr zu Lehen auftragen, in der sie sich mühsam bis zu ihrem Ausgang 1556 halten. Die Kämpfer und Mehrer des Geschlechtes sind es nicht, deren wuchtige Steingestalten im Chor der Pfarrkirche stehen, aber sie könnten es wohl sein. Die ursprünglich an der Lahn sitzenden Hohenberg setzen sich inmitten einer bedeutenden Grundherrschaft im frühen 11. Jahrhundert an der Wern fest, führen da noch in der Endzeit des Jahrhunderts die hohe Burg, Homburg auf, die sie im 12. und dann noch einmal um die

Wende des 13. und 14. Jahrhunderts stark und groß ausbauen. Drei Söhne des Geschlechts tragen im 13. und 14. Jahrhundert die Würzburger Mitra. Der letzte Hohenberg verlehnt den freieigenen Besitz an das Hochstift, aber die 1381 im Erbe folgenden untermainischen Bickenbach nehmen zunächst vielmehr zu als ab. Freilich lange währt auch das Glück der Bickenbach nicht. 1469 verkauft Konrad von Bickenbach, verschuldet, Burg und Herrschaft an Würzburg, 1487 erlischt sein Geschlecht.

Bezogen wir uns bisher ausschließlich auf die Grabbildsetzungen des alten freien Adels, so eben deshalb, weil diese im 13. Jahrhundert unbestritten, und auch noch wenig bestritten im 14., in der monumentalen Gestaltung des Ritter-Kriegers, seines Wunschbildes, voranstehen, gründet die ›militante‹ Ausstaffierung auch in der so viel breiteren, folglich auch ›Ton angebenden‹ Schicht des Dienstadels, der ja auch die Laienkultur des Hochmittelalters prägend bestimmte. Aber die Grabbildsetzungen des Dienstadels gewinnen doch erst im 15. Jahrhundert bei nun wachsender Breite, Ausstreuung in allen Groß-(Dom-, Kloster-)Kirchen, aber auch in den ungezählten, burgherrschaftlichem Patronat unterstehenden Dorfkirchen die unbestrittene Führung. Wir beziehen uns auf einige, nur einige, doch in der Versammlung der ›Gedächtnisse‹ eindrucksvollste Grablegen des fränkischen Ritteradels: die der Hutten in Mariasondheim bei Arnstein an der Wern, die der Truchsesse (ehemals der Grafen Henneberg) von Wetzhausen in Wetzhausen im Grabfeld, die der Grumbach in Rimpar (deren Burg erst Bischof Julius in das vor Augen stehende wuchtige Renaissance-Schloß verwandelte), die der Voite (Vögte ehemals der Grafen) von Rieneck in Karlstadt, aber auch auf die Grablegen des markgräflichen Dienstadels in der Ritterkapelle der Klosterkirche von Heilsbronn und der der Ordensritter vom Schwanen bei Sankt Gumbert in Ansbach. Fügen wir diesen Totenherbergen noch die in der Ritterkapelle in Haßfurt hinzu, so gelte das Interesse nun auch der Kapelle selbst, die eine bedeutende gotische Kirche ist, viel gepriesen in den Tagen der ritterfreudigen Romantik, auch viel umrätselt, wozu der das Chorhaupt umfassende Wappenfries ja allen Anlaß bot, in dessen Aufreihung von 248 Schilden die Blüte des fränkischen Adels gegenwärtig ist. So wird wohl auch eine (1416 bestätigte) ›adelige Bruderschaft‹ als die förderlichste Antreiberin zu dieser in der ersten Hälfte des 15. Jahrhunderts in ihrer Endgestalt aufgeführten Kirche gelten dürfen. Die 1433 so genannte ›Stifts- und Begräbniskapelle U. L. Frau‹ mag auch an die ritterschaftlichen Einigungsbestrebungen, die Ritterbünde, einschließlich der Turniergesellschaften, denken lassen, letzte verspätete Versuche, dem alten, nun auch schon alten, ›turnierfähigen‹ Ritteradel zu politischer Geltung im Ständestaat des Heiligen Reiches zu verhelfen – Ziel noch Ulrichs von Hutten.

Die steinernen Ritter tragen ausnahmslos ihr Kriegskleid, die Rüstung, die genau, meist sehr genau wiedergegeben ist. Sie übernehmen die dem spätgotischen

Harnisch eigene, auf das Schlanke, Feingliedrige gestellte Eleganz in Haltung und Gebärde, lehnen sie
aber auch wieder ab, dann das Martialische, den Hau-
degen, ja schließlich den Landsknecht herauskehrend.
Der sich so gerierende, mitunter auch seinen Harnisch
›knechtisch‹ zurichtende Ritter tritt dann in der bur-
gundisch-spanisch imprägnierten Karlsära hinter den
weltmännisch-höfischen Gentleman-Ritter zurück, der
sich in lässig vornehmer Nonchalance des Provozie-
rens und Bramarbasierens enthält. Erst in den Jahren
des großen Krieges tritt der gerüstete Edelmann wieder herausfordernd breit, gleichsam stampfend, dröh-
nend, auf, wie denn der letzte ganze Harnisch, der
›Pappenheimer‹ (nach dem bei Lützen gefallenen Rei-
tergeneral aus dem fränkischen Hause der Reichsmar-
schälle) dieses Maß von Bärenhäuterei antrug. Löste
sich das (mehr und mehr abkommende und durch das
umständlich ruhmredige Epitaph ersetzte) Grabbild
der adeligen Herren auch in der Folge nicht vom Harnisch, so ging diesem Standessymbol jetzt alle Wirk-
lichkeitsbeziehung ab, nur noch *in effigie* wurde er
getragen.

Kapitel 9 Beschluß

Hin und wieder klang in diesen Betrachtungen angesichts bestimmter städtebaulicher Situationen das Wort ›altfränkisch‹ auf, und wenn eine Definition des eindeutigen Worts auch nicht eben dringlich erscheint, so möchte das Franken-Thema dieses Buches zu guter Letzt doch noch eine Definition erwarten lassen.

Denn ganz so eindeutig ist es doch wieder nicht. Im 16. und noch im 18. Jahrhundert ist es doppeldeutig, es kann rühmend gemeint sein, rühmend das gute, das echte Alte, als der Väter Art und Sitte, gerichtet gegen der Enkel alamodische Unart und Unsitte, es kann aber auch verachtend gemeint sein, verachtend das Unzeitgemäße, Veraltete, Abgestandene und Abgetragene – die Perücke, den Zopf; ja sogar Perücke und Zopf, einmal das Geschrei der Vätertreuen, konnten ›altfränkisch‹ werden. Spätere Frisuren allerdings konnten es nicht mehr.

Diese zwei Seiten, das Rühmliche *und* das Lächerliche, hängen nun heute dem Begriff nicht mehr an. Altmodisch deckt sich nicht mehr mit Altfränkisch. Um altfränkisch zu sein, muß die Sache schon säkular belastet sein, schwerer zeitbelastet als Zopf und Perücke, und wenn sie auch nicht allenfalls mittelalterlichen Ursprungs sein muß, so darf sie doch das Mittelalterliche nicht so völlig abgestreift haben wie beispielsweise die Friedrichstraße in Bayreuth.

Altfränkisch ist seit den Tagen der Romantik ein Prädikat der Verehrung, synonym mit ›altdeutsch‹. Das Fränkisch in Altfränkisch war allerdings auch vordem nicht beim Wort zu nehmen. Das was der Begriff enthält, muß aber anfänglich einmal doch vorzüglich aus der Anschauung fränkischer Tatsachen abgenommen worden sein, sonst hätte sich der Begriff des Urväter-Altertümlichen nicht gerade mit Franken verbunden.

Dies aber ist nun sehr bemerkenswert: daß justament Franken, das wir nicht eben als eine konservative Landschaft aufzufassen gesonnen sind, seinen Namen für eine, ein zähes und starres Bewahren des Althergebrachten ausdrückende Haltung zur Verfügung stellen konnte.

Aber so überraschend ist das nun, eigentlich, auch wieder nicht. Denn schließlich liegt Rothenburg in Franken und hat seinesgleichen nicht und hat seinesgleichen doch nur in Franken. Frickenhausen, Marktbreit, Sulzfeld, Dettelbach, Wolframs-Eschenbach, Merkendorf, das ist ja immer wieder, nur kleineren Maßstabs, Rothenburg.

Hätte sich aber in Franken der bald so, bald so, bald positiv, bald negativ, gewendete Begriff des Altfränkischen bilden können, wenn er sich nicht von seinem Gegenteil hätte abstoßen können? Die Kräfte des Beharrens und des Fortschreitens waren dieser Landschaft doch wohl gleicherweise zugeordnet.

Altfränkisch ist, wie gesagt, so wie es gebraucht wird und auch schon gestern und ehegestern gebraucht wurde, nicht mehr wörtlich zu nehmen. Es trifft nicht nur das Alte, sehr Alte in Franken, es trifft's auch in Schwaben, in – – wir halten ein, es kommt uns zum Bewußtsein, daß sich die Reihe der des Altfränkischen fähigen

313

Landschaften nicht beliebig fortsetzen läßt. Denn Altfränkisch und Ostpreußisch werden sich kaum zusammenbringen lassen. Der Begriff scheint also doch am *regnum Francorum*, am Raum der deutschen Altstämme zu haften. Doch mag man auch noch zögern, von ihm etwa in Bayern Gebrauch zu machen; Passau oder Salzburg werden sich ihm kaum zugänglich erweisen. Dagegen: Nördlingen wird ihn nicht ablehnen, zu schweigen von anderen Schwabenstädten, Gmünd etwa oder Hall oder Dinkelsbühl.

Aber diese letzten Nennungen sind problematisch. Die Zuteilung von Dinkelsbühl an Schwaben könnte Widerspruch erwecken, nicht minder die von Hall. Dinkelsbühl, heute zum bayerischen ›Mittelfranken‹ gehörend, rechnete zum Schwäbischen Kreis, Hall, heute württembergisch, zum Fränkischen. Beide liegen sozusagen zwischen Franken und Schwaben, und es möchte nicht das einfachste sein, die schwäbischen und die fränkischen Komponenten aus ihren Ganzheiten auszusondern. Beide weisen sich jedenfalls als ganz vortreffliche Resultate der Franken-Schwaben-Begegnung aus, und es soll auch die Tatsache nicht verschwiegen werden, daß unsere kostbarsten ›altfränkischen‹ Städte auf der Franken-Schwaben-Grenze liegen. Das gilt auch für die ›mittelfränkischen‹, Wolframs-Eschenbach, Merkendorf, Ansbach, Spalt; das angrenzende, nach einem Riesflüßchen, der Schwalb, benannte Sualafeld war schwäbisch.

Man wird sich auch angesichts so ergiebiger Begegnungen des alemannischen Vorbesitzers der Mainlande erinnern dürfen, der ja nicht gänzlich des Landes enteignet werden konnte und wohl auch nicht sollte und mit den einsiedelnden Franken verschmolz. Diese Einsprengung alemannischen Geblüts dürfte aber, zusammen mit anderen Einsprengungen (thüringischen, baierischen und, aber zuletzt, slavischen) die Sonderart Ostfranken begründet haben.

Es geschah uns wohl, daß wir, um irgend eine städtebauliche Erscheinung zu charakterisieren, ›altfränkisch‹ und ›malerisch‹ zusammenkoppelten. ›Malerisch‹ ist nun heute ein etwas sonderbares, schier möchte man sagen altfränkisches Wort. Denn es bezeichnet nicht mehr, was des Malens wert ist, sondern, was des Malens wert war, gestern, vorgestern. Man konnte Rothenburg malen, man kann es nicht mehr. Man konnte es, als das Malerische noch ein Objekt war, ein Gegebenes, ein ›Motiv‹, das dalag und das man nur aufzunehmen brauchte. Malerisch ist also ein gestriger Begriff, der aber um so unmißverständlicher ist, als sich die *oppinio communis* doch noch kaum von der Annahme einer Bezüglichkeit zwischen dem malerischen Objekt und dem malenden Subjekt gelöst hat. Was das Wort meint, ist viel weniger Farbigkeit (sie kann entbehrt werden) als eine erregende, verwirrende Vielfältigkeit der Teile, Bewegung, Überschneidung, Verschmelzung, Verschränkung – ist also eben das, was auch der Begriff des Altfränkischen enthält, nur daß er es einengt auf das Gebild von Menschenhand.

Doch nicht auf alles, und wenn man im 18. Jahrhundert oder auch noch zu Zeiten des kunstliebenden Klosterbruders etwa den Englischen Gruß des Veit Stoß als altfränkisch ansprechen konnte – weil man die zeiteigentümliche Gebärde stärker spürte als die zeitbefreite, allzeitlich künstlerische –, so ist uns das, dank eines tieferen Eindringens in das Werk, nicht mehr möglich. Altfränkisch ist das Haus Dürers, aber nicht das Werk Dürers. Altfränkisch, das ist das scheinbar unwillkürlich Gewordene, frei Gewachsene, die menschliche Siedlung, vorab die städtische, in ihrer Ganzheit wie in ihren Teilen. Alles durch Ordnung, Plan, Regel Entstandene entzieht sich der Geltung des Begriffes, es sei denn, es habe das Widerspiel doch noch sozusagen durch eine unbewachte Hintertüre Zugang gefunden. Da an solchen Hintertüren kein Mangel war, wehrt schließlich auch eine so entscheidend barock überarbeitete, dem bestimmenden Eindruck nach planvoll geschaffene Residenz wie Ellingen das Prädikat Altfränkisch nicht gänzlich ab.

Es erscheint nötig, an dieser Stelle noch einmal Nürnbergs zu gedenken. Wir glaubten, die Raumfügung seiner Gassen und Plätze – gegen die Burgstraße stellten wir die Ansbacher Uzstraße und die Rothenburger Schmiedgasse – als einfacher, wandgeschlossener, übersichtlicher charakterisieren zu können. Und doch war Nürnberg, seit es von romantisch sehenden Augen entdeckt wurde – in den Dämmerstunden seiner Reichsfreiheit –, ein Inbegriff des Altdeutschen, Altfränkischen, und war es auch zu Recht. Der ja größtenteils noch mittelalterliche, grabenumgürtete Mauerring war reich an ›malerischen‹ Motiven, und wir haben es auch am Weg von St. Lorenz nach St. Sebald nicht unterlassen, den Pegnitz-Blick der Barfüßerbrücke zu rühmen. Und vergleicht man Nürnberg mit einer der größeren altbayerischen Städte, etwa Regensburg oder Passau, so wird sich ja auch die fränkische Prägung aufs rascheste herausstellen. Vergleicht man es aber mit anderen fränkischen Städten – Bamberg, Ansbach, Rothenburg –, so eignet ihm ein geringeres Maß an räumlicher Bewegung, ein höheres an räumlicher Ordnung.

Der Nürnberger des Spätmittelalters, befragt nach seiner Zugehörigkeit – ob Franke oder Baier –, antwortete (so hat es Aeneas Silvius überliefert) mit einem Weder-Noch. Er war Nürnberger, und damit gut. Wir verzichten, um nicht in ein entbundenes Deuten zu geraten, auf eine Erklärung der stadtbildlichen Sonderheit. Nürnberg, auf den Witz seiner Bürger und nicht auf den Ertrag seiner Scholle gegründet, mochte, schon als es anfing sich einzurichten, mehr Ratio, Überlegung, mehr städtisches, städtebauliches Denken aufgebracht haben als die anderen, kleineren Städte.

Die kleineren – es gab auch kleinste. Die Zwergstadt von etlichen hundert Köpfen ist ein fränkisches Spezifikum, erklärlich aus der Vielheit der herrschenden Gewalten, deren jede ihre meist so schmale materielle Grundlage zu verbreitern strebte, erklärlich aus der diese Gewalten ebenso fördernden wie durch sie geförderten Eigenbrötelei, erklärlich aber wohl auch aus einer sonderlichen Neigung oder auch Eignung zur Stadtwerdung. Es gibt Dörfer, die, um ihr Rathaus geschart, wie Städte sind – Sommerhausen, Sulzfeld oder, kleiner noch, Segnitz, am rechten Mainufer Marktbreit gegenüber –, es gibt aber auch Städte, die wie Dörfer sind – Merkendorf bei Ansbach beispielsweise. Die Grenze zwischen Dorf und Stadt ist fließend. Das Dorf will Stadt werden, aber die Stadt löst sich dann doch nicht vom Dorf.

Sie drängen sich insbesondere am Main zwischen Schweinfurt und Würzburg, diese Stadtdörfer und Dorfstädte, und es ist ja auch ersichtlich genug, warum sie sich gerade hier drängen: der schiffbare Strom floß nicht unbesteuert an den Uferplätzen vorbei. Und über dem Strom, vom Steigerwald bis zum Spessart, an den der Mittagssonne zugewendeten Hängen des Muschelkalks, stand und steht der Wein. Segen des Stromes, Segen der Erde: der Tag zehrte nicht auf, was der Tag einbrachte, es war ein unvergleichlich reicherer Tag, als der des Bauern auf der Rhön oder den Karsten des Jura. So konnte der Bauer verbürgern, aber der Bürger, so eng an die Erde angeschlossen, auch wieder verbauern.

Über das eigentlichen Sinnes fränkische Land ins untermainisch-mittelrheinische hinüber sehend, wollte uns ein hohes Maß von ›Urbanität‹ auffällig erscheinen. Ein hohes Maß – der Komparativ ist zu wenig, sagen wir ein höchstes, um den Komparativ für Franken, Mainfranken insonderheit, übrig zu behalten. Denn die fränkische Siedlungslandschaft ist eine urbane.

Wie schon gesagt, die Grenze zwischen Dorf und Stadt ist elastisch, auch das Dorf ist *res publica* und betont seine Öffentlichkeit. Vom Rathaus war schon die Rede. Man könnte auch von gehegten, umhegten Dorflinden reden wie der von Birnfeld im Grabfeld oder Ottenfeld bei Haßfurt, von einer Verkündhalle wie der von Mürsbach an der Itz, von Dorfbrunnen wie dem von Prosselsheim bei Kitzingen oder Ettleben bei Schweinfurt, von Friedhofskanzeln wie der von Mainbernheim, Prozessionsaltären wie dem von Eußenheim bei Karlstadt: das kommunale Leben strebte nach lapidarer Formung.

Und ›lapidar‹ sei auch ganz wörtlich genommen. Die Tatsache Stein – der graue, gelbe, grüne, rötliche und rote Sandstein, der Muschelkalk, der Jurakalk – ist ja aus Franken nicht fortzudenken. Kaum eines der großen Monumente, das des »so schön zarten und guten« Steins, wie ihn einmal Neumann anläßlich von Vierzehnheiligen nennt, entriete. Und wenn wir immer wieder auf das starke plastische Relief als auf eines der Merkmale fränkischer Bau- und Bildkunst hinweisen mußten: war nicht der Stein der Erreger, forderte seine dritte Dimension nicht einfach ihr natürliches Recht? Sagten wir aber nicht schon einmal, des Steines Schwere sei relativ? Er kann das Runde enthalten, ohne es doch enthalten zu müssen. Und wir meinten in einer Eigentümlichkeit der mainfränkischen Landschaft, in der nahen oder doch nah wirkenden Umwandung ihrer Talräume, eine Erklärung für die starke Plastik gefunden zu haben.

›Altfränkisch‹ ist nicht Fränkisch, der Radius seines Geltungskreises ist doch etwas größer als der des Fränkischen Kreises, aber Fränkisch, die engere Voraussetzung seines nun weiteren Inhalts, steht doch insofern in einer Beziehung zu Altfränkisch, als die Deutlichkeit, die Aufzeigbarkeit seiner Wesensmerkmale mit der Distanz zu ihm wächst oder schwindet. Verbindet sich Altfränkisch mit Mittelalterlichkeit, die aber auch nachmittelalterlich sein kann, verbindet es sich in erster Linie mit der namenlosen Leistung einer Volksschicht und erst in zweiter mit der namentlichen eines Einzelnen, so erhellt aus dieser Verbindung auch das wechselnde Maß von Deutlichkeit, Aufzeigbarkeit für den überschneidenden Begriff Fränkisch. Anders gesagt: je mehr sich das einzelne Werk – nun auch ausdrücklich ›Kunstwerk‹ – dem Brauch, der örtlichen Gewohnheit entzieht, je williger es sich einem Gesetzgeber fügt, einer Regel von überörtlich-allgemeinem Geltungsanspruch, um so schwieriger ist es, seinen Ort, seine landschaftliche Wurzel zu finden.

Setzen wir nun Brauch und Regel als die das künstlerische Geschehen stets gleichzeitig steuernden Gewalten – nur daß sie verschiedenen Ebenen der Bewußtheit angehören –, so zeigt sich, daß der überzeitliche Geltungsanspruch der Regel zunächst immer absolut auftritt, sich aber doch stets wieder zu Kompromissen genötigt sieht: der Brauch holt mit der Zeit zum wenigsten einen Teil seiner Verluste wieder auf. Die deutsche Renaissance erwies sich dem Brauch sehr lange gefügig, und die ›posthume‹ Gotik war ja nichts anderes als ein bewußter Rückgriff. Der deutsche Barock erwies sich ihm um so gefügiger, je weiter er in der Zeit vorrückte. Wenn sich die Dientzenhofer oder Welsch oder Neumann doch noch kaum unter das Kennwort Fränkisch bringen lassen – die Wesensmerkmale ihrer Kunst übergreifen einen weiteren Raum, zum wenigsten auch den ›rheinfränkischen‹ –, so ordnen sich die nächst folgenden jüngeren Meister wie etwa Küchel in Bamberg oder Steingruber in Ansbach schon engeren, begrenzteren Räumen, Landschaften zu.

Das zuletzt doch unangreifbare Reservat, in das sich der Brauch des Ortes und der Landschaft, die Gewohnheit vor der Regel zurückziehen konnte, war der eben nur das Notwendige, die Zweckerfüllung erstrebende Nutzbau, das Haus schlechthin, das durch sein Zusammenstehen mit anderen Häusern, durch eine gegebene, meist altgegebene, kurz mittelalterliche Situation an eine eng gezogene Freiheitsgrenze gebunden war. Bestimmte das Verhältnis zum Ganzen, die Situation im Gefüge der Siedlung, das Verhältnis des Hauses zur Regel – nun ein weiteres Absehen, als nur das auf die Zweckerfüllung vorausgesetzt –, so ordnet sich also letzten Endes das Ganze, der einmal begründete und vom Charakter der Begründung nicht mehr zu lösende Zusammenhang der Teile dem einzelnen Teil, dem Haus, über. Die alten Städte konnten ›barockisiert‹ werden – Bamberg, Ansbach, Bayreuth –, aber sie konnten nicht mehr anders gemacht werden, als sie waren, die wechselnden Stile wurden von ihnen nicht abgelehnt, aber doch nur wie Moden getragen.

Zählt man die großen begründenden und vollenden-
den Baumeister des fränkischen Barock auf, dann stellt
sich eine Minderheit eingeborener Franken heraus: –
die meisten kamen von außen, Petrini, Gabrieli, Greising, die Dientzenhofer, Neumann, St. Pierre, Gontard.
Prüft man die Namen der an der Ausstattung der von
Neumann gebauten, 1821 vernichteten Abteikirche von
Münsterschwarzach Beteiligten, so ist da nicht einer,
der den fränkischen Landen zugehörte. Diese Namen
sind: J. E. Holzer, J. G. Uebelherr, Bergmüller, B. A.
Albrecht, Piazetta, Johann Zick, Tiepolo, also Schwaben, Baiern, Italiener.

Ist nun Fränkisch auch keineswegs von Abstam-
mungsfragen abhängig zu machen – die ja auch, je weiter zurück, um so seltener und schließlich gar nicht
mehr zu beantworten sind –, so muß es doch jedenfalls
von einem noch faßbaren Verhältnis zum Brauch, zur
örtlichen Gewohnheit abhängig gemacht werden. Wo
dieses Verhältnis nicht mehr besteht – bei Münsterschwarzach bestand es nicht mehr –, hat auch der Begriff Fränkisch seine Anwendbarkeit verloren.

Franken hat nun ohne allen Zweifel in einem weit
stärkeren Maße als etwa Bayern oder Schwaben von
Berufungen gelebt. Die Erklärung liegt in seiner Mittellage – es war ein Land des Durchgangs –, sie liegt in
der Vielteiligkeit seiner politischen Fügung, sie liegt
aber wohl auch in der Überschätzung dessen, was ›von
weit her‹ ist, welche, ist sie auch eine gemeine deutsche, dem Franken stärker anhängen dürfte als etwa
den Baiern oder den Schwaben.

Und doch hat nun gerade dieses so aufgeschlossene, wahrlich ›neugierige‹ Franken dem Begriff des Altfränkischen den Namen geliehen. Aber wir müssen unterscheiden zwischen Franken und Franken. Das eine stellte, als seine politischen Wirkungsmöglichkeiten schwanden, seine Lebensfunktionen auf die der Lebenserhaltung dienlichen zurück. Das andere, politischen Wirkens fähig gebliebene, ja durch Unionen wie die der Bischöfe (Bamberg, Würzburg, Mainz) fähiger gewordene, öffnete sich weit allen Strömungen der Zeit und war ›modern‹ im besten Sinne des Wortes.

Anhang

Seite 18: Über die Regnitz siehe Anmerkung zu Seite 88. Der Oberlauf, mit dem sie ins Sualafeld gehört, trägt, als fränkische Rezat, eigenen Namen.

Seite 21: Der politische Antrieb zur Gründung des Bistums Bamberg wurde von Erich Freiherr von Guttenberg in seiner ergebnisreichen, in mehr als einer Hinsicht bahnbrechenden Arbeit ›Die Territorienentwicklung am Obermain‹, 1927, in die Dominanz der Anlässe gerückt, das in der älteren Literatur vorherrschend angeführte Motiv der Slavenmission zurückgeschoben. Hier wie dort bedürfen die Aufstellungen Guttenbergs der Abschwächung. Die wendische Population am Obermain kann nicht ganz unbedeutend gewesen sein. Aber bedeutend war dieser Volkszuschuß, der wahrscheinlich auf den von den fränkischen Grundherren angesetzten Kolonen beruhte, sicher nicht. Die die fränkische Historiographie des vergangenen Jahrhunderts kennzeichnende Slavophilie übertrieb ihn stark, die Lehre von »unseren« slavischen Vorfahren lebt auch heute noch fort.

Seite 23: Das »einzige« Denkmal des Namens Truhendingen ist der Bamberger Bischofsgrabstein nur dann, wenn wir sagen: das einzige bedeutende. Die Behauptung übergeht einige andere Truhendingen-Grabsteine, die immerhin beachtlich sind: das des Ulrich und seiner Gattin (1310) und das des Wiricho und seiner Gattin (1349) in der Klosterkirche von Heidenheim am Hahnenkamm, das des Friedrich und seiner Gattin (?) in der Pfarrkirche von Schesslitz (um 1350); statt Gattin ist hier wohl, unter Hinweis auf das offene Haar, Tochter zu setzen; dieses nicht eben hervorragende Grabdenkmal ist durch eine in der Sepulkralkunst des Mittelalters ungewöhnliche Gefühlsgeste ausgezeichnet: der Mann legt den rechten Arm um die Schulter des Mädchens.

Seite 24: Auf die Grabdenkmäler von Himmelkron ist noch einmal im achten Kapitel ›Der Burgenadel‹ Bezug genommen.

Seite 27: Liegt Feuchtwangen »auf fränkischer Erde«, so liegt es, das ist hier der Sinn des Wortes, auf freier Erde.

Seite 86 Mitte: Victor Zobel, ›Selige Bierreise‹, Kleine Bamberger Bücher, Band 5, Bamberg o. J.

Seite 86 unten: Daß die Rebe ›am Sand‹ des Nürnberger Umlandes nie gesiedelt, übertreibt die Spärlichkeit ihres nun doch bezeugten Vorkommens.

Seite 88: Die Bezeichnung Regnitz wurde von einem der Rezensenten dieses Buches übel vermerkt, die richtige ist, wäre ja, selbstverständlich, Rednitz. Aber hierzulande sagt man nun einmal Regnitz. Nur im Vertrauen auf die freundliche Nachsicht, die seine Landsleute unkundigen Ausländern entgegenbringen, würde er es wagen, in Bamberg, Forchheim oder Fürth nach der ›Rednitz‹ zu fragen. »Die Rednitz bildet sich durch Vereinigung der schwäbischen und fränkischen Rezat, und heißt nach Aufnahme der Pegnitz [offenbar in Assimilation an diese] Regnitz« (Topographisch-statistisches Handbuch des Königreichs Bayern, München 1867, Seite 256).

Seite 121: Der Bildhauer wurde inzwischen in der Person des aus Coburg stammenden Johann Nikolaus Resch ermittelt, der ausführende Baumeister (fraglich ob auch der planende) in der des sonst wenig bekannten, zuvor in Eichstätt und Ansbach tätigen, Johann Amman.

Seite 122: Als Baumeister des Ebracher Hofes wurde der Stadtmaurermeister Martin Mayer festgestellt, als Entwerfer darf aber immer noch Küchel vermutet werden.

Seite 124: Karolingische Gründung der Martinskirche neuerdings bestritten, tatsächlich ist sie erst spät, im 12. Jahrhundert, bezeugt, was aber eine sehr viel ältere Wurzel nicht ausschließt.

Seite 142: Ganz so eindeutig ist der Ortsname Eichstätt nicht. Die Möglichkeit, es stecke in ›Eich‹ das alte Wasserwort Ach, ist nicht abzustreiten.

Seite 159: Der ausführende Baumeister der Willibaldsburg war der Hofbaumeister Hans Albertal, auch ein Graubündner, der erste in der Eichstätter Reihe.

Seite 170: Die Herkunft Caspar Vischers und Daniel Engelhardts ist jetzt bekannt. Der erste ist nächsten Herkommens, ein Kulmbacher, der sich zuvor an der Coburger Ehrenburg und am Heidelberger Ottheinrichsbau hervorgetan hatte, der andere ein Kurpfälzer, den jedenfalls Vischer ins Land gebracht hatte und der dann in Kronach seßhaft wurde, fürstbischöflich bambergischer Hofbaumeister bei der Veste Rosenberg, deren Renaissance-Stigma ihm zu Danke geht.

Seite 176: Der Schloßplatz-Flügel des Schlosses muß als Werk Rettis gelten, der sich indessen doch wohl an Entwürfe Carl Friedrich von Zochas hielt. Diese Korrektur trifft folglich auch die Nennungen Zochas auf den Seiten 177 und 178.

Seite 187: Das über den Hugenottenbrunnen Gesagte bedarf der Berichtigung. Dieses Räntzsche Werk ist überschäumend barock, die Übertreibung schmeckt etwas nach Provinz, aber sie ist reizvoll naiv und in dieser Naivität liebenswürdig.

Seite 188: Noch einige Worte zu Räntz. Enthielt er sich der ihm gar nicht liegenden Pathos-Gebärde, dann leistete er, vorab in den vielen Epitaph-Bildnissen, die ihm mit Grund zugeschrieben werden können, recht und schlecht (schlicht) Vorzügliches.

Seite 237: Heute steht fest, daß die ›Lutherstube‹ ihren Namen, als die tatsächlich von Luther bewohnte, zu Recht trägt.

Seite 262: Das Gänsemännchen steht jetzt an der Rathausgasse hinter dem Rathaus.

Seite 268: Der Anteil des Vaters und der Söhne wird heute anders gesehen. Ob nun auch die Apostel in den Anteil der Söhne treffen, bleibe dahingestellt. – Die ›altfränkischen Bilder‹ wurden, wohl richtig, auf antike Münzen gedeutet.

Seite 271: Das Peller-Haus wurde 1945 größtenteils zerstört, nur die Erdgeschoßhalle und die Umfassungen des Hofes blieben erhalten, das Toppler-Haus ging ganz zugrunde.

Seite 282: Der Heiligblutaltar Riemenschneiders hat wieder den alten Platz auf der Empore bezogen.

BILDNACHWEISE

Fränkische Landschaft mit
Wassermühle.
Detail aus einem Flügelbild vom
Hochaltar der ehemaligen Nürn-
berger Augustinerkirche 1487.
(Germanisches National-Museum
Nürnberg.) *Umschlagbild*

Ansicht von Nürnberg.
Kupferstich von Joh. Meyer. Um
1700. *Titelbild*

Alte Mainbrücke und Marienveste
in Würzburg.
Kupferstich aus Merians Topographia Franconiae. Um 1620. *Seite 39*

Ansicht der Stadt Würzburg vor
der barocken Umgestaltung.
Kupferstich, Ende des 17. Jahrhunderts. *Seite 43*

Einzug des Fürstbischofs
Friedrich Karl von Schönborn
in den Nordflügel der Residenz
von Würzburg am 7. 11. 1731.
Gelegentlich der Wahl- und Hul-
digungsfeier für den Fürstbischof.
Anonyme Tusch- und Federzeichnung, datiert 1731. (Staatl. Kunst-
bibliothek Berlin.) *Seite 81*

Ansicht von Bamberg.
Holzschnitt aus Schedels Weltchronik. (Nürnberg bei Koberger
1493.) *Seite 104-105*

Blick über die Dächer von Bamberg
auf die Altenburg.
Aquarellierte Federzeichnung von
Lorenz Strauch um 1580. (Graph.
Sammlung München.) *Seite 113*

Ansicht der Stadt Eichstätt.
Kupferstich, Ende des 17. Jahrhunderts. *Seite 143*

Lageplan der Stadt Eichstätt.
Ausschnitt aus: ›Eigentliche Ver-
zeichnung der Gegend und Pro-
spekten der Hochfürstl.-Bischöff-
lich Haupt- u. Residentz Stadt
Aichstaedt zu finden bei Johann
Baptist Homanns Seel. Erbe in
Nürnberg und edirt im Jahr 1730.‹
Seite 153

Ansicht von Ansbach (Onoltzbach).
Kupferstich aus Merians Topographia Franconiae. *Seite 171*

Ansicht des ›Hochfürstlichen
Schloß und Weyer auf dem
Brandenburger zu St. Georgen
bey Bayreuth‹.
Tusch- und Federzeichnung von
Paul Decker, um 1710. (Germani-
sches National-Museum Nürnberg.)
Seite 193

Haupttor der Veste Coburg.
Gestochen und lithographiert von
C. Pantzschke, datiert 1849.
(Kunstsammlungen der Veste Co-
burg.) *Seite 225*

Coburg.
Kupferstich von Georg Balthasar
Probst nach einer Zeichnung von
Ch. Fr. Fick, um Mitte 18. Jahr-
hundert. (Kunstsammlungen der
Veste Coburg.) *Seite 232-233*

Grundriß der Freien Reichsstadt
Weißenburg.
Kupferstich aus ›Europens Pracht
und Macht‹ von Gabr. Bodenehr,
Augsburg 1720. *Seite 243*

Blick über den Henkersteg auf
Nürnbergs Dächer und die Türme
der Lorenzkirche.
Aquarellierte Federzeichnung von
Lorenz Strauch, signiert und datiert 1579. (Germanisches National-Museum Nürnberg.) *Seite 257*

Ansicht der Freien Reichsstadt
Nürnberg.
Holzschnitt des 17. Jahrhunderts.
Seite 264-265

Ansicht der Freien Reichsstadt
Rothenburg.
Kupferstich von 1615. *Seite 273*

Langenberg.
Kupferstich aus Merians Topographia Franconiae. *Seite 292-293*

Breuberg.
Kupferstich aus Merians Topogra-
phia Franconiae.
Seite 302-303

FRANCONIA.
vulgo
Franckenlandt.

Miliaria Germanica communia
1 2 3 4 5 6 7

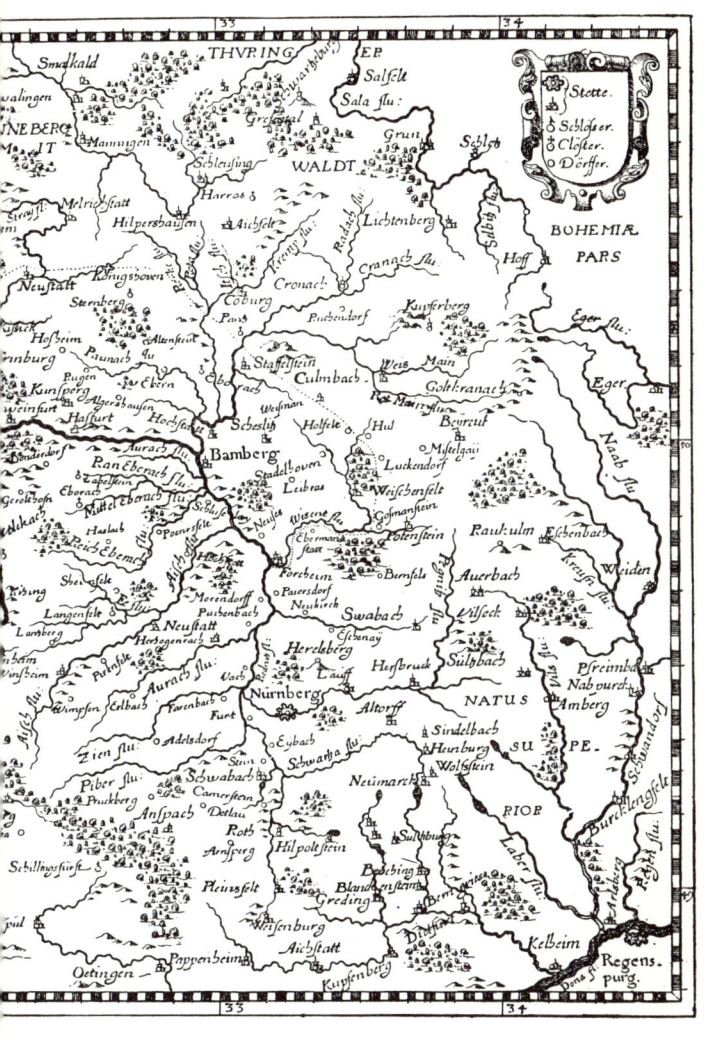

THVRING. EP.

Smakald
valingen
NEBERG
IT
Mannigen
Schleising
WALDT
Melrichstatt
Hilpershausen
Aichfelt
Neustatt
Sternberg
Coburg
Cronach
Hoßheim
Pfunach
Eltern
Pugen
Kunsperg
Algersbausen
weinfurt
Haßfurt
Hochschtte
Scheslih
Holfelt
Hul
Mistelgau
Donderscht
Aurach fiu:
Ran.Eberach
Tafelstein
Eberacs
Mittel eberach fiu
Gerolshoven
Haslach
Reich Ebenoach
Pommersfelt
Neufess
Wiesen fiu
Ebermans
Altcach
Shesesfelt
Morendoff
Pucherbach
Neuhirch
Forcheim
Pauersdorf
Langenfelt
Lamberg
Neustatt
Hortogenrach
Eschenay
Herzlsberg
bheim
Winsheim
Aurach fiu:
Uach
Nurnberg
Laush
Heßbruck
Wimpfen Erlbach
Fawenbais
Furt
Zien fiu:
Adelsdorf
Eybach
Altorff
Piber fiu:
Pruckberg
Schwabach
Camerston
Anfpach
Detlau
Schwartza fiu:
Neumarck
Wolfstein
Schillonsfursch
Roth
Arnsperg
Hilpolstein
Besching
Blanckenstein
Pleinsfelt
Greding
pul
Weisenburg
Aichstatt
Oetingen
Poppenheim
Kupferberg
Dietfurt

Salfelt
Sala fiu:
Grun
Schlch
Lichtenberg
Hoff
BOHEMIÆ
PARS
Cranach fiu:
Kupferberg
Puchendorf
Eger fiu:
Weis Main
Culmbach
Golткranacь
Eger
Mairfiu:
Beyrut
Luckendorf
Mistelgau
Naab fiu:
Wischenfelt
Gosmanstein
Raukulm
Eschenbach
Poterstein
Auerbach
Bernfels
Weiden
Swabach
Vilseck
Kreiß fiu:
Sulhbach
Pfreinbah
Nabburch:
Amberg
NATUS
Sindelbach
Henburg
SU PE-
RIOR
Sulhburg
Laber fiu:
Birckenfelt
Regens-
purg.
Kelheim

Stette.
Schlösser.
Clöster.
Dörffer.

Für die großzügige Überlassung der Vorlagen zu den Abbildungen
dieses Buches dankt der Verlag der Direktion des Germanischen
National-Museums in Nürnberg, der Direktion des Mainfränkischen
Museums in Würzburg, der Direktion der Kunstsammlungen der
Veste Coburg, sowie den Herren Boegl und Seitz,
Buchhändlern in Eichstätt.

Die Vignetten der Zwischentitel schnitt
Eugen Sporer in Holz